高职高专公共基础课规划教材

管理信息系统开发与应用案例教程

骆正茂　主　编

周燕霞　张寒冰　张　翔　吴建平　副主编

電子工業出版社

Publishing House of Electronics Industry

北京 · BEIJING

内容简介

本教程由浙江省精品课程《管理信息系统》的团队编写，全书分为上下两篇共15章，上篇第1～7章，主要介绍管理信息系统开发的理论基础；下篇第8～15章，主要介绍管理信息系统开发的案例及当前企业中应用较为广泛的人力资源、OA系统等主要的应用。

本教程相关案例丰富，可作为高职高专院校计算机信息管理、电子商务等相关专业的教材，也可作为相关社会培训的参考书。

图书在版编目（CIP）数据

管理信息系统开发与应用案例教程/骆正茂主编．—北京 ：电子工业出版社，2014.1
高职高专公共基础课规划教材
ISBN 978-7-121-22138-5

Ⅰ.①管…　Ⅱ.①骆…　Ⅲ.①管理信息系统—高等职业教育—教材　Ⅳ.①C931.6

中国版本图书馆CIP数据核字(2013)第297872号

策划编辑：贺志洪
责任编辑：贺志洪
印　　刷：北京京华虎彩印刷有限公司
装　　订：北京京华虎彩印刷有限公司
出版发行：电子工业出版社
　　　　　北京市海淀区万寿路173信箱　邮编100036
开　　本：787×1092　1/16　印张：17.25　字数：431千字
版　　次：2014年1月第1版
印　　次：2018年1月第2次印刷
定　　价：36.50元

凡所购买电子工业出版社图书有缺损问题，请向购买书店调换。若书店售缺，请与本社发行部联系，联系及邮购电话：(010)88254888。

质量投诉请发邮件至zlts@phei.com.cn，盗版侵权举报请发邮件至dbqq@phei.com.cn。

服务热线：(010)88258888。

前　言

“管理信息系统开发与应用案例教程”是基金项目《2013 年度浙江省高职高专院校专业带头人专业领军项目》（项目编号：lj2013154）的研究成果之一，由浙江省精品课程《管理信息系统》的核心团队成员编写。本教程的最大特色是根据高职学生的认知特点来组织学习内容，重点突出学生的动手能力的培养，每节的理论讲解后都配有实验操作，以期通过理论与实践相结合的方式，让广大学生获得管理信息处理与开发的初步能力。全书注重观念与习惯的培养指导，通过对该教程的学习，可提升学生对企业信息化管理的认识。

全书分为上下两篇共 15 章，上篇第 1～7 章，主要介绍管理信息系统开发的理论基础。下篇第 8～15 章，主要介绍了管理信息系统开发的案例及当前企业中应用较为广泛的人力资源、OA 系统等主要的应用。

本教程的主要内容：第 1 章绪论主要介绍了管理信息系统的背景知识、管理信息系统概念及我国当前企业信息化的现状与主要存在的问题。第 2 章介绍了管理信息系统的技术基础，重点阐述了管理信息系统架设的环境。第 3 章介绍了管理信息系统开发方法，重点介绍了结构化生命周期法的应用。第 4 章介绍了管理信息系统规划与需求分析，突出规划和需求分析时的工具应用。第 5 章介绍了管理信息系统逻辑模型设计，以业务流程图、数据流程图的绘制为主线，以实际的企业管理为背景进行了说明。第 6 章介绍了管理信息系统物理模型设计，突出模块化设计软件的思想。第 7 章介绍了管理信息系统的实现，重点介绍了如何编写好的程序方法。第 8 章、第 9 章、第 10 章及第 11 章主要介绍了简单的 B/S模式的仓库管理系统开发、学生成绩管理及商品分类管理系统开发案例、管理信息系统发布等知识。第 12 章至第 15 章分别介绍了当前在企业中起到重要作用的 OA 系统应用、企业人力资源管理应用、进销存系统应用及 ERP 应用实例。

本教程由骆正茂老师统一组稿和编写。编者 2011 年 6 月起开始编写，在这两年中，浙江东方职业技术学院管理信息系统课程组的周燕霞、张寒冰、王旺迪、徐兴雷、万年红、张扬之、麻少秋、姜茜几位老师参与了资料收集和整理等工作，吴建平教授对全书进行了校审。本教程在编写过程中还得到了温州市名城建设投资集团有限公司信息部的张翔老师、温州恒诺科技公司的池利孟总经理、温州医学院的何耀平副教授、温州长江汽车电子有限公司人事部的钟先宏经理几位校外专家的指导，在此向上述各位同仁们表示感谢。

由于编者水平有限，书中难免会出现一些错误，敬请读者批评指正，以便今后对此书进行修订和完善。

编者

2013 年 6 月

目　录

上篇　基础理论

下　篇　案例与应用

上　篇　基础理论

主要内容

- 绪　论
- 管理信息系统的技术基础
- 管理信息系统开发方法
- 管理信息系统规划与需求分析
- 管理信息系统逻辑模型设计
- 管理信息系统物理模型设计
- 管理信息系统的程序设计与系统测试

第 1 章　绪　论

本章要点：

- 企业信息化的发展历程
- 诺兰模型
- 管理信息系统概念
- 管理信息系统的结构
- 我国企业管理信息系统存在的主要问题及建议

企业管理信息系统的建设，自从 20 世纪 80 年代初期微型计算机在我国的推广应用就已经开始了，20 多年来取得了飞速的发展。随着企业管理信息系统技术的进一步完善及整个国家国民经济信息化的建设，企业管理信息系统必将得到新的发展。本章主要介绍企业信息化的发展历程及发展规律模型、管理信息系统的概念和结构。

1.1　企业信息化的发展历程

在市场经济条件下，制造企业既要最大限度地满足市场对其产品的需求，又要努力将生产经营过程中的资源消耗降低到最低程度，从而使企业在激烈的市场竞争中立于不败之地。正是为了追求这一目标，才有最初制造业的库存管理，直到今天的 ERP。

20 世纪 40 年代的订货方法（Order Point Method），它以库存管理为中心建立各种各样的库存模型，通过合理的库存管理，在满足对物料需求的基础上，最大限度地降低库存、采购费用和资金占用成本。当时的企业较为封闭，也没有计算机系统，库存订货点选择原理如图 1-1 所示。

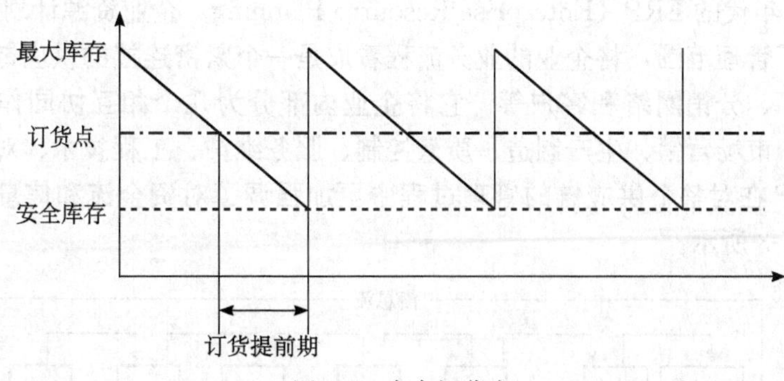

图 1-1　库存订货点

20 世纪 60 年代的 MRP（Material Requirement Planning，物料需求计划）是当时根据主生产计划（Master Production Schedule，MPS）表上需要物料、需要多少以及由多少库存来决定订货和生产，是根据需求和预测来测定未来物料供应、生产计划和控制的方法，提供了物料需求的准确时间和数量（JIT）。一个典型的 MRP 应用案例如图 1-2 所示。

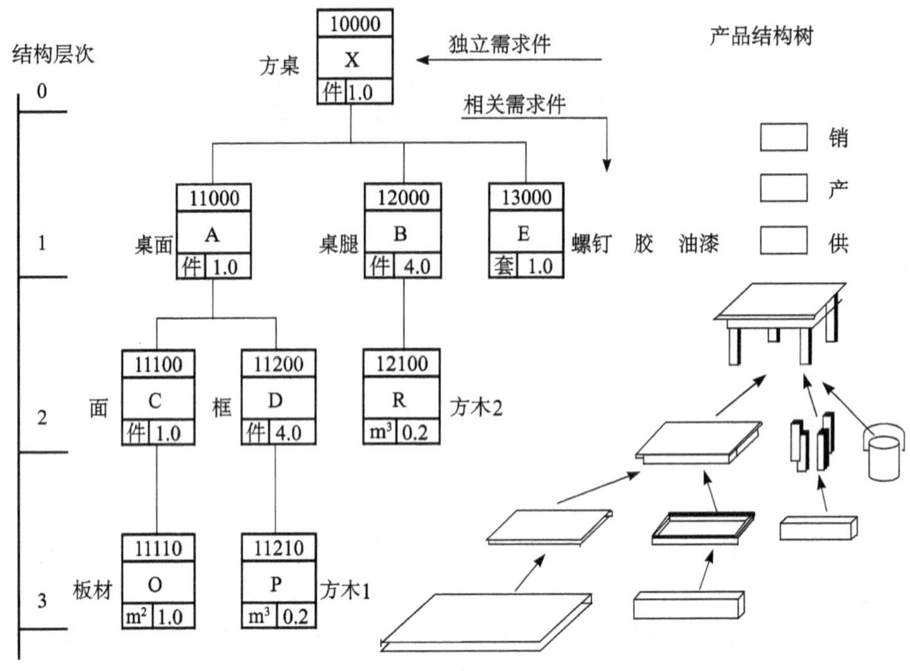

图 1-2　桌子生产的 MRP

20 世纪 70 年代的闭环 MRP 是以整体生产计划为系统流程的基础（MRP 以订单为基础），考虑了能力需求计划（Capacity Requirement Planning，CRP），使物料需求计划成为可行的计划，同时将车间现场管理和采购也全部纳入 MRP，把财务子系统和生产子系统结合成为一体，采用“计划—执行—反馈”的管理模式，成为一个完整的生产资源计划及执行控制系统。

20 世纪 80 年代末的 MRPⅡ是在 MRP 的基础上，将其信息共享程度扩大，使生产、销售、财务、采购、工程紧密地结合在一起，共享有关数据，组成一个全面生产管理的集成优化系统，它就是所谓的制造资源计划（Manufacturing Resource Planning）。为了避免名词缩写的混淆，物料需求计划称为狭义 MRP，而制造资源计划称为广义 MRP 或 MRPⅡ。

20 世纪 90 年代的 ERP（Enterprise Resource Planning，企业资源计划）是在 MRPⅡ的基础上扩展了管理范围，将企业的业务流程看成是一个紧密连接的供应链，其中包括供应商、制造工厂、分销网络和客户等。它将企业内部分为几个相互协同作业的支持子系统，包括财务、市场营销、生产制造、质量控制、服务维护、工程技术、对竞争对手的监视管理等。ERP 在对整个供应链的管理过程中更加强调了对资金流和信息流的控制，供应链模型如图 1-3 所示。

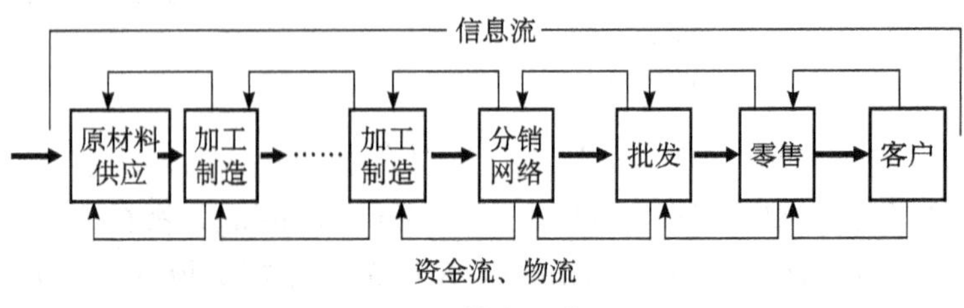

图 1-3　供应链模型

1.2 企业信息化与诺兰模型

1. 企业信息化的概念

企业信息化是指企业以业务流程优化重组为基础，在一定深度和广度上利用计算机技术、网络技术和数据库技术，控制和集成化管理企业生产经营活动中的所有信息。企业信息化的目标是实现企业内外部信息的共享和有效利用，以提高企业的经济效益和市场竞争能力。企业信息化意味着在企业的生产、经营、设计、制造、资源管理等方面较全面地利用计算机技术，且有一定程度的信息共享。

2. 诺兰模型

美国管理信息系统专家诺兰（Richard L. Nolan）通过对 200 多个公司、部门发展信息系统的实践和经验的总结，提出了著名的信息系统进化的阶段模型，即诺兰模型，如图 1-4 所示。该模型指出了企业信息化发展的一般规律，即两个时代和 6 个阶段。两个时代指计算机时代、信息时代，6 个阶段是指初装、蔓延、控制、集成、数据管理和成熟。我国的企业信息化建设当前处于计算机时代与信息时代的结合处。

（1）初装：企业购买计算机用于管理部门。其特点为数量少、未联网、无系统。

（2）蔓延：管理部门大量使用计算机。其特点为数量多、小范围联网、无系统。

（3）控制：管理部门有意识地规划全单位联网的计算机网络，并引入专项信息管理系统。

（4）集成：企业整体有规划地建设全方位的整体信息系统，来辅助全企业提高管理效率。

（5）数据管理：针对数据进行协调一致和深入使用，提高信息使用效率。

（6）成熟：满足组织各个管理层次的需要，实现真正的信息资源管理。

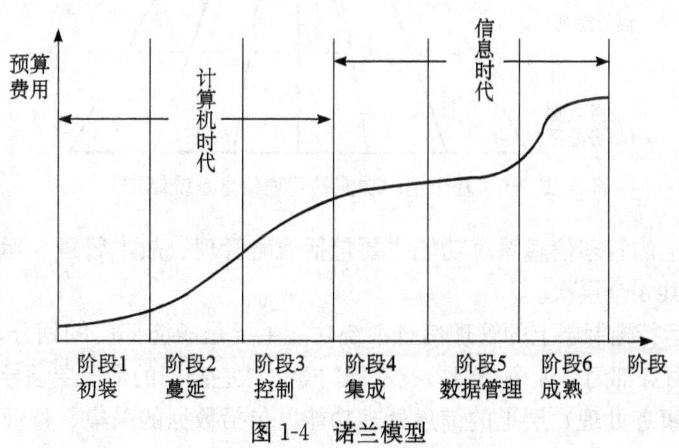

图 1-4 诺兰模型

1.3 管理信息系统

1. 管理信息系统概念

《中国企业管理百科全书》中给管理信息系统（Management Information System,

MIS）下的定义是："一个由人、计算机等组成的能进行信息的收集、传送、储存、加工、维护和使用的系统。"从定义中可以看出，管理信息系统不只是一个技术系统，而且还是一个包括人在内的人机系统。管理信息系统的功能主要包括信息的收集、信息的组织和存储、信息的处理、信息的传递及信息的提供。

2. 管理信息系统的基本结构

管理信息系统的结构是指管理信息系统各个组成部分之间关系的总和。对于管理信息系统的结构问题，目前尚未形成统一的模式，原因是由于其侧重点不同而产生的。有的侧重考虑物理结构，有的侧重于逻辑结构，有的则侧重于功能结构。管理信息系统的基本结构如图 1-5 所示。

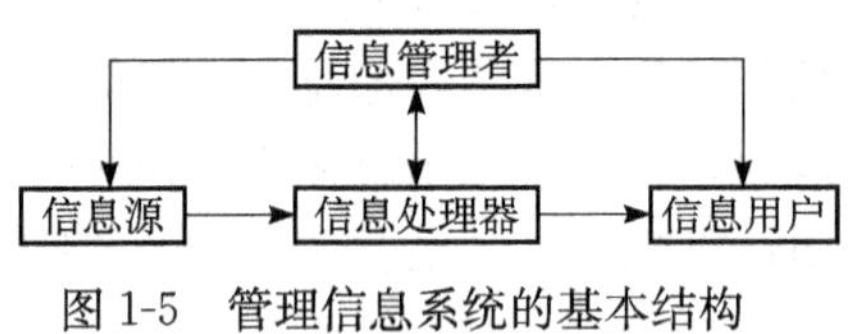

图 1-5 管理信息系统的基本结构

3. 基于组织功能的管理信息系统结构

这种按企业的职能来构造的管理信息系统结构是一种具有相对独立并与管理职能结构相平行的信息系统结构，适用于企业内部各个职能部门日益加强的经济联系和各个职能部门对信息日益增多的需求。它有助于克服大企业中上层管理机构各个职能部门之间信息重复和迂回传递的现象。基于组织功能的管理信息系统结构如图 1-6 所示。

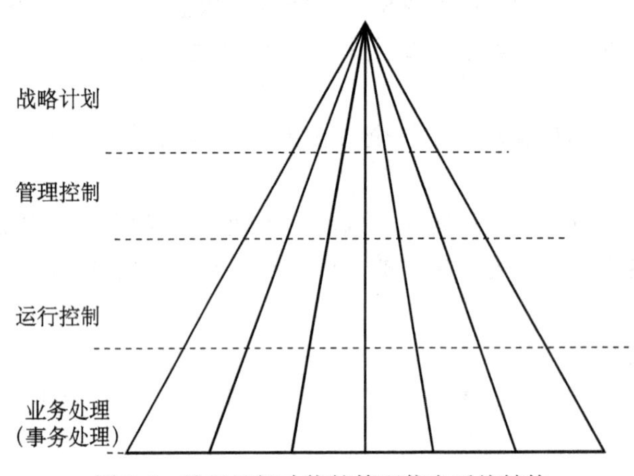

图 1-6 基于组织功能的管理信息系统结构

战略计划层上的管理信息系统功能主要包括战略管理、战术管理、运行管理、业务运行层，自上而下共 4 个层次。

管理控制与运行控制层上的管理信息系统功能主要是职能部门的划分，例如生产部门、市场营销部门、财务部门、人事部门、技术部门等，这些部门的最上层领导是统一的。

业务处理（事务处理）层上的信息处理功能，包括数据的采集、整理、处理和存储。

1.4 我国企业管理信息系统应用现状分析

改革开放 30 多年来，我国企业信息化经过了漫长的初装、蔓延和控制阶段，目前正处于计算机时代与信息时间的结合处，企业管理者不再满足计算机对信息的简单处理，局部效率的提高等，提出企业管理的全面信息化，将各业务系统集成在一起，方便高层决策，最终形成数据中心，进入信息时代。

1.4.1 现有的管理信息系统分析

我国企业的信息化建设取得了较大的成绩，企业根据自身需求，通过设计开发或购买等方式应用了很多独立的实体管理信息系统（MIS），如人事管理系统、财务管理系统，大型企业可能步伐较快，建立的系统会更多。

通过查阅各类相关资料，可以看出我国企业主要应用的管理信息系统如图 1-7 所示。每个企业应用的系统不尽相同，一些信息化企业做得好的企业，信息系统较全面，从通用管理系统 OA 到专业管理信息系统，布点多；但还有些企业只建设了门户网站，差距较大。

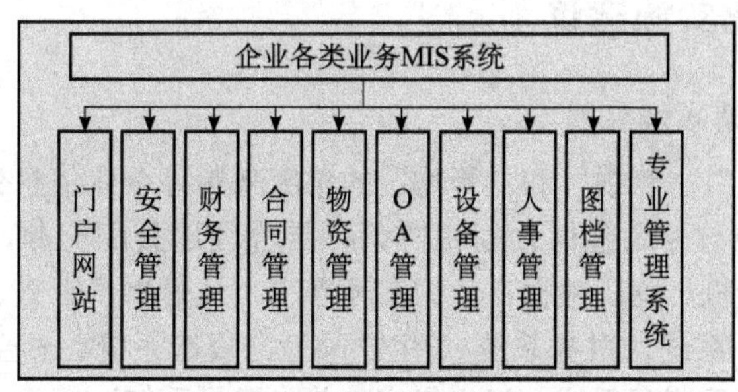

图 1-7 企业各类 MIS 系统

1.4.2 存在的主要问题

1. 信息化建设的制度文件不够齐全

由于我国部分企业在工作流程组织、组织分工等组织与管理措施的信息化建设上还存在一定的问题，导致包括信息化建设在内的很多业务协调处理的力度不够，最典型的表现是企业的信息系统使用的制度还不够完善，只有少部分企业建立了如《机房管理制度》、《集团协同办公系统管理办法》等文件，信息化建设的各方面制度文件还不够齐全，严重束缚了信息化建设的发展。

2. 信息化水平参差不齐

通过查阅相关资料，发现我国企业信息化水平参差不齐，一些大型企业由于重视企业信息化建设，这类企业已经处于诺兰模型的信息时代；而少部分企业信息化建设还处于诺兰模型的第二和第三阶段，处在计算机时代。

3. 信息孤岛问题较为严重

由于刚从计算机时代过渡到信息时代，企业管理者对信息系统的观念还停留在解决局部业务问题上，缺少宏观的决策，所以现在很多企业都面临着“信息孤岛”的尴尬局面——虽然企业花了很大的代价建立了很多信息系统，但各系统间缺少统一数据标准和互通接口，信息只能在部门内部小范围的共享，虽然提高了部门的工作效率，但企业整体的工作效率没有很大的提高。“信息孤岛”会导致企业管理者做决策时，要找多部门要数据，更糟糕的是，各部门的数据格式不统一，还要经过一道转换环节。

4. 信息技术团队力量薄弱

一些企业信息技术部门只配备了 2～3 名专职人员，还有些公司根本就没有信息技术团队。信息技术团队力量薄弱，会导致企业信息技术人员平时只能忙于公司内部的故障处理及技术培训等业务，无暇顾及大型的系统升级或项目建设，伴随越来越多的系统上线，很多时候无法及时响应故障处理。另外，信息技术团队力量薄弱，还会带来技术力量的薄弱和新技术的应用等问题。

5. 缺少企业信息化项目的效用评价工作

信息系统建设投入多少，应用后给企业带来了哪些经济效益，对后续信息化建设有哪些支撑作用等具体的量化数据没有。

1.4.3 企业信息化实施建议

1. 做好信息化建设战略规划

从“管事”、“管人”、“管钱”和“管物”的角度来制订企业信息化建设战略规划，规划要使信息系统的发展与组织整体计划相协调，要合理地分配资源，确定开发的优先次序。以韩国现代集团为例，集团根据自己的实际需求，从管事、管人、管钱和管物的角度先后开发和部署了 OA 系统、财务系统（用友 NC）、资产系统、资金系统、安全管理系统、人力资源系统、项目管理系统、门户集成（单点登录系统）等。

为了保证各信息系统应用的安全，保证 7×24 小时可靠运行，现代集团还开发安全管理系统、网络管理系统等。在工程项目管理上，现代集团开发和应用了项目管理系统，实现了对集团所有在建项目工程统一监管的目的。

2. 如何去开发实施信息系统

在确定好要开发哪些系统后，下一步就要解决如何开发的问题，总体的原则是找重点、统一标准、分期开发实施。企业信息系统建设要根据企业自己的实际需要，先按轻重缓急的原则，先开发急需的，重要的。由于信息系统开发投资大，对人员要求高，所以开发时，不能全面同时上马，要分期开发实施。开发前要规划好，要统一数据标准和系统间接口，保证各系统互相通信，要为后续建设的系统留兼容接口，以防“信息孤岛”的产生。

3. 做好信息系统实施的保障工作

信息化建设中“一把手”工程是指企业主要领导对信息系统项目要高度重视，直接参与，亲自拍板，督促落实。“一把手”对信息化建设的重视和直接参与是信息化建设成败的关键。

新信息系统培训是信息系统实施的保障工作之一，特别是一些大型的信息系统应用和推广期间，更加要注重用户的学习和培训工作。新系统使用的培训工作形式可采取多样化，要根据企业实际情况来定，可采取集中式的操作培训、专项培训、会议培训、远程操作演示等，原则是尽可能做到培训的员工一个都不能少。为了督促用户在培训期间认真学习，培训完后，可组织考试。要重点对部门一把手、部门信息员进行重点培训。

信息系统实施前需要成立一个责权明确的信息工作小组。它在组织的最高层管理者的直接管理下，由一名负责全面规划工作的信息资源规划者（CIO）和一个核心工作小组所组成，并通过一批信息员和广大的最终用户相联系，建立一支临时的矩阵式组织结构来实施信息化建设，这样做的好处是减少了信息传递的路径，提高了工作效率。

一个企业信息化水平的高低，主要看这个企业信息技术文化水平，而信息技术文化水平高低，与企业各项信息化管理制度建设情况有关，所以信息系统各项管理制度是信息化系统实施成功的根本保障。管理制度的落实要靠政策文件，企业要制定强制性的政策文件保证各信息化管理制度的落实，最终形成企业文化。

为了对后期的信息化建设提出更好的实施意见，企业要开展信息系统项目的效用评价工作，拟对现有投入运行的信息系统进行全面、综合的评价，主要工作包括综合评价指标体系及其评价标准的建立，用定性或定量的方法（包括审计的方法）确定各指标的具体数值，确定信息系统指标评价值，最后对各评价值的综合计算，包括综合算法和权重的确定、总评价值的计算等。

4.“信息孤岛”的解决建议

目前在我国企业中，“信息孤岛”现象普遍存在。解决“信息孤岛”问题的方法有两种，一是建立企业信息门户（EIP），将各种 MIS 系统集成在一起。二是进行业务流程重组，全面推行企业资源计划（ERP）系统。

EIP 是以数据为基础，以应用为核心，以实现业务及业务流程的自动化为目的的多功能企业信息平台，为企业的信息化建设提供一种循序渐进，逐步优化的路径，同时与企业管理改进的循序渐进、逐步优化相适应。

在 EIP 的基础上，可以快捷而方便地构建出内部邮件系统、客户关系管理、人力资源管理、知识文档管理、项目协作管理、办公事务管理、企业合同管理、企业资产管理等。具体地说，EIP 包括以下 6 个方面的内涵：综合数据平台、业务流程平台、即时消息平台、门户发布平台、数据与内容的一体化平台和安全运行平台，还有些企业将电子商务系统也纳入到 EIP 之中。图 1-8 所示为 EIP 架构示例。

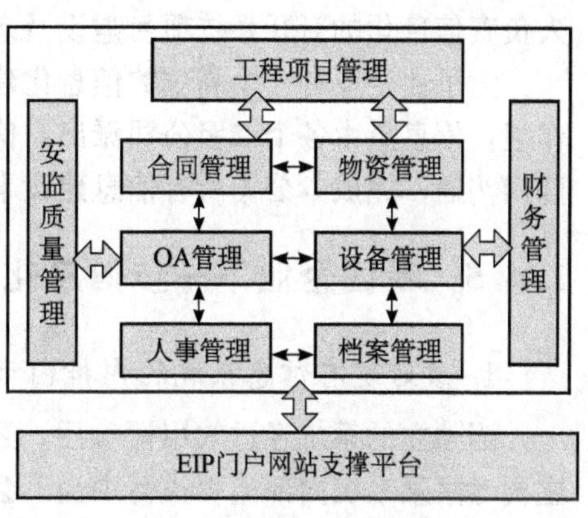

图 1-8 EIP 架构示例

企业信息门户（EIP）最大的优点是统一架构、集中管理、单点登录，以网络平台为主，操作方便，可采用 XML 技术让现有 MIS 系统整合在一起。企业信息门户应用成功的案例有 IBM 公司，国内的 Lenovo 集团。

推广和应用 ERP 也可解决“信息孤岛”问题。ERP 系统是信息流、资金流和物流的集合，内部集成了很多业务子系统，如人力资源、客户关系、采购、销售、生产、财务，有些功能较大的 ERP 系统还提供了决策系统、专家系统等，ERP 系统也属于一站式企业信息化解决方案。

目前，我国很多企业已经开始使用 ERP 系统，但总体上还处于试用和摸索阶段，一些企业号称应用 ERP 系统，其实只对 ERP 系统中某些功能进行了应用。ERP 从开始使用到应用成功需要经历一个漫长的过程，且风险较大。首先 ERP 的应用需要进行业务流程重组，即要打破传统的企业生产经营活动模式，要对组织机构、业务流程等进行重组和改造，牵涉到的内部利益矛盾多，需要企业高层领导有很大的决心和魄力。第二，ERP 系统投资较大，存在投资风险。一般情况下，一套大型的 ERP 系统加上硬件投资需要上百万元的资金投入，一旦 ERP 应用不成功，对于企业而言是个巨大损失。所以 ERP 实施中应注意以下问题：

- 管理观念的转变；
- 企业必须明确自己的需求和实施重点；
- ERP 系统的实施必须要有管理咨询专家的参与；
- 软件的选择应以管理人员为主；
- 实施队伍的组织必须到位；
- 实施 ERP 系统需要同时进行企业业务流程重组。

1.4.4 信息技术团队建设

针对目前我国企业信息技术团队存在的问题，建议各企业要成立信息技术部门，该部门负责集团及下属二级分公司的所有信息化建设工作，直接由企业一把手领导，下设 CIO（首席信息官）一名，再根据信息系统实施和管理需要，配备一定数量的工作人员，建议人员配备应在 6～10 人比较合理，2 人负责系统维护，2 人负责各部门的微机维修，2～6 人负责信息化的新开系统项目建设及老系统的升级完善。

为了让企业有一个高效的信息化建设沟通平台，建议信息技术部门下设一个信息员工作组，信息员由各个二级公司派出，信息员直接受二级分司负责人领导，负责与信息技术部门沟通，完成本公司所有信息建设事务。

1.4.5 我国企业下一步信息化建设的重点

1. 做好现有信息系统的内控内审工作

当独立的系统经过效用评价后，还需要对各系统协同方面做全面的内控、内审工作，主要考察某系统内部流程执行中会不会存在问题，是不是合理，执行后与其他系统中的流程是不是存在冲突或存在不合理之处。如项目管理系统中的资金预算流程是不是与资金或财务系统中的预算流程发生冲突。内控、内审工作关系到各信息系统间的协同问题，非常重要，要引起高度重视。

2. 开展电子政务

为了全面提高信息化建设水平，使企业的管理方式与信息时代接轨，要通过电子政务系统实现企业内部信息管理与企业外部的信息相通，建议我国大中型企业要积极开展以网上办事大厅、招投标管理系统等为切入点的电子政务。企业要根据自己实际需求，规划好电子政务开展的形式，在企业信息战略规划的基础上，设计开发电子政务系统，并投入应用，方便社会用户与企业进行信息沟通。

3. 建设电子商务系统

著名的系统集成供应用商 Oracle 公司曾经打出一句广告语——“要么电子商务，要么无商可务”，虽然说这句广告语有些夸大其词，但也从侧面反映出电子商务对企业的经营产生了很大影响。电子商务的模式很多，主流电子商务模式有 B2B、B2C、C2C，其他的电子商务模式还有网上拍卖、网络广告、企业展示、商机信息发布等。建议我国有大中型企业要根据自己企业实际情况，采用灵活多样的电子商务模式开展电子商务活动，要充分利用互联网给企业带来的商机，提升企业价值。

第 2 章 管理信息系统的技术基础

本章要点：

- 管理信息系统与计算机网络
- Internet/Intranet/Extranet 上的管理信息系统
- 管理信息系统与数据库
- 管理信息系统与数据库连接技术

计算机网络是管理信息系统（MIS）的基础，是数据共享、唯一、正确、保密安全等重要保证，也是 MIS 期所以能成为系统之所在，因此网络的规划与网型的选择是 MIS 规划和实施的重要组成部分。

2.1 管理信息系统与计算机网络

企业在建网之前，要做好网络的总体规划。如果网络用于 MIS，则可配上相应的软、硬件来实现 MIS 中各子系统的功能，同时，网络要有良好的可维护性和扩充性。从长远角度考虑，计算机网络不只为 MIS 服务，还应允许 CAD 系统、专家系统、多媒体系统等共享网络资源服务。建立这样一个统一的多功能的网络系统，才能充分发挥计算机网络的优势。企业网络的应用如图 2-1 所示。

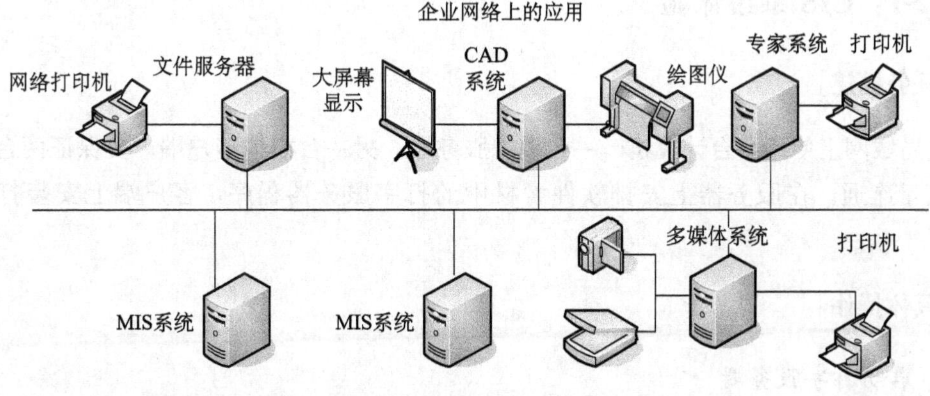

图 2-1 企业网络的应用

2.1.1 局域网上的管理信息系统

局域网上的管理信息系统一般以 C/S（客户/服务器）结构模式存在，客户/服务器模式是 20 世纪 80 年代产生的崭新应用模式。C/S 结构一般采用两层结构，把数据库放在远程的服务器上（后台），在客户机（前台）上安装应用软件。在前台，即用户界面(Client)

上完成接受用户的请求与操作，并向数据库管理系统提出请求；后台是服务器（Server），主要完成数据库的管理与具体操作最终将用户需要的数据提交给客户端，客户端将数据进行计算并将结果呈现给用户。局域网中的管理信息系统如图 2-2 所示。

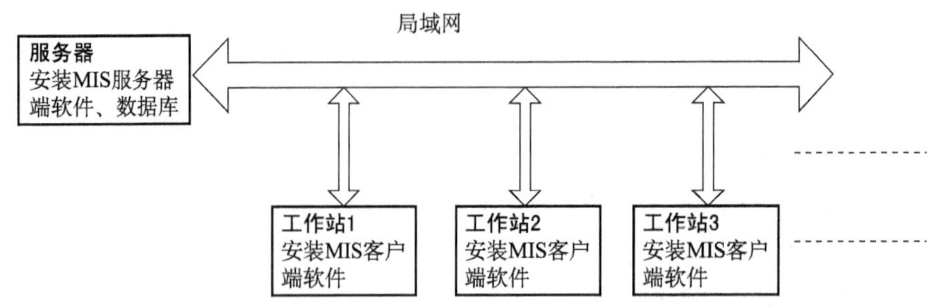

图 2-2　局域网中的管理信息系统

C/S 结构模式具有如下特点：

- C/S 结构在技术上很成熟，它的主要特点是交互性强，有着良好的人机界面，具有安全的存取模式，网络通信量低，响应速度快，利于处理大量数据。
- 该结构的程序开发（前台）是有针对性的，程序的扩展与更新升级不够灵活。由于基于此种结构的系统，需要每个客户端都需要安装相应的客户端程序，那么在应用中必然会牵扯到前台与后台的维护和管理，难度较大，这就需要具有专业水准的技术人员进行操作。
- 通常只局限于小型局域网，不利于扩展。
- 分布功能弱且兼容性差，不能实现快速部署安装和配置，更新与升级不便，因此缺少通用性，具有较大的局限性。

任务 2-1：C/S 系统体验

[**任务描述**]

在局域网上使用两台计算机，一台模拟服务器，另一台模拟客户端，要保证两台计算机能相互连通。在服务器上安排软件素材中的打字服务器程序，客户端上安装打字客户端。

[**具体操作**]

1. 启动打字服务器

服务器端开启后，将要进行测试的文字剪切至文本区，并启动服务器，如图 2-3 所示。

2. 在客户机上启动打字测试客户端

在客户机上启动打字测试客户端程序，打字测试客户端的界面如图 2-4 所示。

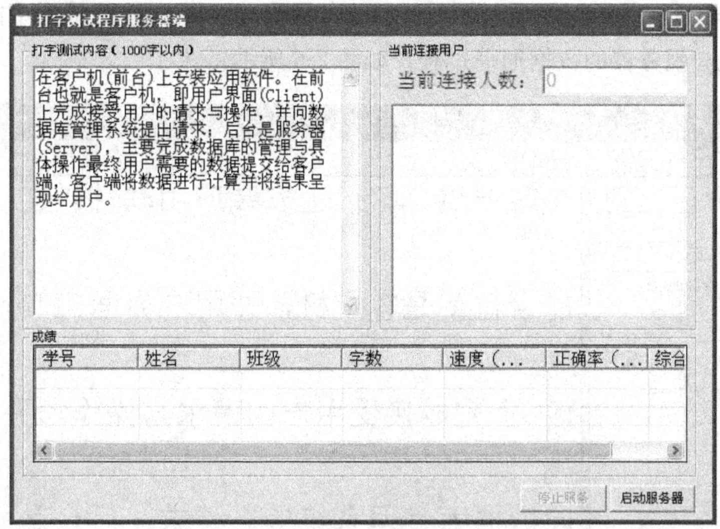

图 2-3　打字测试服务器的配置

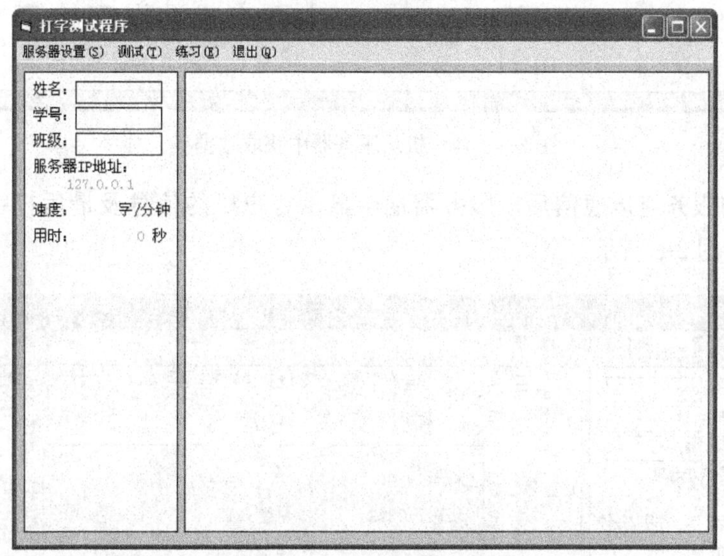

图 2-4　打字测试客户端的界面

3. 客户机的配置

首先进行服务器的配置，如图 2-5 所示，主要设置服务器的地址。服务器的 IP 地址要从安装服务端的计算机上查看，可在服务器上运行 ipconfig 命令进行查看。

图 2-5　设置服务器的 IP 地址

完成服务器的 IP 地址设置后，输入学生姓名及学号，再执行菜单栏中的“测试”命令，完成客户机与服务器的数据通信过程，如图 2-6 所示。

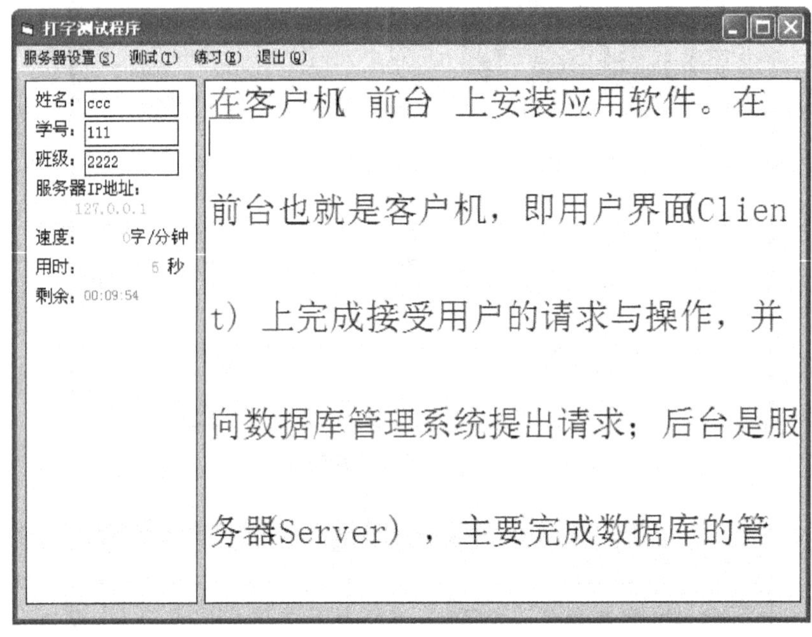

图 2-6　客户机从服务器中获取数据

当客户机与服务连接通信后，服务器端会显示客户机的信息及最后打字的速度等信息，如图 2-7 和图 2-8 所示。

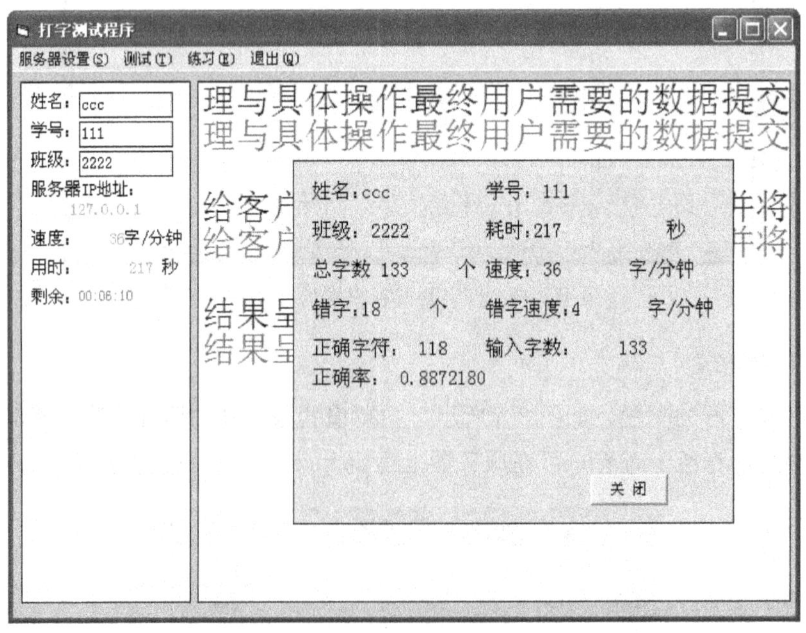

图 2-7　客户机上测试结果信息

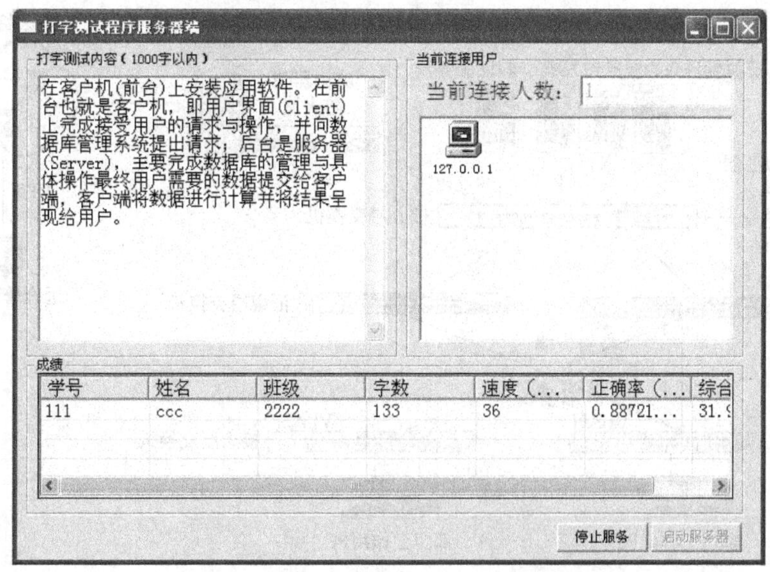

图 2-8　服务器上测试结果信息及连接情况

［**任务思考**］

说说你对 C/S 结构系统的理解。

2.1.2　Internet/Intranet/Extranet 上的管理信息系统

Internet/Intranet（企业内部网）是把 Internet 技术应用到企业内部建立的基于开放技术的新型网络体系结构，可以说是组织内部的 Internet。Internet 采用浏览器/服务器（Browser/Server，B/S）系统结构，这种结构实质上是客户/服务器（C/S）结构在新的技术条件下的延伸。在传统的客户/服务器结构中，服务器 Server 仅作为数据库服务器，进行数据的管理，大量的应用程序都在客户端运行，这样，每个客户端都必须安装应用程序和工具，因而，客户端很复杂，系统的灵活性、可扩展性都受到了很大影响。在Internet 结构下，客户/服务器结构自然延伸为三层或多层结构，形成浏览器/服务器应用模式，图 2-9所示的为某企业在 Intranet 上架设的人力资源管理系统。这种方式下，Web Server 既是浏览服务器，又是应用服务器，可以运行大量的应用程序，从而使客户端变得很简单。

Extranet 则是使用 Internet/Intranet 技术使企业与其他企业或客户联系起来，完成共同目标的合作网络，是 Intranet 与 Internet 之间的桥梁。Extranet 既不像 Internet 那样提供公共服务，也不像 Intranet 那样仅仅提供对内服务，它可以有选择地向公众开放其服务或有选择地向合作者开放其服务，为电子商贸或其他商业应用提供有用的工具。通常情况下，Extranet 只是 Intranet 和 Internet 基础设施上的逻辑覆盖，而不是物理网络的。

B/S 结构，即 Browser/Server（浏览器/服务器）结构。B/S 结构主要利用了不断成熟的 WWW 浏览器技术，结合多种 Script 语言（VBScript、Java Script 等）和 ActiveX 技

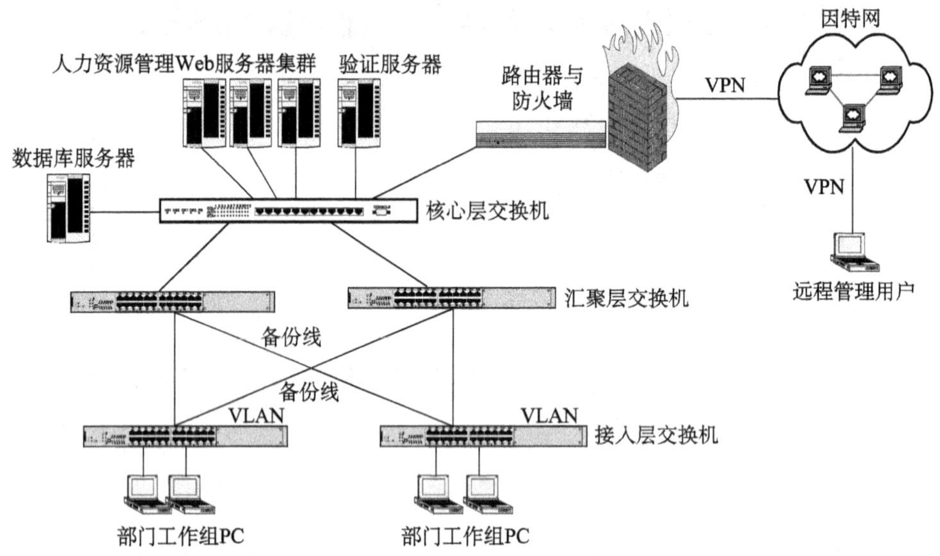

图 2-9 某企业在 Intranet 上架设的人力管理系统

术，是一种全新的软件系统构造技术。其特点是只需安装和维护服务器（Server），而客户端采用浏览器（Browse）运行软件。B/S 采用三层体系结构，在数据管理层（Server）和用户界面层（Client）增加了一层结构，称为中间件（Middleware），使整个体系结构成为三层。B/S 结构具有如下特点：

- B/S 结构的主要特点是分布性强、维护方便、开发简单且共享性强、总体成本低。
- 数据安全性存在很大的问题，对服务器要求过高，数据传输速度慢。
- 由于受浏览器的限制，软件的个性化特点明显降低，难以实现传统模式下的特殊功能要求。例如通过浏览器进行大量的数据输入或特殊格式报表的设计、专用性打印输出都比较困难和不便。
- 相对于发展已非常成熟 C/S 的一系列应用工具来说，实现复杂的应用构造有较大的困难。虽然可以用 ActiveX、Java 等技术开发较为复杂的应用，但是开发复杂，并没有完全成熟的技术工具供使用。

任务 2-2：B/S 模式的邮件服务器的架设

[任务描述]

本任务采用 WebEasyMail 邮件服务器软件，用户计算机上要安装有 IIS。软件安装好后完成 IIS 配置，首先打开“Internet 信息服务”，并在“默认网站”上右击，选择“属性”命令，在打开的对话框中完成图 2-10 的配置。

邮件服务是用户所需要的最重要的网络服务。Web 的通信量很大，但邮件主要用于个人之间的通信，而人与人之间的通信是商务的基础。没有邮件服务的网络是不完整的网络。

WebEasyMail 是一个基于 Windows 平台，并服务于中、小型网站及企业的 Internet（因特网）和 Intranet（企业局域网）全功能 Web 邮件服务器，是一个较好的国产 Web 邮

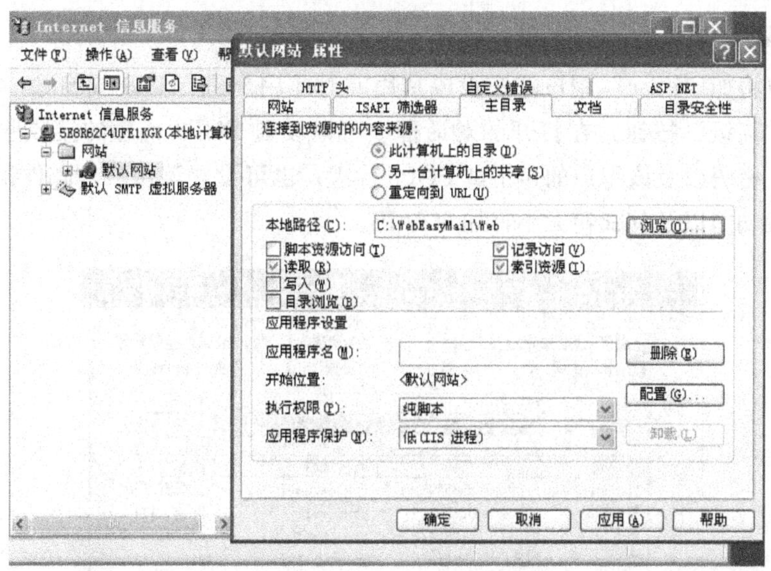

图 2-10　IIS 中的网站路径配置

件服务器。该软件下载地址为：http：//www. 51webmail. com.

WebEasyMail 通过与微软 IIS（Microsoft Internet Information Services）的紧密集成，提供 Web 下系统管理以及通过浏览器收、发电子邮件等功能。它提供了 14 个对象、百种方法及属性，以支持高级用户针对 WebEasyMail 系统所进行的相关 ASP 程序开发。与 IMailServer、CMailServer、CaisMail Server 等相比毫不逊色。

[**具体操作**]

1. 设置邮箱域名

邮箱的域名配置如图 2-11 所示，用户可以根据自己的需要，从因特网上申请一个域名，并在此对话框中填写。注意，域名最好以顶级域名加二级域名形式出现，不宜过长，如 jszx. mail。如果本邮件系统只用在企业内网中，域名形式无约束，用户可以自定义域名。

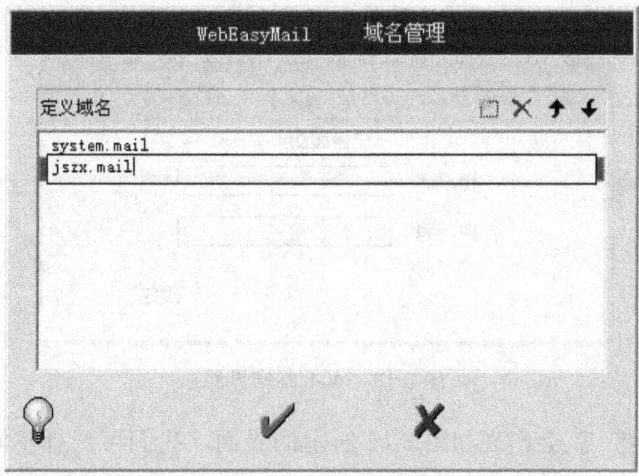

图 2-11　邮箱域名配置

2. 系统设置

我们可以将如“lihao”用户账户设成禁用或对此用户进行修改或删除，如图 2-12 所示。或单击“高级”按钮，在打开的对话框中可以设置 POP3 代理的接收服务器、端口号、用户名、密码以及该用户的多下载 POP3 代理；也可设置该用户的邮件拒收、自动回复、自动转发功能以及其邮箱大小，如 200MB。

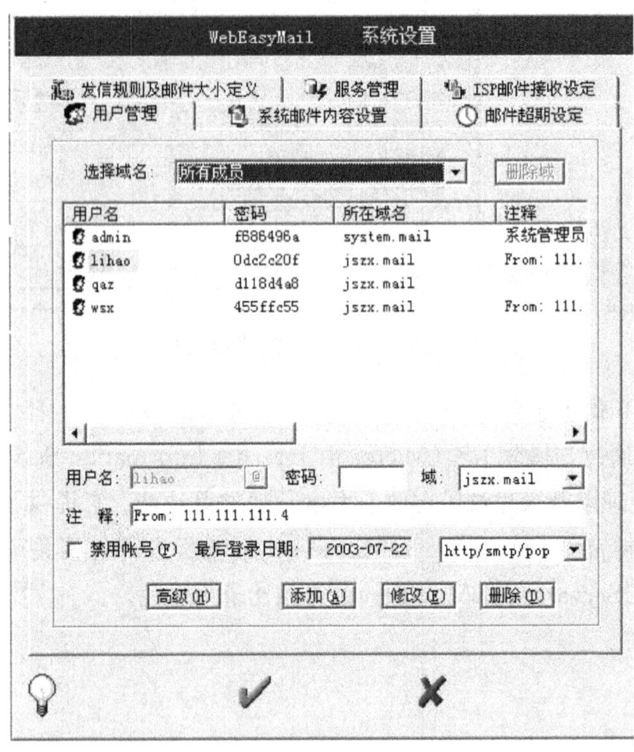

图 2-12　用户的创建

经过以上步骤，已经把 Web 邮件服务器设定好了。至此，在网络客户端的 IE 浏览器中输入服务器地址后可看到如图 2-13 所示的界面，之后就可以申请账户或直接用已有账户登录了。

欢迎使用此邮件服务器

[申请邮箱]

用户名：

密　码：

确定

图 2-13　Web 邮箱界面

单击“申请邮箱”就会出现如图 2-14 所示的界面，我们可选择不同的域名来申请自己的邮箱。

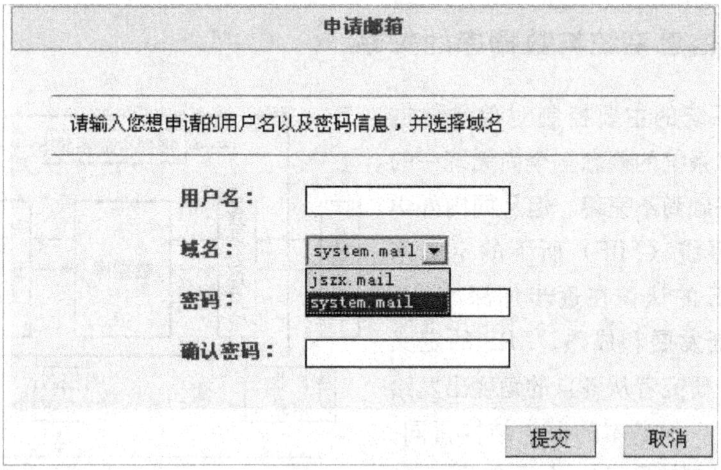

申请邮箱

请输入您想申请的用户名以及密码信息，并选择域名

用户名：

域名：system.mail

jszx.mail

system.mail

密码：

确认密码：

提交　取消

图 2-14　申请邮箱

如图 2-15 所示，登录后可以看到如新浪、雅虎、21 世纪、网易、263 等知名网站相似的邮箱界面。

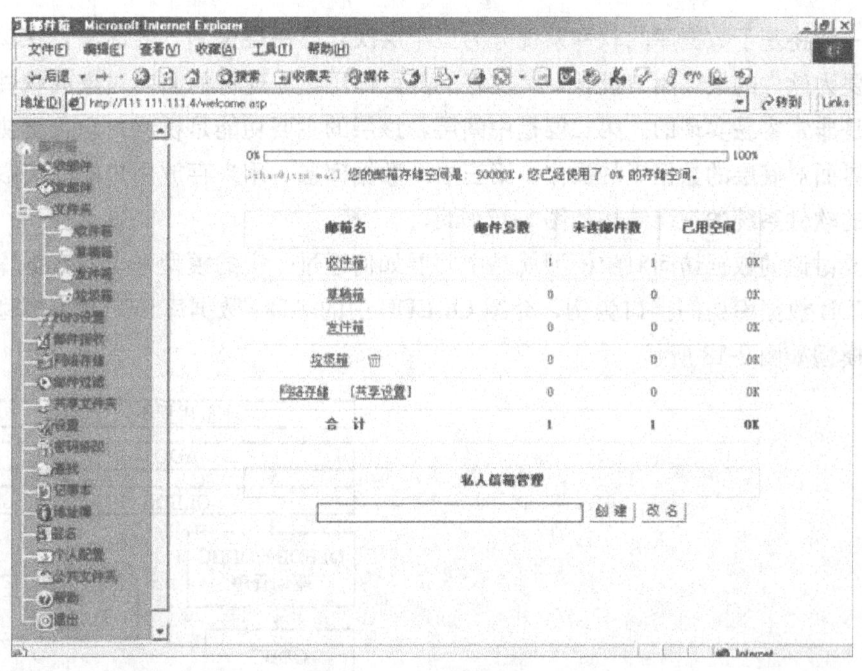

图 2-15　用户邮箱主界面

2.2　管理信息系统与数据库

数据库广泛地应用于各企业组织和政府机构，与人们的日常生活息息相关。在现代信息社会中，将有更高比例的人力、物力投入信息产业中。数据是信息产业的原料，数据需要经过组织和管理才能发挥它的实用性。然而管理数据的有效利器就是数据库和与它相关的数据库管理系统。

2.2.1 管理信息系统与数据库的关系

管理信息系统的主要控制对象是数据库，但管理信息系统的概念至今尚无统一的定义，其理论基础尚不完善。但从国内外学者给管理信息系统（MIS）所下的定义来看，人们对 MIS 的认识在逐步加深，MIS 的定义也在逐渐发展和成熟。MIS 的定义有很多种，各个研究者从各自的角度出发给出了不同的定义，但基本的概念结构雷同。管理信息系统与数据库的关系如图 2-16 所示。

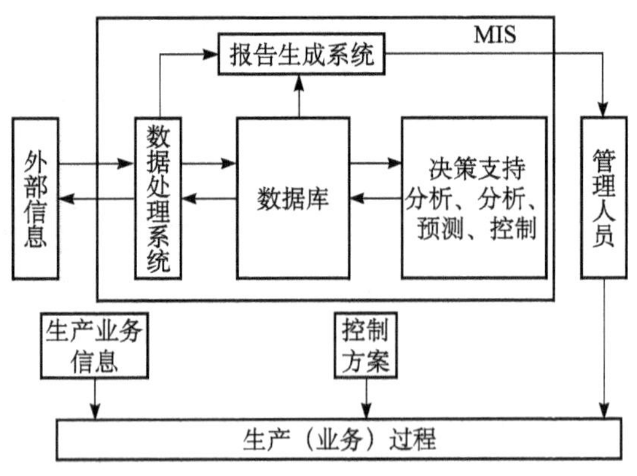

图 2-16 管理信息系统与数据库的关系

2.2.2 管理信息系统与数据库连接技术

我们一般将基于数据库的软件系统分为三个层次，第一层是用户界面层，在该层，开发人员只要为软件的最终用户设计一个友好的界面即可。在现行的面向对象的软件开发阶段，这个是非常容易实现的。第二层是中间层，该层的主要功能是桥梁，它负责协调用户通过软件界面对底层的数据库的操作。第三层即数据库层，用来存放用户的最终数据。基于数据库的软件系统的三层结构如图 2-17 所示。

这里要讨论的数据访问对象模型就是中间层如何通过一定的模型来访问数据库层。下面以 OLEDB 数据库访问接口为例，介绍 OLEDB 中的 ADO 数据库访问对象模型。数据访问对象模型如图 2-18 所示。

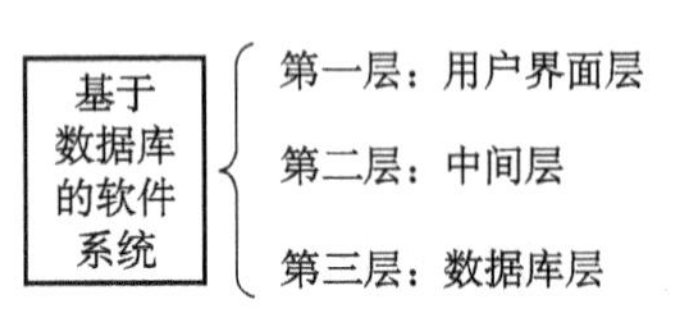

图 2-17 基于数据库的软件系统的三层结构

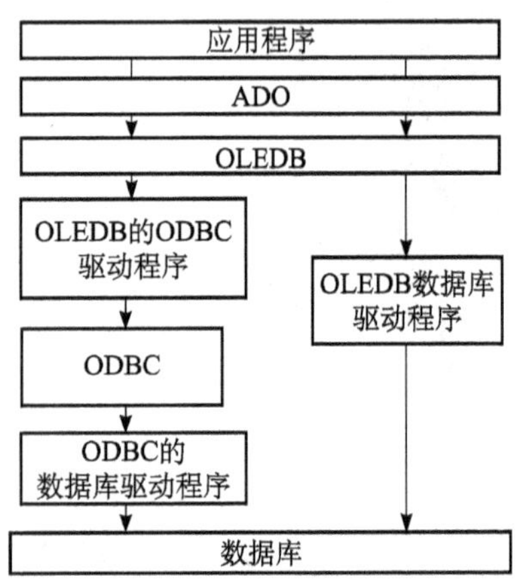

图 2-18 数据访问对象模型

第3章　管理信息系统开发方法

本章要点：

- ■ 管理信息系统开发方式的选择
- ■ 结构化生命周期法
- ■ 管理信息系统开发的进度计划与甘特图工具应用
- ■ 快速原型化开发方法

管理信息系统开发是一项耗时、耗力、耗钱的工程，在整个项目的开发过程中，需要各方面人员的相互配合，按照项目的开发进度计划，一步一步地完成。在管理信息系统开发过程中，首先企业高层领导要根据企业的战略规划，提出开发的项目，经组织专家评审及进行可行性分析立项后，再开展系统分析、系统设计、系统实施等工作。项目参与的人员包括系统规划师、系统分析师、软件设计师（含网络工程师、数据库设计工程师）、程序员和系统管理与测试人员等。

3.1　管理信息系统开发方式的选择

企业管理信息系统的开发是一个复杂的社会化系统工程，难度较大。管理信息系统的开发方式主要有自行开发、委托开发、联合开发方式及直接购买商品化软件方式等，不同的开发方式有不同的优缺点。企业要根据自身经济、人员和技术情况，选择一种符合实际情况的开方式。

1. 自行开发方式

自行开发方式是指基层单位或行业主管部门自己组织技术力量进行信息系统的开发工作。其优点如下：

- ● 企业建设自己的信息系统的动力来源于自身的需求；
- ● 便于企业规划本企业整个信息系统的建设工作；
- ● 系统建成后推广应用迅速；
- ● 自行开发信息系统，可为企业培养一支称职的维护队伍。

自行开发方式虽然具有许多优点，但对开发队伍的素质要求很高，如果不具备一定条件，在开发过程中将会存在以下问题：

- ● 一般的企业自行开发信息系统时容易忽视成本、收益分析；
- ● 人员组成结构不合理；
- ● 开发的系统技术先进性差。

2. 委托开发方式

这种开发方式建设信息系统，除了那些具有丰富的信息系统开发经验的被委托单位外，大多数被委托单位开发的应用软件都不是很理想的。主要原因如下：

- 开发出来的应用软件实用性差，难以满足企业的需要；
- 系统目标往往难以实现，同时，软件的时间适用性差；
- 很多使用单位一开始对系统分析认识不充分，难以提出较好的需求；
- 纯粹依靠外部力量的开发，在系统交付使用后，系统的维护工作困难。

3. 联合开发方式

采用联合开发方式，企业技术部门可以学习专业软件公司的开发方法，同时由软件公司负责解决技术难点，对开发进程进行科学的安排和控制，企业技术人员负责编制代码。这样就可回避企业学习系统开发队伍开发经验少、技术低下的问题。同时又在联合开发中锻炼和培训了本企业学习技术人员，所以联合开发方式的效果一般好于自行开发方式。

4. 直接购买商品化软件方式

目前我国已有不少专门从事信息系统软件开发的单位，他们开发的软件在性能上较注意通用性和易学易用性，在开发的管理和技术力量上具有较大的优势，软件质量相对较高。但现在我国自行开发的通用软件产品数量还是较少，而引进的国外软件产品价格昂贵又不太适合我国国情，因此，这种方式目前还不是主要的开发方式。

综上所述，信息技术力量弱的企业可采用委托开发或购买商品化通用软件包的形式来建设自己的信息系统；而拥有雄厚信息技术力量的企业应以联合开发方式、直接购买商品化软件方式为首选。4 种开发方式的比较如表 3-1 所示。

表 3-1 4 种开发方式的比较

方式 特点比较	自行开发	委托开发	联合开发	直接购买商品化软件
分析和设计能力的要求	较高	一般	逐渐培养	较低
编程能力的要求	较高	不需要	需要	较低
系统维护的难易程度	容易	较困难	较容易	较困难
开发费用	少	多	较少	较少

3.2 管理信息系统开发方法概述

目前，管理信息系统的开发方法很多，但任何一种方法都有一定的适用范围，不可能一种方法适合各种应用环境。下面介绍比较流行的几种开发方法。

3.2.1 结构化生命周期法

结构化生命周期法简称生命周期法，是最常用且有效的一种信息系统开发方法。它将整个计算机信息系统的开发过程，从初始到结束划分成若干个阶段，预先定义好每一个阶段的任务和目标，再按一定的策略与准则完成相应阶段的任务。这种方法属于预先严格定义了用户需求和任务的一类方法。

生命周期法要求开发过程必须严格地按阶段进行，只有前一阶段完成之后，才能开始下一阶段的工作，而且其阶段是不可逆和不可跳跃的。每个阶段都有由明确的标准化图表和文字组成的文档，以便于在开发中实行管理和控制。结构化生命周期法包括：规划、分析、设计、实现、运行维护等 5 个步骤。在结构化系统开发的生命周期中，每个阶段都产生相应的文档资料，结构化生命周期法过程如图 3-1 所示。

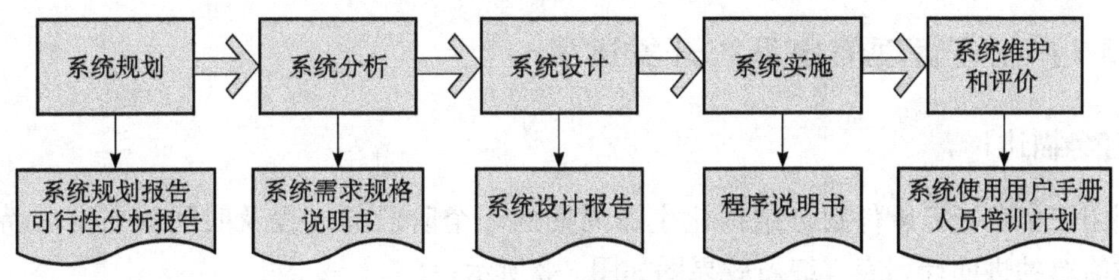

图 3-1　结构化生命周期法过程

（1）系统规划阶段

当一个企业的现行系统因种种原因已不能适用发展的需要，用户提出企业管理信息系统的开发请求后，就可为此成立一个开发机构负责对现行系统进行初步调查，研究当前企业存在的问题，以及存在的问题是否可以通过一个新的信息系统或修改现行系统就能解决。规划中，对用户设想的管理信息系统所达到的目标，新系统的功能范围、基本工作过程以及关键性的问题要作出明确的描述。同时，还要进行可选方案的经济、技术和社会可行性分析研究，提出可行性分析报告。

（2）系统分析阶段

系统分析的目的是解决“做什么”的问题，它是在可行性分析的基础上，针对现行系统进行全面的调查，分析企业的业务流程、数据和数据流程以及功能与数据之间的关系，并通过使用一系列的图表工具，构造出新系统的逻辑模型。

（3）系统设计阶段

系统设计阶段是解决“怎么做”的问题，它根据新系统的逻辑模型建立系统的物理模型，也就是根据新系统逻辑功能的要求，考虑系统的规模和复杂程度等实际条件，进行若干具体设计。系统设计包括模块设计、代码设计、输入/输出设计、文件或数据库设计、可靠性设计等，最后确定系统的实施方案。

（4）系统实施阶段

系统实施是真正解决“具体做”的问题，它是新系统付诸实现的实施阶段。系统实施阶段是具体实现系统设计阶段的新系统的物理模型。它主要包括软、硬件准备，程序设计，数据收集与准备，人员培训，系统测试，系统转换（即新、旧系统的交接）等内容。

（5）系统维护与评价阶段

系统交付使用投入运行后，需要不断进行维护，修改程序，增加系统功能以适应变化。系统运行一段时间后，要对系统的工作质量和经济效益进行综合评价，整理成系统评价报告，作为系统验收和改进质量的依据。

生命周期法的主要特点有：

- 强调面向用户；
- 逻辑设计与物理设计分别进行；
- 使用结构化、模块化方法；
- 严格按阶段、顺序进行；
- 文档标准化、规范化。

该方法的主要缺点是开发周期较长。另一个缺点是缺乏灵活性，以及开发人员与用户的交流困难。

任务 3-1：制订管理信息系统开发进度

［**任务描述**］

利用 PlayCASE 软件制订结构化生命周期的 5 个阶段的过程及时间安排（甘特图），并生成简单的进度计划表。练习效果图如图 3-2 所示。

任务进度表											
项目名称　惠普企业电子商务平台方案											
任务代码/名称	评审	交付的文档	使用的资源	前置任务	后置任务	计划			实际		
						开始	结束	工期（天）	开始	结束	工期（天）
T0 惠普企业电子商务平台方案						2011.11.5	2012.3.29	145			
T1 需求分析和调查						2011.11.5	2011.11.30	25			
T2 系统分析						2011.12.1	2011.12.27	26			
T3 电商平台的系统设计						2011.12.13	2012.1.4	22			
T4 电商平台的实施						2012.1.4	2012.3.1	57			
T5 电商平台的优化、推广和维护						2012.2.23	2012.3.29	35			

图 3-2　练习效果图

［**具体操作**］

1. PlayCASE 的安装

PlayCASE 建模工具（以下简称 PlayCASE）反映了软件工程的最新进展，适合各种规模软件系统的开发。它继承并发挥了经典的结构化方法、信息工程方法和面向对象方法的优点，创造性地集成了美国军方的 IDEF（Integration DEFinition）系列软件开发规范，提供了面向对象的集成化的 IDEF 方法——I^2DEF 方法（Integrated IDEF），包括结构建模、动态建模和功能建模的手段。

PlayCASE 创造性地把业务调查、需求定义、总体设计、详细设计及程序生成等软件开发过程结合为一体，适合生命周期法、快速原型化开发方法及其混合形式，极大地提高了软件系统开发的效率和质量，满足了各方面需要。

PlayCASE 以循序渐进的方式推进软件的开发过程，彻底解决了各个开发阶段“鸡犬之声相闻，老死不相往来”的问题，每个阶段的分析设计文档都可在后续工作中全部直接利用，以达到不断完善的目的。

请读者到网上下载 PlayCASE 软件，并安装。安装完成后，选择“开始”菜单，找到软件所在位置并启动，软件的主界面如图 3-3 所示。

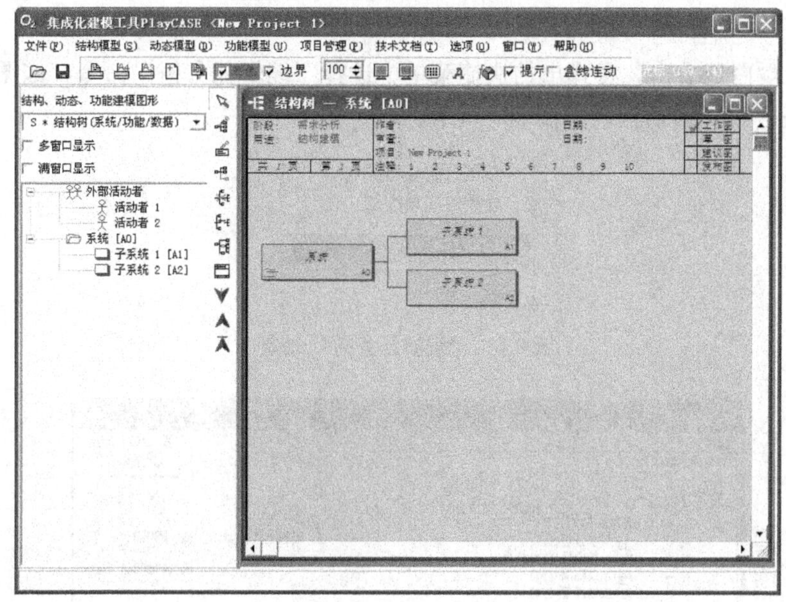

图 3-3　PlayCASE 软件界面

2. 进度坐标图的制订

在软件主界面的左边“结构、动态、功能建模图形”下拉菜单中，选择“进度坐标图(Gantt)”，如图 3-4 所示，选择完成后，系统右边主界面出现进度坐标，如图 3-5 所示。

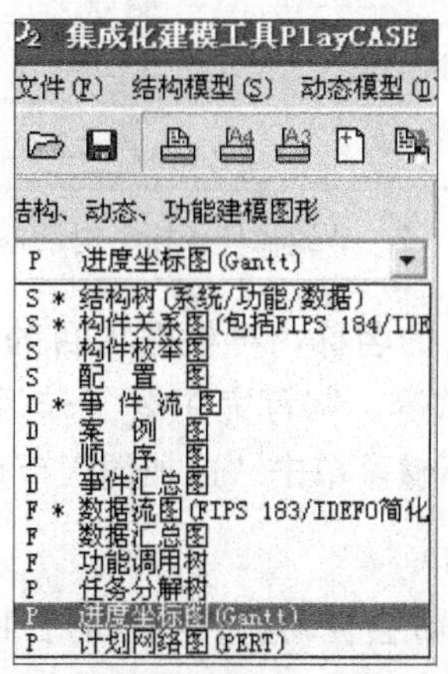

图 3-4　“进度坐标图”(Gantt) 功能选择

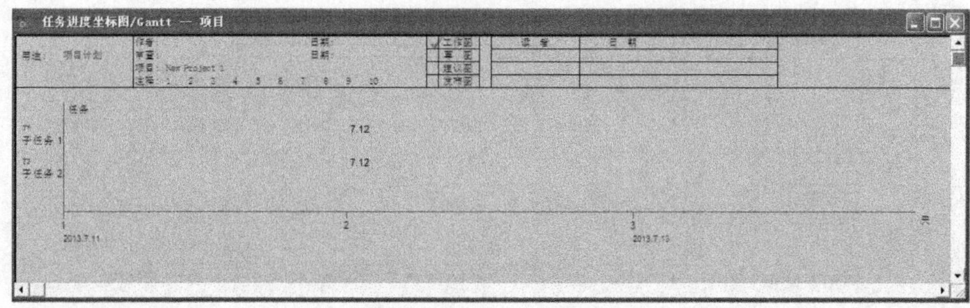

图 3-5　进度坐标预览界面

3. 编辑项目任务树

在图 3-5 空白处右击，在弹出的快捷菜单中选择“编辑任务树”命令，如图 3-6 所示，出现“编辑任务树”对话框，如图 3-7 所示。

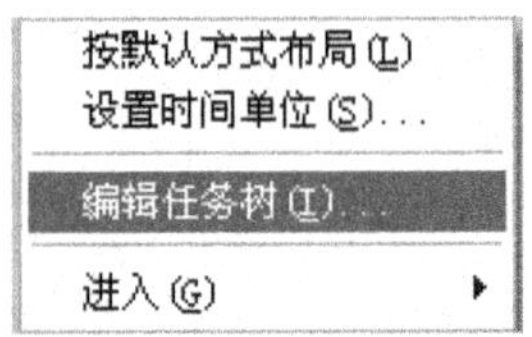

图 3-6 “编辑任务树”命令

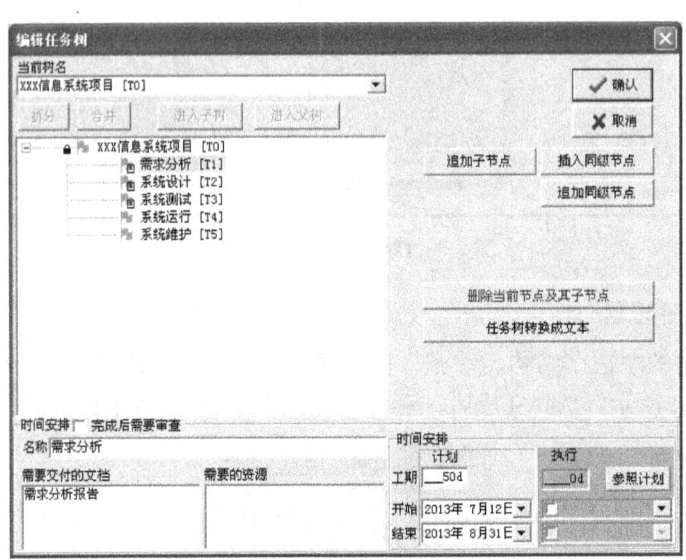

图 3-7 “编辑任务树”对话框

在图 3-7 中，首先要确认项目的名称，再根据项目的主要工作定义各阶段主要任务，如需求分析、系统设计、系统测试等。制订完主要工作后，还要说明各阶段要交付的文档、时间安排等。如果系统节点不够，单击“追加同级节点”按钮完成。

4. 生成甘特图和项目进度表

任务树编写完成后，PlayCASE 会自动生成项目的甘特图，用户还可单击主菜单中的“项目管理”再选择任务进度表，系统会帮助用户自动生成项目进度表。最终效果图如图 3-8所示，进度表如图 3-9 所示。

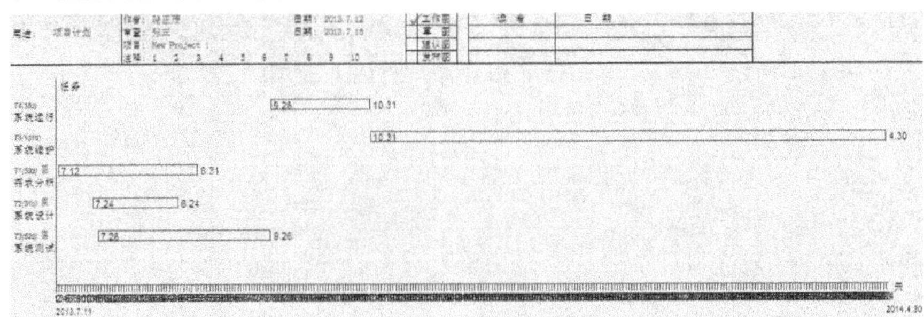

图 3-8 甘特图

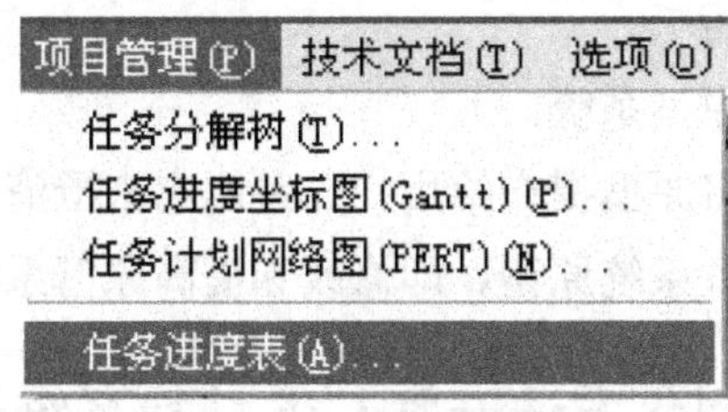

图 3-9　生成进度表

[**任务思考**]

结构化生命周期法把信息系统开发共分成几个阶段？各阶段的主要任务是什么？各阶段的内在联系是什么？

3.2.2　快速原型化开发方法

快速原型化方法是 1977 年提出的。它的基本思想是试图改进生命周期法的缺点，在短时间内先定义用户的基本需求，通过强有力的软件环境支持，开发出一个功能并不十分完善的、实验性的、简易的信息系统原型，运用这个原型，结合实际系统，再不断地评价和改进原型，使之逐步完善。它的开发过程是：分析、设计、编程、运行和评价，这几个环节多次反复进行，不断演进，最后生成一个较为理想的信息系统。所以，快速原型化方法依据的基本模型是循环或迭代模型。

快速原型化方法的主要特点有：

- 加强了开发过程中用户的直接参与，减少了用户投资的不确定性和风险性。
- 能接受不确定的需求，很好地解决了项目参加者之间的通信困难。
- 用有意识的反复迭代取代了无计划的重复和反复。

快速原型化方法的局限性有：

- 使用快速原型化开发方法的一个前提是待开发的系统需求不确定，在这种情况下很难与用户商定开发协议。
- 系统的设计要求有很强的可扩展性，否则可能会导致许多功能模块的返工或重做，反而降低效率。
- 系统开发的管理较困难。系统的许多方面没有明确目标，而处于不断修改的状态下，会降低开发人员的积极性。
- 开发周期难以控制。可能会导致系统无终止的不断修改。

尽管如此，快速原型化开发方法对于管理信息系统的开发方式的发展是一个较好的思路，相信随着这种开发方式的逐步推广应用，问题都会得到相应的解决。快速原型化开发方法基本步骤如图 3-10 所示。

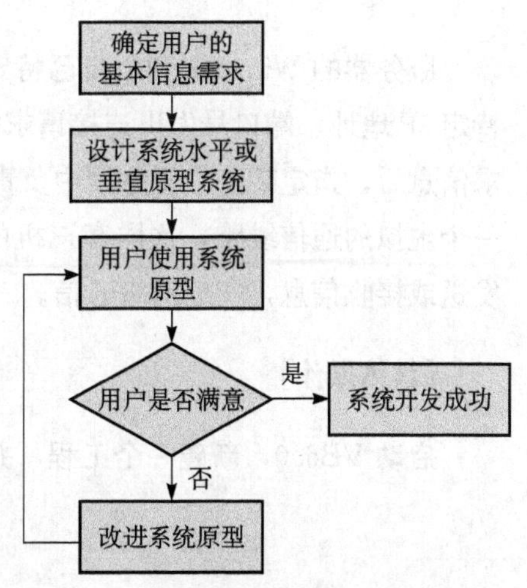

图 3-10　快速原型化开发方法基本步骤

- 确定用户的基本信息需求。
- 设计系统水平或垂直原型系统。
- 用户使用系统原型。将原型提交给用户，并用它来澄清用户的需求。
- 若用户不满意，则改进系统原型，即修改和提高原型系统。

任务 3-2：采用快速原型化方法开发 C/S 结构系统的核心原型

[**任务描述**]

该任务旨在通过快速原型化开发方法，构建 C/S 结构系统的核心原形，让读者了解 C/S 结构核心技术。开发的语言为 VB6.0，主要控件为 Winsock。Winsock 是 C/S 结构网络编程基础，Winsock 开发中的服务器是指使用一个 Winsock 用于侦听来自客户端的请求控件，而客户端是指客户机需要访问服务器时，由客户端的 Winsock 发起请求，服务器的 Winsock 会侦听到该请求。因服务器要同时对多个客户端提供服务，导致要使用多个 Winsock，因此可以使用动态创建的方式实现。Winsock 的 C/S 网络实现原理如图 3-11 所示。

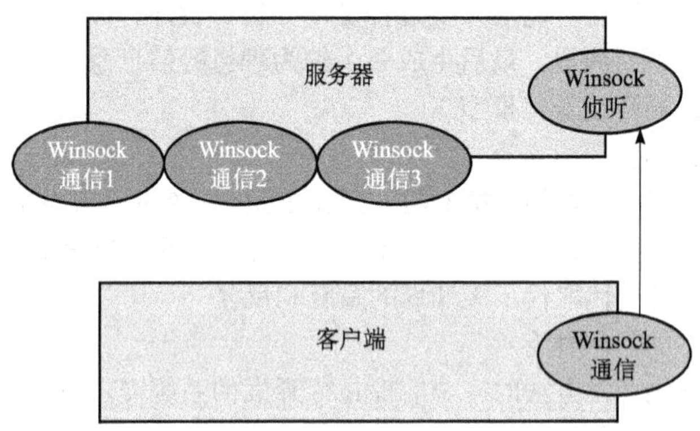

图 3-11 Winsock 原理

服务器的 Winsock 利用自己特定的 IP 地址、端口号进行侦听，客户端向服务器上的特定 IP 地址、端口号发出连接请求，服务器负责侦听的 Winsock 接收到来自客户端的请求信息后，指定某一个服务器中负责数据通信的 Winsock 来接受这个请求，这样就建立了一个虚拟的通信线路，这样客户机的 Winsock 与服务器上的数据通信 Winsock 可以自由发送或接收信息，实现网络通信。

[**具体操作**]

启动 VB6.0，新建一个工程，并在工程中引用 Winsock 控件，如图 3-12 所示。

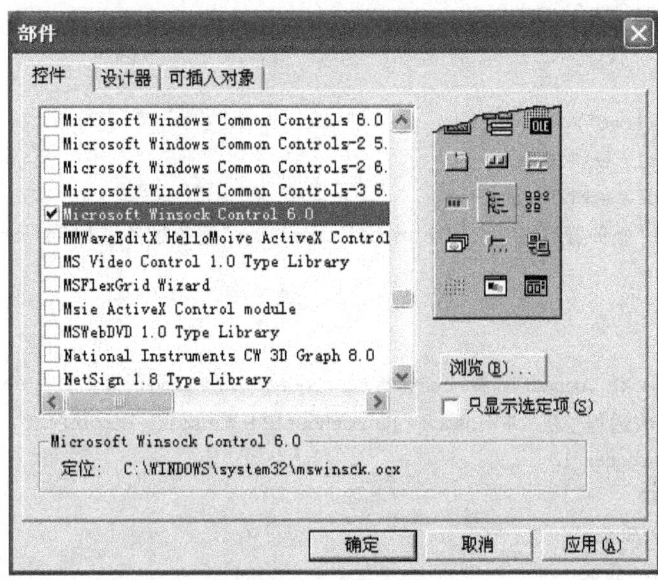

图 3-12　引用 Winsock 控件

设计服务器端窗体，如图 3-13 所示，在窗体上拖放两个 Winsock 控件。

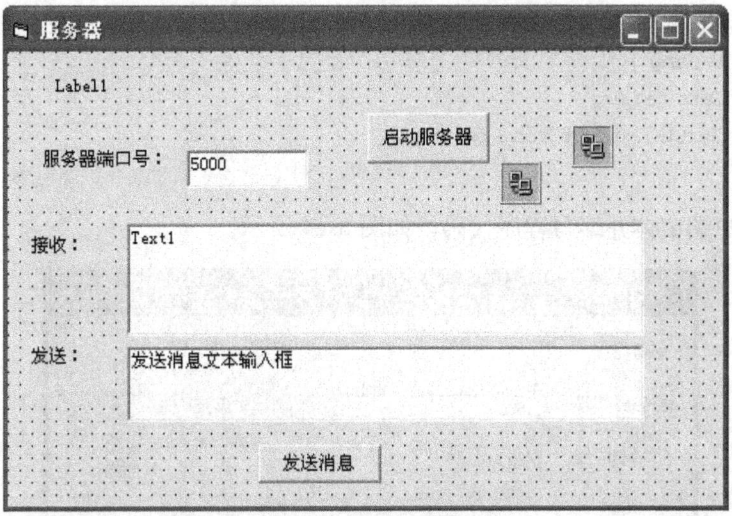

图 3-13　服务器窗体设计

该服务器窗体代码如下：

```
Private Sub Command1_Click()
    Winsock1.LocalPort = Val(Text3.Text)
    Winsock1.Listen
    Command1.Enabled = False
    Form2.Command1.Enabled = True
   'MsgBox Winsock1.State
End Sub

Private Sub Command2_Click()
```

```
Winsock2.SendData Text2.Text
End Sub

Private Sub Form_Load()
Winsock1.Protocol = sckTCPProtocol
Winsock2.Protocol = sckTCPProtocol
Label1.Caption = "服务器的 IP 为:" + Winsock1.LocalIP + "服务器名:" + Winsock1.LocalHostName
Form2.Show
End Sub

Private Sub Winsock1_ConnectionRequest(ByVal requestID As Long)
Text1.Text = "接收远程主机" & Winsock1.RemoteHostIP & Winsock1.RemotePort & "的请求."
Winsock2.Accept requestID
'MsgBox requestID
'MsgBox Winsock2.State
Command2.Enabled = True
Form2.Command2.Enabled = True
End Sub

Private Sub Winsock2_DataArrival(ByVal bytesTotal As Long)
Dim rec_msg As String
Winsock2.GetData rec_msg
Text1.Text = Text1.Text & vbCrLf & rec_msg
End Sub
```

再设计客户端窗体并编写程序代码，如图 3-14 所示。

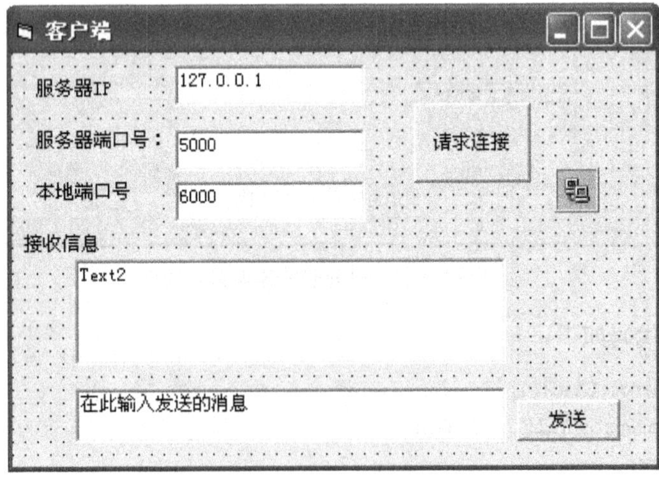

图 3-14　客户端窗体

客户端窗体中的程序代码如下：

```
Private Sub Command1_Click()
   Winsock1.LocalPort = Val(Text5.Text)
   Winsock1.Connect Text1.Text, Val(Text4.Text)
```

```
    Command1. Enabled = False
    'MsgBox Winsock1. State
   End Sub

Private Sub Command2_Click()
Winsock1. SendData Text3. Text
End Sub

Private Sub Form_Load()
Winsock1. Protocol = sckTCPProtocol
End Sub

Private Sub Winsock1_DataArrival(ByVal bytesTotal As Long)
Dim rec_msg As String
Winsock1. GetData rec_msg
Text2. Text = Text2. Text & vbCrLf & rec_msg
End Sub
```

完成后，进行程序测试，先启动服务器，客户端再请求连接，然后服务器向客户端发消息，客户端接收后，再向服务器端发消息，如图 3-15 所示。

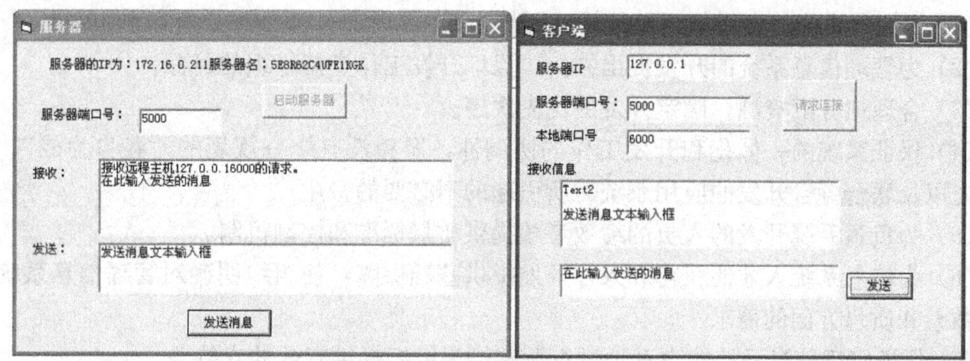

图 3-15　C/S 核心原型的实现

[任务思考]

C/S 结构通信的原理是什么，原型化开发方法有哪些优点？

第4章　管理信息系统规划与需求分析

本章要点：

- 管理信息系统战略规划及可行性分析
- 管理信息系统需求分析
- 调查方法和工具
- 系统需求分析报告的编写

4.1　管理信息系统战略规划

4.1.1　MIS 战略规划的任务与内容

1. MIS 战略规划的任务

(1) 使信息系统的发展与组织整体计划相协调。

(2) 为管理信息系统的开发提出方向，保证开发工作支持组织的目标。

(3) 合理地分配资源，确定开发的优先次序。

(4) 保证系统的一体化和开发工作的协调性，避免没有统一规划的“各自为战”、局部优先以及联合各自开发的应用系统时所引起的不必要的费用。

(5) 为负责系统开发的人员的绩效考核提供质量标准和控制机制。

(6) 为信息系统人才的获得和人才开发提供基础保障，使组织明确对管理信息系统人员的数量和质量方面的需求。

(7) 保证管理信息系统能自动地进行调整，为组织提供有效的支持。

2. MIS 战略规划的内容

MIS 战略规划的内容很广，应包括以下几个方面：

(1) 组织的整体战略目标、政策和约束、计划和指标的分析。

(2) 管理信息系统的目标、约束、总体结构以及计划指标的分析。

(3) 单位现状的分析，包括业务流程的现状，目前使用的信息系统的现状等。

(4) 准备开发的应用系统的功能结构，信息系统的组织、人员、管理和运行。

(5) 信息系统的效益分析和实施计划（开发计划、培训计划、资金需求计划等）。

(6) 对影响规划的信息技术（硬件技术、网络技术和数据处理技术等）发展的预测。

4.1.2　MIS 战略规划的方法

1. 企业系统规划法

企业系统规划法（Business System Planning，BSP）由 IBM 公司于 20 世纪 70 年代提出

的，是一种结构化的信息系统规划方法。BSP 方法从企业目标入手，摆脱了管理信息系统对原组织结构的依从性，从企业最基本的活动过程出发，首先自上而下识别系统目标、业务过程和数据，再对数据进行分析，然后自下而上设计系统，逐步将企业目标转化为管理信息系统的目标和结构，最终支持系统目标的实现，企业系统规划法原理如图 4-1 所示。

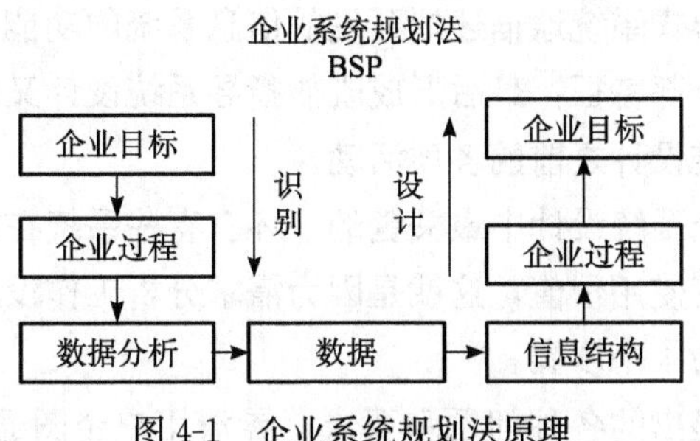

图 4-1　企业系统规划法原理

2. 关键成功因素法

1970 年哈佛大学 William Zani 教授在 MIS 模型中用了关键成功变量，这些变量是确定 MIS 成败的因素。过了 10 年，麻省理工学院 John Rockart 教授把关键成功因素法（Critical Success Factors，CSF）提高成为 MIS 的战略。

CSF 是通过分析找出企业成功的关键因素，再围绕这些关键因素来确定系统的需求，并进行规划。其工作过程包含以下 4 个步骤：

（1）了解企业和信息系统的战略目标。

（2）识别影响战略目标的所有成功因素。

（3）确定关键成功因素。

（4）识别性能指标和标准。

关键成功因素法中确定关键成功因素所用的工具是树枝因果图。例如：某一个企业有一个目标——提高产品竞争能力，其关键成功因素为如图 4-2 所示的树枝因果图。

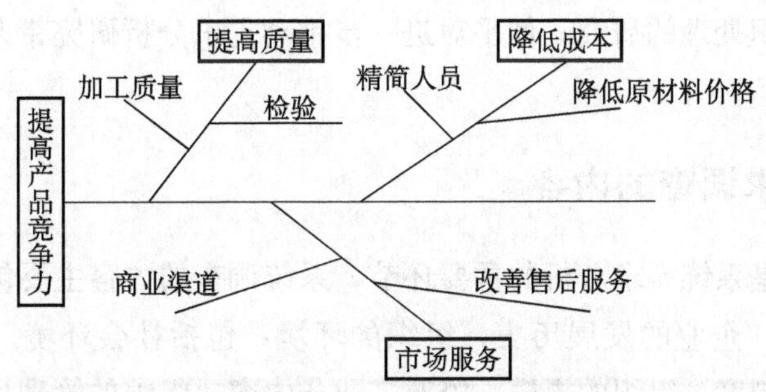

图 4-2　提高产品竞争能力关键因素分析

[**课堂练习**]

以“成为一名三好学生”为目标，设计该目标的关键成功因素图，也可自定义一个目标，分析达到目标的关键成功因素，并画出图形。

4.2 管理信息系统需求分析

系统需求分析是系统设计的基础。它采用一系列行之有效的技术、方法和工具来分析用户需求，通过特定的形式系统地描述拟开发的信息系统的功能、性能，以及行为特征和相关约束，定义所有内外部特征，最后形成既能指导系统设计又能同用户沟通的系统需求规格说明。它覆盖了系统设计之前的各项活动。

需求分析工作是整个系统设计中最关键的一环。有些系统在投入运行后，发现与实际要求差距较大，甚至没有使用价值，这就是因为需求分析工作没有做好。

系统需求分析可分为4个步骤：

(1) 归纳整理用户提出的各种问题和要求，弄清用户企图通过信息系统达到的目的，并把它作为要求和条件予以明确。

(2) 在需求获取的基础上，建立逻辑模型，使用自顶向下、逐层分解的方法，把用户对系统的需求分解成若干子系统或软件成分，将外部需求赋予系统的各个功能成分，定义软件成分的内部功能，并标定它们之间的接口。

(3) 用准确、简练、无二义性的语句将用户需求规格化为系统需求规格说明，使用户和开发人员对拟开发信息系统有共同的理解，它同时还是系统确认、测试、验收和交付的基准。

(4) 通过需求评审，对需求获取、需求定义等进行全面审查，力图发现需求分析中的错误和缺陷，最终确认系统需求规格说明。

需求分析是系统开发的第一步，也是最重要的一步。其工作质量的高低，不仅直接影响后续工作的质量，而且决定着所开发系统的价值。目前，系统需求分析的重要性正日益引起人们的普遍关注和重视，这方面的研究正在大力开展。其中，人工智能中关于知识表示、知识获取与知识处理的研究，似乎对进一步推动需求分析研究带来了希望，我们期盼着它的成功。

4.2.1 系统需求调查的内容

系统需求调查是系统需求分析的重要环节，系统调查的内容主要包括以下几个方面：

(1) 企业概况。企业的发展历史，组织的环境，包括社会环境、市场情况、技术环境、所遵循的法律制度；组织的规模、资源、业务内容；组织的管理目标和经营方针；组织机构；计算机的应用情况。

(2) 企业的业务活动。企业的业务状态，如组织机构中各自的业务内容、如何管理各项业务、业务流程；业务的详细内容，各种规则、作业步骤和各种表格资料；与业务相关的输入信息、输出信息、存档信息及其三者之间的关系；部门、地区之间进行交换的信息及其手段；物流与信息流的关系；输入、输出信息发生的时间。

输入/输出信息包括信息的流向、信息的种类、信息利用的目的、信息的使用者和制造者、输入/输出的地点和输入/输出的信息量，并根据地理分布、信息量大小初步确定合理的硬件结构、通信方式等。

(3) 存在问题、约束条件：从管理、业务信息处理方面来发现现行系统中存在的问题和薄弱环节；在人员、资金、设备、处理时间、处理方式等方面确定限制条件和规定。

(4) 未来要求：其中包括性能要求，包括用户要求的新系统处理能力、响应时间、线路等待时间及终端等待时间；可靠性要求，如系统中断时需多久时间恢复等；运行维护要求，如系统怎么服务、服务多长时间、如何作设备的定期检查及故障处理、数据更新的周期等；安全保密要求。

(5) 系统开发条件：包括企业领导、部门领导对信息系统开发的认识和决心，用户对系统开发的认识水平和态度，管理基础工作，系统开发人员及技术力量，投资费用，可供利用的计算机资源等。

4.2.2 系统需求调查方法

1. 面谈

面谈方法灵活、有效，是收集定性信息的好方法；但面谈时间消耗大，面谈者可能带有偏见，对收集定量数据不大适应。

2. 书面调查

这种方式调查的范围广，可以节省人力、物力、财力和时间。但设计调查问题比较困难，由于书面文字有限，不易把问题表达清楚，容易被调查者误解，同时问卷回收率有限。

3. 阅读资料

这种方式分析人员可以得到较为详细的数据和表格形式；但要求分析人员要有一定的业务水平，同时，应注意每一个问题在阅读时要目的明确，否则会陷入一大堆资料中而无所适从。

4. 实地观察

这种方式能为系统分析员提供一些原始信息和活动的具体细节，但所花的时间长，效率低，一般需要有经验的专家参与。

在实际调查中常常是几种方法配合使用，从而取得较满意的效果。

4.2.3 业务流程调查

在需求调查过程中，业务流程调查最为重要，系统开发者需要知道业主方的业务流程，有哪些注意事项等。业务流程的调查通常要结合相关表格工具来进行，调查者要获取企业单位的纸质表格，并设计出电子表格，在电子表格中做出需求说明和业务流程的定义等。

以下是某学校教职工培训审批工作流程的需求调查，表 4-1 是××学院教职工培训审批表，表 4-2 是××学院教职工培训审批工作流程需求分析。

表 4-1　××学院教职工培训审批表

<table>
<tr><td>姓名</td><td>1</td><td>性别</td><td>2</td><td>出生年月</td><td>3</td><td>政治面貌</td><td>4</td></tr>
<tr><td>职称</td><td>5</td><td>现工作部门</td><td colspan="5">6</td></tr>
<tr><td colspan="2">现有学历、学位</td><td colspan="6">年毕业于　　　　　　　　院校
专业［修业　年，获　　　学位］7</td></tr>
<tr><td colspan="2">培训内容</td><td colspan="6">8</td></tr>
<tr><td colspan="2">培训单位</td><td colspan="6">9</td></tr>
<tr><td colspan="2">培训时间</td><td colspan="6">10</td></tr>
<tr><td colspan="2">结业证书</td><td colspan="6">□有　　□无　　11</td></tr>
<tr><td colspan="4">教研室推荐意见：
12
年　月　日</td><td colspan="4">部门意见：
13
（盖印）
年　月　日</td></tr>
<tr><td colspan="2">教务处意见</td><td colspan="6">14
（盖印）
年　月　日</td></tr>
<tr><td colspan="2">人事处
审核意见</td><td colspan="6">15
（盖印）
年　月　日</td></tr>
</table>

人　事　处

年　　月　　日

表 4-2　××学院教职工培训审批工作流程需求分析

<table>
<tr><th>流程图</th><th>参与人员</th><th>主要工作内容</th><th>注意事项</th><th>所需表单</th><th>表格填写范围</th><th>本流程所需时间</th><th>不符合条件退回步骤</th></tr>
<tr><td>填报①</td><td>参加培训人员</td><td></td><td></td><td rowspan="5">×××学院教职工培训审批表</td><td>1～11</td><td>1天</td><td>②退①</td></tr>
<tr><td>教研室推荐意见②</td><td>教研室负责人</td><td>推荐意见</td><td></td><td>12</td><td>1天</td><td>退前面步骤</td></tr>
<tr><td>部门意见③</td><td>部门负责人</td><td>推荐意见</td><td></td><td>13</td><td>1天</td><td>退前面步骤</td></tr>
<tr><td>教务处意见④</td><td>部门负责人</td><td>推荐意见</td><td></td><td>14</td><td>1天</td><td>退前面步骤</td></tr>
<tr><td>人事处审核意见⑤</td><td>部门负责人</td><td>审核意见</td><td>根据师资培训需求，确定培训计划和人员</td><td>15</td><td>1天</td><td>退前面步骤</td></tr>
<tr><td>归档⑥</td><td>人事处</td><td></td><td></td><td></td><td></td><td>1天</td><td></td></tr>
</table>

总之，在需求调查阶段，软件开发方要通过调查记录表、业务数据调查表，并利用组织结构调查等多种工具与手段来获取更多的用户需求信息，为后续的系统设计打下坚实的基础。

4.2.4　组织/业务关系分析

在系统详细调查的基础上，通过绘制系统的组织结构图，描述组织的总体结构和组织内部各部门之间的关系。某公司的组织/业务关系分析如图 4-3 所示。

功能	序号	联系的程度 组织 业务	计划科	质量科	设计科	工艺科	机动科	总工室	研究所	生产科	供应科	人事科	总务科	教育科	销售科	仓库
功能与业务	1	计划	*					√		×	×				×	×
	2	销售		√											*	×
	3	供应	√							×	*					√
	4	人事										*	√	√		
	5	生产	√	×	×	×		*		*	×				√	√
	6	设备更新				*	√	√	√	×						
	7	……														

图中：“*”表示该项业务是对应组织的主要业务（即主持工作的单位）；
“×”表示该单位是参加协调该项业务的辅助单位；
“√”表示该单位是该项业务的相关单位（或称有关单位）；
空格：表示该单位与对应业务无关。

图 4-3　某公司的组织/业务关系分析

4.2.5　U/C 矩阵

U 表示使用（Use），C 表示产生（Create）。BSPC（企业系统规划法）是根据信息的产生和使用来划分子系统的，它尽量把企业信息产生的过程和使用的过程划分在一个子系统中，从而减少了子系统之间的信息交换。

U/C 矩阵的实例如图 4-4 所示。这个图的左列是过程，最上一行列出数据类，如果某企业过程产生某数据，就在某行某列矩阵元中写 C，如果某过程使用某数据，则在其对应元中写 U。开始时数据类和过程是随机排列的，U/C 在矩阵中排列也是分散的。我们以调换过程和数据类的顺序的方法尽量使 UC 集中到对角线上排列，见图 4-4。然后把 UC 比较集中的区域用粗线条框起来，这样形成的框就是一个个子系统。在粗框外的 U 表示一个系统用另一个子系统的数据，图中用带箭头的线表示。这样就完成了子系统划分，即确定了信息结构的主流。

数据类 过程	计划	财务	产品	零件主文件	材料单	卖主	原材料库存	成品库存	设备	过程工作	机器负荷	开列需求	日常工作	顾客	销售领域	定货	成本	雇员
企业计划	C	U	U						U					U			U	U
组织分析	U																	
评价与控制	U	U																
财务计划	C	U								U								U
资本寻求		C																
研究			U												U			
预测	U		U											U	U			
设计、开发			C	C	U									U				
产品说明维护			U	C	C	U												
采购						C											U	
接收						U	U											
库存控制							C	C		U								
工作流程			U						C				U					
调度			U			U			U	C	U							
能力计划						U			U		C	U	U					
材料需求			U		U	U						C						
运行										U	U	U	C					
领域管理			U											C		U		
销售			U											U	C	U		
销售管理															U	U		
订货服务			U											U		C		
运输			U					U								U		
会计总账		U				U												U
成本计划						U										U	C	
预算会计	U	U									U						U	U
人员计划		U																C
招聘/发展																		U
赔偿		U																U

图 4-4 U/C 矩阵示例

4.3 系统可行性分析研究

系统可行性分析研究是分析在当前企业的内外条件下，该系统的研制是否有必要的资源和其他条件。可行性分析内容包括社会可行性分析、技术可行性分析、经济可行性分析。

1. 经济可行性分析

对管理信息系统的投入产出进行分析比较，就可初步估算出系统投入产出效果系数和投资回收期，进而综合评价系统在经济上的可行性和盈利性。

需要指出的是：在估计投入费用时往往会偏低，这是因为估算时常常只算硬件，不算软件；只考虑主机，不考虑外围设备；只考虑研制费用，不考虑维护费用；只考虑一次性投资而没有考虑经常性的开销等。在估计效益时则往往会偏高。这是因为管理信息系统所提供的信息，只有合理使用，才会带来经济效益。所以管理信息系统的实际效益与估计效益相比，要大折扣，否则，会令人失望。

信息系统的投资在前，而效益的产生往往是在未来，因此“成本与效益分析”必须加入时间因素。常用的“成本效益分析”方法有三种：投资报酬率比较法、还本法、现值法。

2. 技术可行性分析

主要分析根据现有的技术条件，开发管理信息系统所提出的要求是否能够达到。一般地，技术可行性应包括人员和技术力量可行性、基础管理技术可行性、计算机软硬件的可行性和运行技术方面的可行性等。要注意，管理信息系统要建立在成熟技术的基础上，不要以刚刚出现的新技术或者正在研制的技术为依据。

3. 社会可行性分析

社会可行性分析也称行为或运行可行性分析，它是指社会上或人为的因素是否会影响到管理信息系统的开发。例如，体制问题、数据安全保密问题、工作方式变化问题、管理模式变化问题以及人的权利、作用、职责、工作范围的变化等问题。

可行性分析完成后，要形成一份可行性分析报告，并给出建设性的结论。可行性分析报告的内容一般应包括以下几个方面：

- 简要叙述企业的管理现状，包括现行管理方法、主要产品的构成、物流情况和计算机应用等情况。
- 叙述建立管理信息系统的必要性和重要性。
- 重点阐述建立管理信息系统的目标和方案。
- 针对管理信息系统建设中存在的问题，应明确提出解决问题的措施和工作步骤。
- 确定应用软件以及系统硬件的结构形式和配置。
- 确定计算中心（站）的面积和人员编制。
- 估算建立管理信息系统的总投资和解决效益。
- 制定项目实施计划和人员培训计划。
- 编制系统投资的筹措计划。
- 结论和建议，包括哪些项目可以马上实施；哪些项目近期不能实施和修改系统目标、功能和应用范围或增加某些相关条件后，方可实施。

可行性分析报告模板可参见附录 A。

4.4　系统需求分析报告的编写案例

密级	PL

MDCL-RM-DTP-001

浙江东方职业技术学院 OA 系统
功能需求分析

V 1.0

版本更新信息

本版本创建/修改、维护、批准涉及人员如下。

创建/修改者：骆正茂

维护者：

批准者：

具体版本更新记录如表 4-3 所示。

表 4-3 版本更新记录

版本号	修改确认日期	修改人	修改位置	修改方式（AMD）	修改内容概述
V1.0					

修改方式：A-增加；M-修改；D-删除

以下是本文档的电子签名信息。

一、引言

（一）编写目的

本文档是在《浙江东方职业技术学院 OA 系统需求调查》的分析、总结基础上进行编写的，为后期的系统设计与开发、系统测试等提供依据，同时也为参与此项目开发的成员、管理的领导提供一个参考文档。

此说明书的读者对象范围包括本项目的所有开发人员；测试人员和参与用户培训的人员；项目负责人；我院各系部、处、馆及成教学院的相关人员等。

（二）项目背景

我院目前在校学生为 3000 多人，教职员工有 200 多人，开设了物业管理、电气自动化技术、计算机应用技术、计算机信息管理等 19 个专业。我院当前的行政系统包括院长办公室、教务处、人事处、财务处、设备处、学生处、保卫处、图书馆、总务处及各系部行政办公室及成教学院等。学院的机构设置如图 4-5 所示。

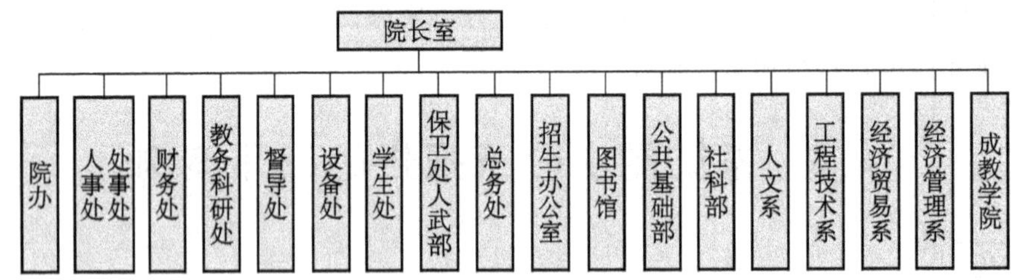

图 4-5 学院的机构设置

当前我院的各信息系统是典型的“信息孤岛”式，处于诺兰模型的第三个阶段。这些系统包括学院门户网站（目前只是用于简单的信息发布，而且页面不美观，未能实现对学院的各信息子系统的集成与控制），各部门都有自己的一套或多套系统，如教务处有正方教务管理系统、精品课程系统、毕业综合实践管理系统，人事处有人事管理系统，财务处有财务管理信息系统，设备处有设备管理系统，各系部都有自己的网站。

二、系统定义

(一) 系统目标

我院的OA系统建设目标是：

(1) 通过在院内各部门间使用OA系统，提高院内办公流程上的工作效率。

(2) 对信息的保护。对于学院一些不便在外网上公开，但又需在一定范围内共享的信息可以起到保护作用。

(3) 提高学院及部门对文件的存储及管理水平。

(二) 系统结构

系统采用标准的三层架构设计，以B/S模式开发。我院的OA系统三层架构如图4-6所示。

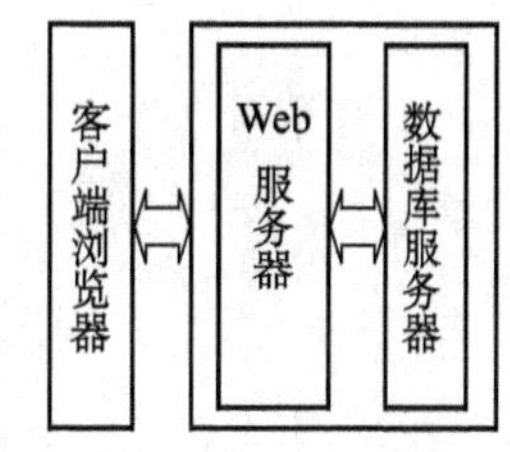

图4-6 OA系统三层架构

客户端浏览器主要以PC的IE浏览器为主，后期向移动终端发展。

Web服务器：本系统架设在我院网络中的IBMWeb服务上。

由于教职工人数较少（200左右），OA的数据库系统采用Access数据库，如果网站用户量增加，可平稳向SQL Server数据库服务平移。

开发语言选择：目前教务OA系统采用的ASP＋Access技术开发，功能基本具备，如果换成ASP. NET＋SQL Server开发技术，可能要花时间。

三、功能需求分析

浙江东方职业技术学院OA无纸化办公系统主要功能如图4-7所示，系统主要有公共信息、网上办公、工作计划、校内通信、评估专题、个人账号管理及后台管理几大模块。平台的核心模块是网上办公，其中包括发起审批、公文接收、公文发送、公文管理等。

3.1 公共信息模块

内部通知公告：主要以学院内部的不方便对外公开的一些办公信息在此处发布。在OA系统的主界面中，以分类列表方式显示各部门及院级的保护信息，该类信息只有合法用户才可以浏览。

办公资料模板下载：该模块向院内所有网上办公的用户提供分类的办公电子文档模板下载，如教务处的授课计划表、人事处的离校手续表。页面可以提供分类，方便用户查找。

个人签名制作工作工具下载：此功能向所有网络用户提供个人签名制作工具下载，用户可以通过该工具制作自己的OA系统签名，该签名主要为系统电子文档提供身份鉴别，类似于数字签名功能。

3.2 网上办公模块

公文发送：可实现上级向下传送公文，平级用户间共享文件。

公文接收：该功能用来接收别的用户发过来的公文和文件。

公文管理：用做部门和个人对接收的公文进行分类管理。

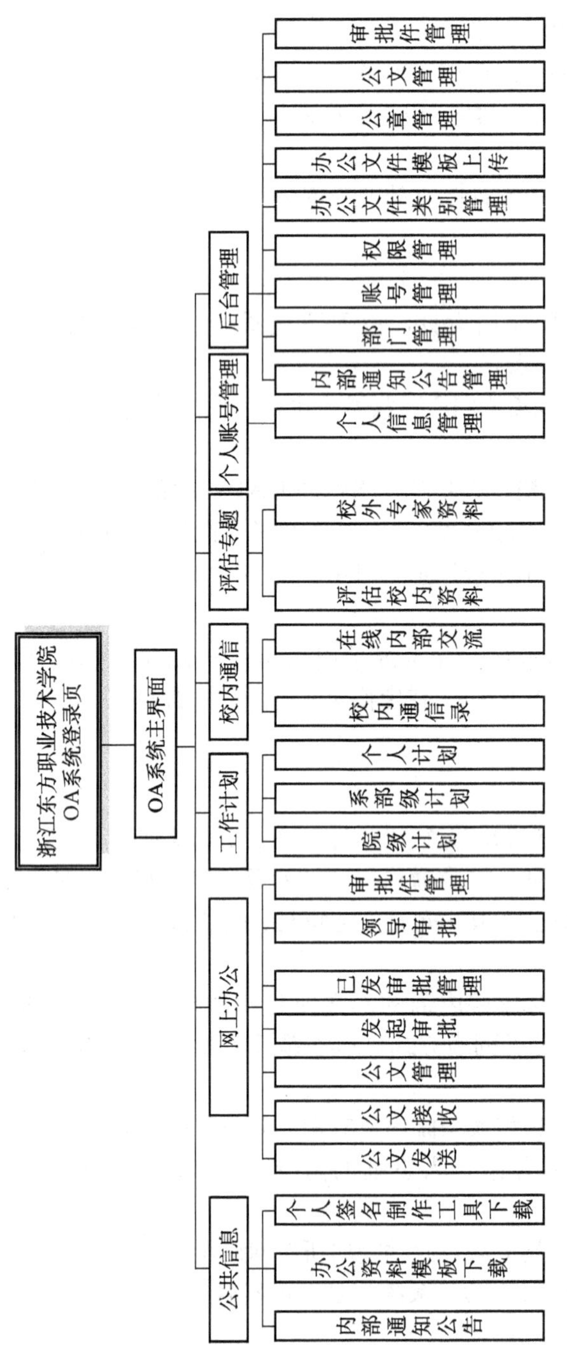

图4–7　浙江东方职业技术学院OA无纸化办公系统主要功能

发起审批：用于下级用户向上级用户发送审批申请，包括编辑审批件、电子签名、编辑审批流程等。

已发审批管理：用于下级用户对发出的审批申请记录进行管理，包括删除未审批件、审批流程查看、审批件查看、审批件验证、审批件下载等。

领导审批：用于部门领导及院级领导对下属用户发来的审批请求进行审批，包括审批件查看、盖电子公章、签名验证、审批等。

审批件管理：用于部门领导（含院级领导）对审批过的记录进行管理，包括分类存储、查找、下载等。

3.3　工作计划模块

院级计划：院级部门领导在每月的日历上制订工作计划，该计划是全院的，供下级用户制订计划时参考。

系部级计划：系、部、处、室根据院级计划制订本部门的月工作计划。

个人计划：个人用户根据系、部、处、室的计划来制订自己的工作计划。

3.4　校内通信模块

校内通信录：向全院用户提供工作人员的联系电话等。

在线内部交流：用于在线用户间的短信收发及沟通。

3.5　评估专题模块

校内评估资料：用于校内评估部门上传收集的评估电子文档，提供分类管理。

校外专家资料：向校外专家提供相关评估电子文档资料查阅。

3.6　个人账号管理模块

个人信息管理：用于个人密码的修改等。

3.7　后台管理模块（以下功能适合系统超级管理员）

内部通知公告管理：院、系、处、室用管理权限的用户发布通知、公告，编辑、修改通知公告等。

部门管理：提供增加、编辑、删除部门。

账号管理：用于部门对下属用户的账号进行增加、编辑、删除等管理操作。

权限管理：用于对用户的网络权限进行管理，用户的权限包括：可发布、可审批、可管理用户、可分配权限等。

办公文件类别管理：如教务类、人事类、财务类。

办公文件上传：根据办公电子文档模板类别上传相关类别的电子文档、删除文档等。

公章管理：用于创建、修改部门的公章，编辑公章使用人、使用密码等。

审批件管理：用于对整个系统中发起的审批结果电子文档及相关信息进行分类管理。

我院的教务办公 OA 系统已初步具备上述的功能，如果按现在的功能需求进行设计，还需对教务办公 OA 系统主界面进行修改（含美工），增加内部通知公告和评估专题两大模块。

建议学院为 OA 系统设立专门的服务器，在该服务器上管理基础数据，并提供对外数据接口，在此基础上对其管理信息系统进行改造，让用户实现一站式访问。另外对学院的信息划分密级，供办公人员参考。

任务：《电气之都》B2B 网站功能需求分析

［**任务描述**］

《电气之都》B2B 的网站是应建设单位要求，针对温州地区的电器生产及供销链等实际，开发一个基于 Internet 的电器 B2B 商务型的行业网站，实现电器类的生产商、销售商、用户三方在网络上实现电子交易以及信息的交流。其建设的意义在于推动温州地区的电器行业，乃至全国的电类行业的发展，为有电器需求的用户群体服务。

《电气之都》B2B 网站主要三大组成部分是会员、产品、商机，这三者之间关系是相辅相成的。网络用户首先要注册成网站的会员，然后在网站上发布产品和商机信息，浏览查找商机信息，最后用支付宝形式实现电子交易。除了上述的核心功能外，网站的盈利主要以网站的广告方式进行，广告在网站中设计成多种形式，如品牌广告，产品图片推荐，现货 10 强，Flash 广告，论坛广告等。

［**具体操作**］

1. 请根据下面的文字描述在 VISIO 下绘制 B2B 网站前台功能结构图（请仿照上节 OA 功能需求分析图）

文字描述如下：

网站主要的功能模块有市场信息分类，会员中心，商机中心，产品中心，资讯中心，客服中心，论坛广告等。其中会员，商机，产品是网站的三大核心模块，而这三者又以市场信息分类为基础，并在该基础上实现信息的发布和浏览。论坛是网站的附属模块，它主要以网络上已成熟的动网论坛为模板，在此基础上进行修改而成。网站中的广告共有二十几处，每个广告由于位置的不同，价位也有高低之分。友情链接准确来说也属于广告。网站的帮助中心是客服中心模块，该模块可根据用户的帮助需求不同，在网站后台可相应添加修改，实现动态更新。

参考功能需求分析图如图 4-8 所示。

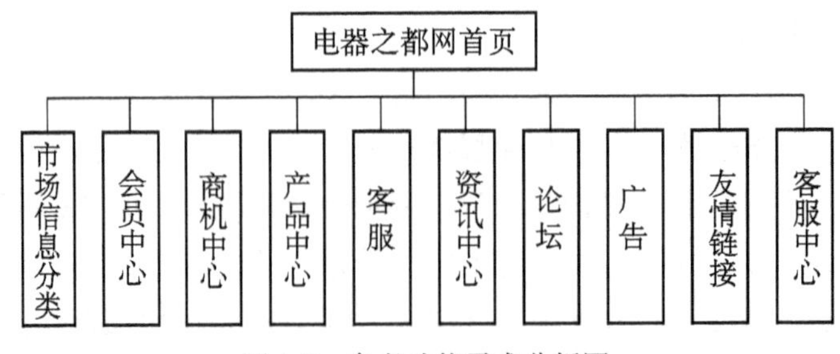

图 4-8 参考功能需求分析图

2. 请根据下面的文字描述在 VISIO 下绘制会员功能需求分析图。

会员是网站的实际用户，是网站上真正的活动主体，也是网站中信息的发布者、浏览者，是广告收入的对象。网站的会员主要以企业为主，分为普通企业会员和 VIP 企业会员两种。获得 VIP 级别的会员可获得更好的服务，如发布信息、商机和产品信息的数量多少，企业建站资格，赠送网站的二级域名等。企业会员注册的审核分为后台管理审核和邮件发送审核两种。为了让网站能更好地为会员提供服务，会员模块以会员管理中心为设计目标，该中心共有注册与管理、产品管理、商机管理、订单管理、企业建站、新闻资讯发布、会员公文包等子模块。在这些子模块中又可细分为更小的子模块，如信息的修改、删除、添加；VIP 商机。

会员功能需求分析参考如图 4-9 所示。

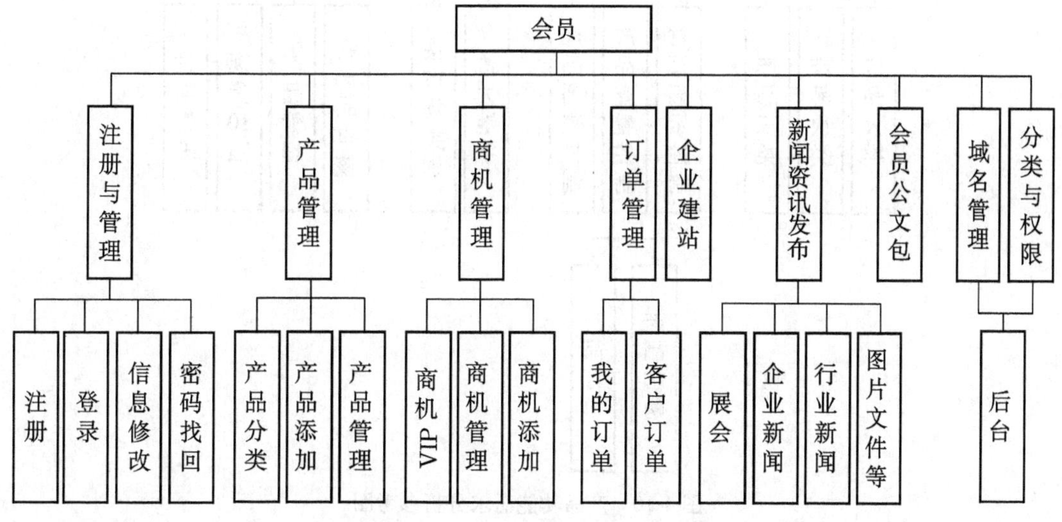

图 4-9　会员功能需求分析参考图

3. 请根据下面的文字描述在 VISIO 下绘制产品功能需求分析图

产品是本站的另一个主要信息源，也是实现 B2B 架构的另一个核心模块。该模块设计的主要思想是注册会员发布自己的电器类产品信息到本站，供别的会员浏览查看，并对产品实现订购，最终用支付宝实现电子交易。产品模块主要有产品分类、产品显示控制、产品搜索引擎、产品后台管理。其中产品分类也以商机的三级分类为核心，注册会员发布基于这三级分类为基础的产品信息。产品显示控制模块又分为首页显示控制（它包括推荐产品信息，产品图库中心等）、产品查看控制、产品列表控制等。为了让网络用户能方便快捷地找到自己所要的产品，产品中心设计了产品搜索引擎模块，该模块可根据产品的发布时间、产品类别、产品的地区、产品名称关键字等进行查找。用户找到产品后，要根据信息提供商的 QQ 在线联系，也可在网站上订货并用支付宝交易。产品后台管理模块是网站管理员对会员发布的产品信息进行管理的地方。该模块的主要功能有新产品审核、产品管理、过期管理现货 10 强等，该模块主要以做广告形式进行，也以市场的三级分类为基础，网络的管理员在后台添加现货 10 强的分类信息，并显示在首页和现货 10 强的二级页面上，用户可得到现货 10 强的产品的产商信息。

产品功能需求分析参考图如图 4-10 所示。

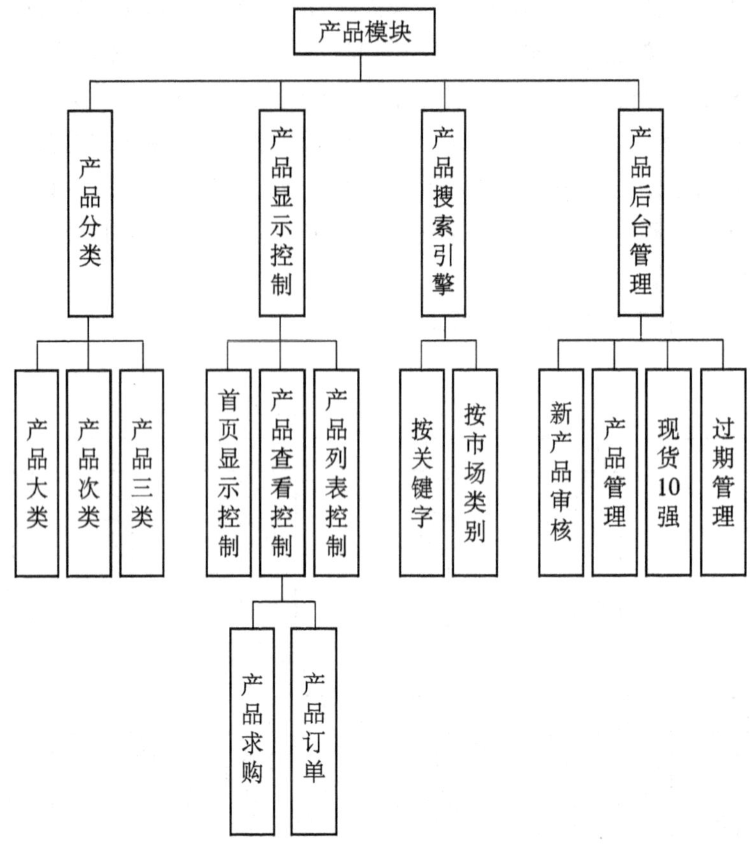

图 4-10 产品功能需求分析参考图

第 5 章　管理信息系统逻辑模型设计

本章要点：

- 系统分析概述
- 结构化系统分析
- 业务流程图
- 数据流程图
- 数据字典

5.1　系统分析概述

系统分析也称逻辑设计，即建立新系统的逻辑模型，处于系统开发生命周期的第二个阶段，主要解决“要做什么”，而不是“如何做”，为后期的系统设计、系统实施、系统运行和测试打下坚实的基础，同时也是系统验收的依据。系统分析重点在应用需求层次上，主要任务是确定用户对系统的应用要求。系统分析的主要内容是通过详细调查，和用户一起了解现行系统是怎样工作的，理解用户对现行系统的改进要求和对新系统的要求；把共同理解的信息系统用恰当的工具表达出来。

5.2　结构化系统分析

系统分析的主要方法是结构化分析法。结构化分析（SA）是一种面向数据流的分析方法，采用结构化分析解决问题主要通过“分解”和“抽象”两种方式。结构化系统分析的原则是自顶向下，划分模块，逐步求精。

结构化系统分析的步骤为：首先把当前系统的具体模型抽象成当前系统的逻辑模型，然后对当前系统的逻辑模型进行修正、改进，产生目标系统的逻辑模型，最后以系统说明书结束系统分析阶段的工作，其中具体模型是表达系统某一种具体的实现方式。逻辑模型用于表达系统的本质。

5.3　业务流程图

业务流程图是系统分析的第一步。通过业务流程分析，将企业的业务过程详细地描述出来，为后续的数据流程分析打下坚实的基础。业务流程分析主要工具是业务流程图。业务流程图以图形方式描述业务过程，方便业务人员确认，使之成为系统分析人员与用户之间交流的共同语言。业务流程图（Transaction Flow Diagram，TFD），用尽可能少的规定的符号及连线来表示某个具体业务处理过程，业务流程图使用符号如图 5-1

所示。

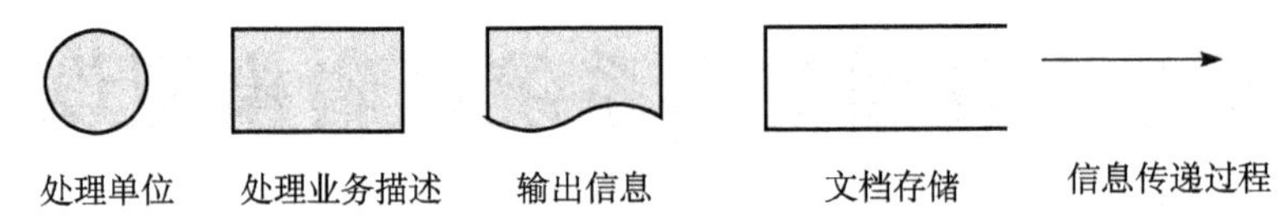

图 5-1 业务流程图使用符号

如某学校学生请假的流程图如图 5-2 所示，学生首先要填写请假单，将填写好的请假单拿到班主任处审批，审批有两个结果，一是通过审批，另一个是没有通过审批则返还给学生。

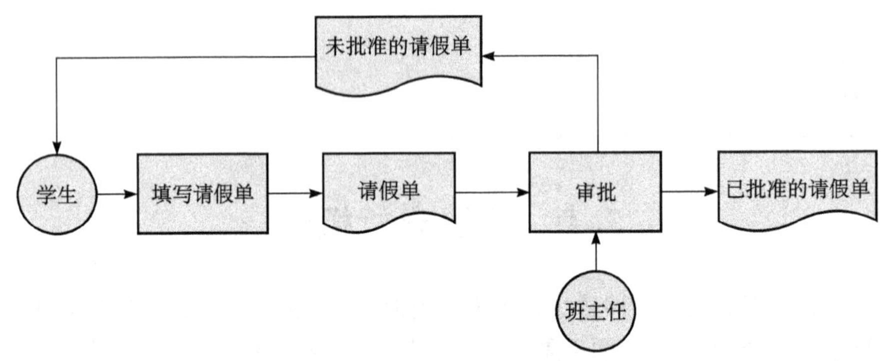

图 5-2 某学校学生请假的流程图

任务 5-1：绘制某物资管理的业务流程图

［**任务描述**］

车间填写领料单到仓库领料，库长根据用料计划审批领料单，未批准的退回车间。库工收到已批准的领料单后，首先查阅库存账，若有货，则通知车间前来领取所需物料，并登记用料流水账；否则将缺货信息通知采购人员。采购人员根据缺货信息，查阅订货合同单，若已订货，则向供货单位发出催货请求，否则就临时申请补充订货。供货单位发出货物后，立即向订货单位发出提货通知单。采购人员收到提货通知单后，就办理入库手续。接着是库工验收入库，并通知车间领料。此外，仓库库工还要依据库存账和用料流水账定期生成库存的报表，呈送有关部门。

［**具体操作**］

第一步：弄清上述问题涉及哪些人员、部门。这些人员、部门中，哪些人员、部门之间存在业务往来？

人员：库长、库工、采购员

部门：车间、供货单位、有关部门

业务往来：

车间——库长； 库长——库工；

库工——车间； 库工——采购员；

库工——有关部门； 采购员——供货单位

第二步：分别绘制出上述“业务往来”的业务流程图。

（1）车间与库长的业务流程如图 5-3 所示。

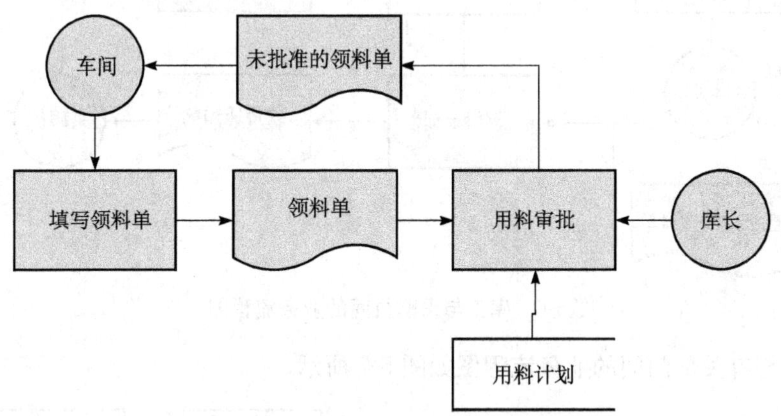

图 5-3　车间与库长的业务流程图

（2）库长与库工间的业务流程图如图 5-4 所示。

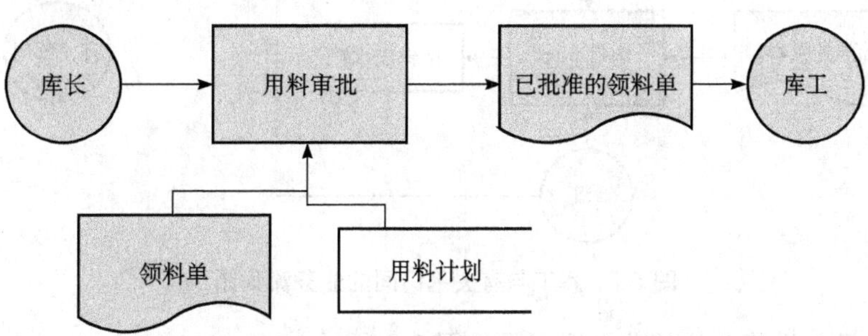

图 5-4　库长与库工间的业务流程图

（3）库工与车间的业务流程图如图 5-5 所示。

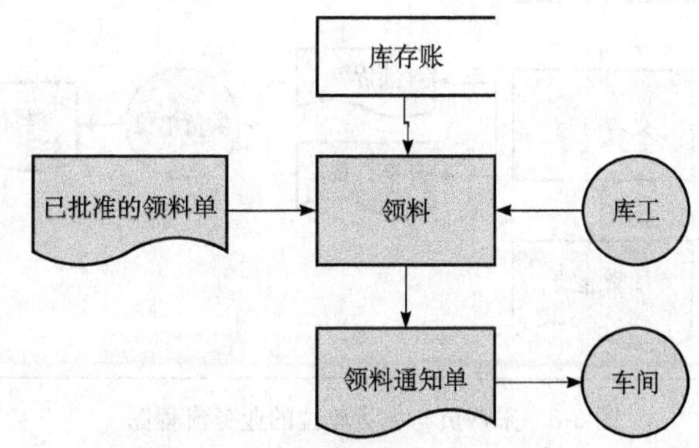

图 5-5　库工与车间的业务流程图

（4）库工与采购员间的业务流程分析如图 5-6 所示。

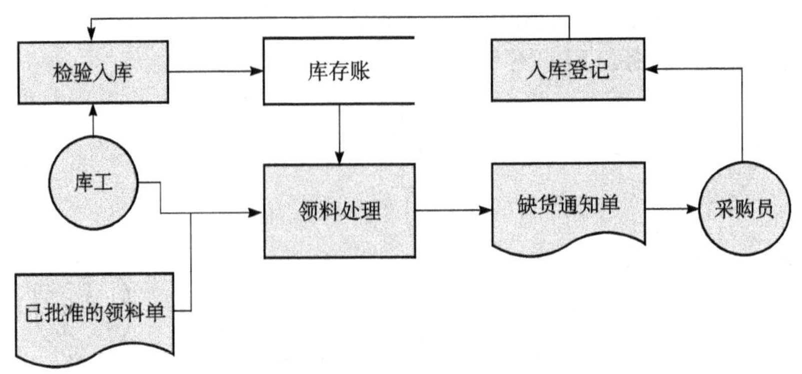

图 5-6 库工与采购员间的业务流程图

（5）库工与有关部门间的业务流程图如图 5-7 所示。

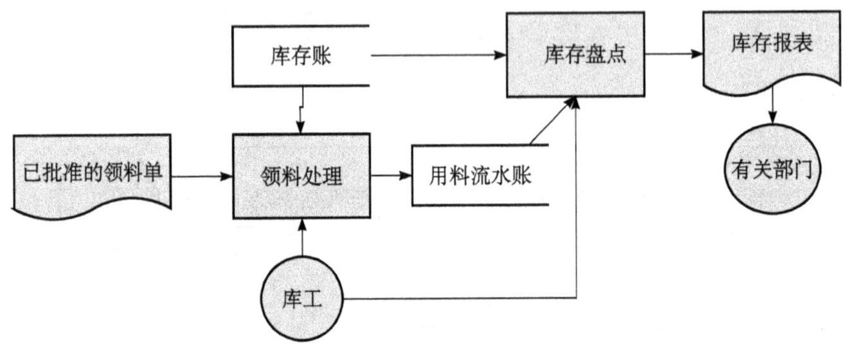

图 5-7 库工与有关部门间的业务流程图

（6）采购员与供货单位的业务流程图如图 5-8 所示。

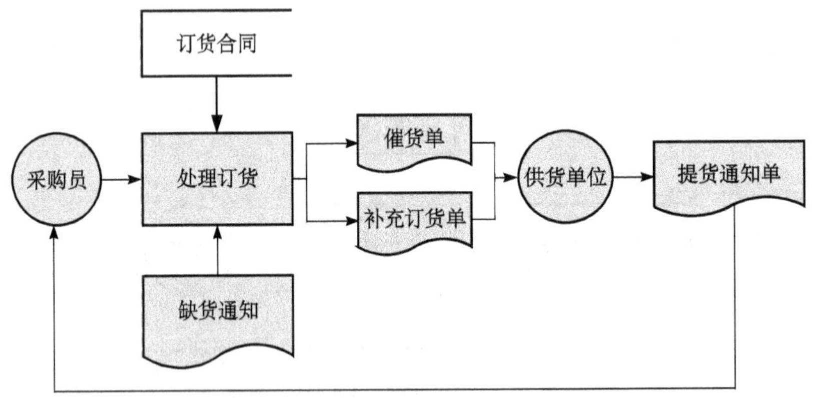

图 5-8 采购员与供货单位的业务流程图

第三步：把上述各个“业务往来”对应的业务流程图综合到一起，便得到本业务的流程图，总业务流程图如图 5-9 所示。

［**练习**］

根据案例描述，分析并绘制业务流程。某工厂成品库管理的业务过程为：成品库保管员按车间送来的入库单登记库存台账。发货时，发货员根据销售科送来的发货通知单将成

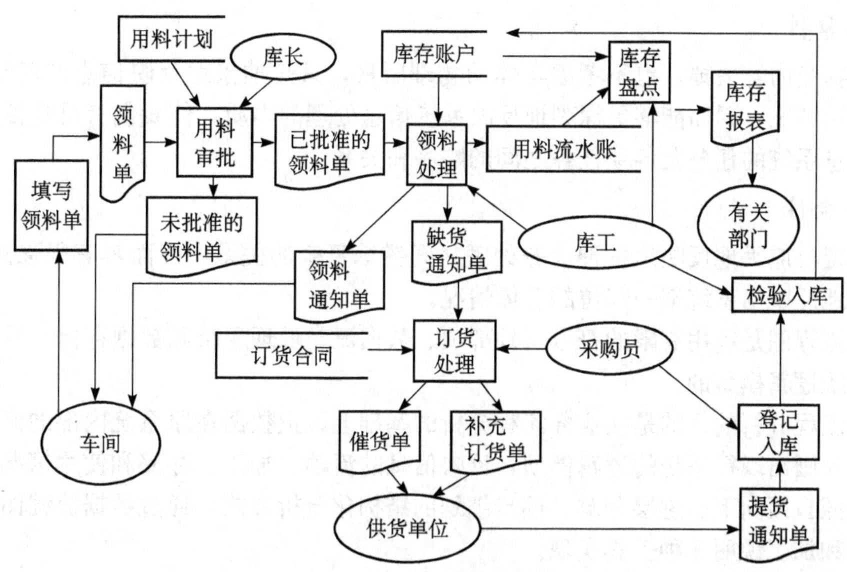

图 5-9　总业务流程图

品出库，并发货，同时填写三份出库单，其中一份交给成品库保管员，由他按此出库单登记库存台账，出库单的另外两联分别送往销售科和会计科。成品库管理的业务流程分析图如图 5-10 所示。

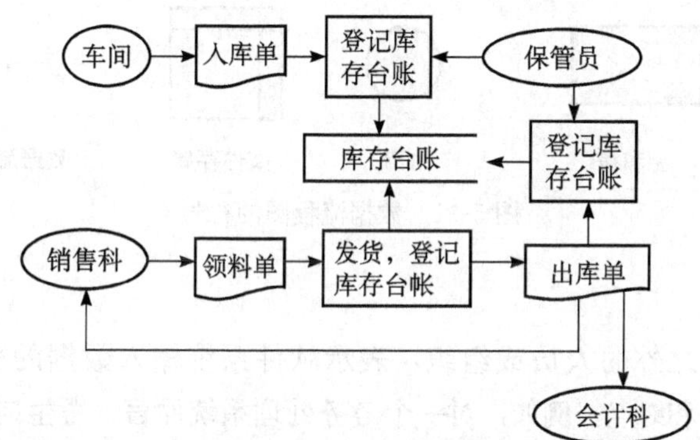

图 5-10　成品库管理的业务流程分析图

5.4　数据流程图

数据流程图（Data Flow Diagram，DFD）是管理信息系统开发的主要工具，是组织中信息运动的抽象，是管理信息系统逻辑模型的主要形式。DFD 用来描述系统中的数据经外部实体而“流入”系统，再经过加工处理及存储等过程，最后“流出”系统交付外部实体使用的全过程。它不仅可以用来描述现系统，而且可以用来刻画新系统。利用 DFD 可以清楚地描述现系统的输入、输出及系统的数据处理功能，数据处理过程，数据的存储情况等；利用 DFD，可以将系统分析员在系统分析中所设计的新系统逻辑模型描述出来，以表达设计者的逻辑方案及新系统的设计思想。因此，DFD 是系统设计的主要依据。

数据流程图具有以下两个特点。

1. 抽象性

它把物流内容去掉，也不考虑具体的物理因素，只是抽象地反映信息的流动、加工、存储和使用情况，因而能够更深刻地反映系统信息处理的本质，使我们有可能抽象地总结出管理信息系统的任务及各项任务之间的顺序和关系。

2. 综合性

能够得心应手地反映出各种业务处理之间错综复杂的关系，因而具有很强的综合性，能够清晰地反映出系统某一部位的总体情况。

数据流程图是利用有限的符号（外部项、数据流、处理逻辑和数据存储）及若干规则来描述系统逻辑模型的。

数据流程分析的目的是在业务流程分析的基础上，把数据在原系统内部的流动情况抽象出来，勾画出现行系统的逻辑模型，反映信息的流动、加工、存储和使用情况。数据流程分析按照自顶向下、逐层分解、逐步细划的结构化分析方式，通过数据流程图（DFD），数据字典和加工说明 3 种工具实现。

5.4.1 数据流程图的符号

数据流程图用于描述输入数据流到输出数据流的变换（即加工）过程，也用于对系统的功能建模，其基本元素如图 5-11 所示。

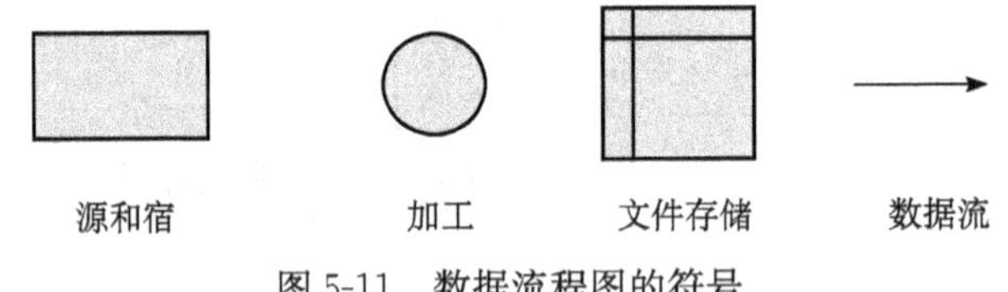

图 5-11 数据流程图的符号

1. 源和宿

存在于软件系统之外的人员或组织，表示软件系统输入数据的来源和输出数据的去向，因此也称为源点和终点。例如，对一个考务处理系统而言，考生向系统提供报名单（输入数据流），则考生是系统的一个源；考务处理系统要将考试成绩的统计分析表（输出数据流）传递给考试中心，则考试中心是系统的一个宿，源或宿用相同的图形符号表示，当数据流从该符号流出时表示是源，当数据流流向该符号时表示是宿，当两者皆有时表示既是源又是宿。

2. 加工和文件存储

加工用于描述输入数据流到输出数据流的变换，每个加工用一个定义明确的名字标识，至少有一个输入数据流和一个输出数据流，可以有多个输入数据流和多个输出数据流。

文件存储：用于保存数据信息的外部单元，可以用文件系统实现也可以用数据库系统实现。

3. 数据流

每个数据流由一组固定成分的数据组成并拥有一个定义明确的名字标识，如运动会管理系统中，报名单（数据流）由队名、姓名、性别、参赛项目等数据组成。数据流的流向包括：

- 从一个加工流向另一个加工；

- 从加工流向文件（写文件）；
- 从文件流向加工（读文件）；
- 从源流向加工；
- 从加工流向宿。

5.4.2　数据流程图层次及编号

数据流程分析根据自顶向下逐层分解的思想将数据流程图画成层次结构，数据流程图的层次大致分为顶层图、0 层图、中间层和底层图。每个层次画在独立的数据流程图中，加工个数可大致控制在“7±2”的范围中。顶层图只有代表整个软件系统的 1 个加工，描述了软件系统与外界（源或宿）之间的数据流，顶层图中的加工经分解后的图称为 0 层图（只有 1 张），中间层图中至少有一个加工（也可以有多个），在下层图中分解成一张子图，处于底层的图称为底层图，其中所有的加工不再分解成新的子图。

顶层图只有一个代表整个软件系统的加工，该加工不必编号。0 层图中的加工编号分别为 1，2，3，…。

子图号：若父图中的加工号 x 分解成某一子图，则该子图号记为“图 x”。

子图中加工的编号：若父图中的加工号为 x 的加工分解成某一子图，则该子图中的加工编号分别为 x.1，x.2，x.3，…。分层的流程图及编号示例如图 5-12 所示。

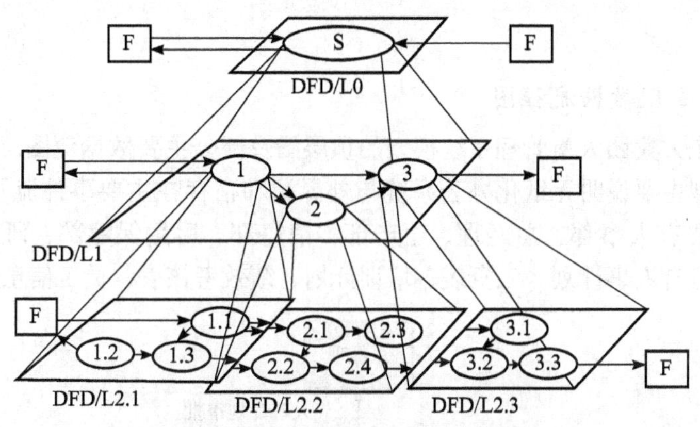

图 5-12　分层的流程图及编号示例

5.4.3　画分层数据流程图的步骤

第一步，绘制数据流程图的顶层图。顶层图只需确定管理信息系统与外部源宿的主要数据流关系。在顶层图中用圆圈代表软件，用矩形代表外部源宿，此步不需确定文件存储。

第二步，画系统的 0 层图。

该步骤需对第一步中的系统进行主要功能分解，即把系统的主要大的加工处理表达出来，再确定各功能模块的主要源宿和数据流。本步骤需画出与各大加工处理对应的文件存储。另外本步骤还要对各大加工处理进行编号。

第三步，绘制各加工处理的底层图。

加工处理要在第二步的基础上进行编号，注意加工处理的存储文件。底层图中加工处理绘制过程如下：

①画系统的输入和输出；

②画系统内部；

③画加工内部；

④重复第③步，直至每个尚未分解的加工都足够简单（即不必再分解）。

任务 5-2：东方集团人事管理系统数据流程图绘制

［**任务描述**］

东方集团人事管理系统主要包括人事管理、培训管理、考勤管理、招聘管理、员工自助管理、绩效考核、系统维护、统计服务等几大模块，其中人事管理主要对员工的基本信息、劳动合同、工作岗位调整变动等进行管理。绩效考核管理主要对考核的项目制订、考核指标等的设置、考核的计算及考核记录等一系列数据进行管理。招聘管理模块主要对用人需求计划的上报、统计以及招聘活动的开展、新员工的录用等数据进行管理。培训管理主要实现制订培训计划、申请的审核、报名培训等功能。考勤管理主要对员工的考勤数据进行统计、查询等。员工自助管理主要提供给用户查询时使用，可实现员工的培训申请、个人基本信息的查询、考勤信息的查询、工资的查询、休假申请等一系列的操作，通过网络可实现员工的自助服务。系统维护主要对整个系统中信息进行管理与维护。

［**具体操作**］

1．绘制人事管理数据流程图

下面来绘制东方集团人事管理系统模型的顶层图及部分主要数据流图。顶层图如图 5-13 所示，该系统模型主要说明无纸化办公系统与外界源和宿存在主要事件流及数据存储关系。系统的外部源主要有人事部、总经理、生产部、销售部、后勤保障部、研发部及普通的员工，主要的信息流有人事计划、工资表、培训计划、绩效考核表、员工信息及工资单等。

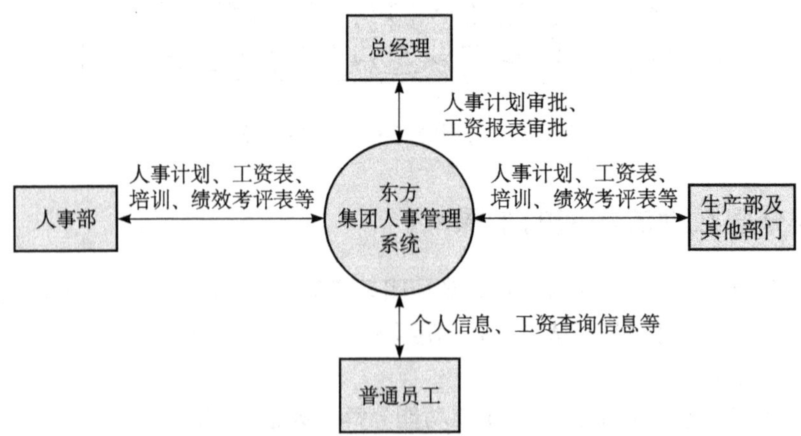

图 5-13　东方集团人事管理系统的顶层数据流程图

人事管理数据流程图如图 5-14 所示，主要功能有组织机构管理、岗位管理、人事变动管理、员工信息管理等。

组织机构管理主要处理相关部门信息，如生产部及其下的子部门，如智能电表生产流水线的 1 号、2 号、3 号、4 号等。该信息存储在部门信息表中。

岗位管理处理各部门中设立的行政岗位信息，如生产部部长、销售部部长、研发部部长、生产小组组长、流水线上的段长等。岗位管理的所有信息存储在岗位信息数据表中。

人事变动管理主要处理员工变动信息及员工的岗位信息等资料，该功能所有的数据存储在人事变动信息数据表中。

员工信息管理功能主要处理员工信息的登入、员工变动、新员工的信息录入，员工信息的显示等，该功能模块的主要信息存储在员工基本信息数据表中。

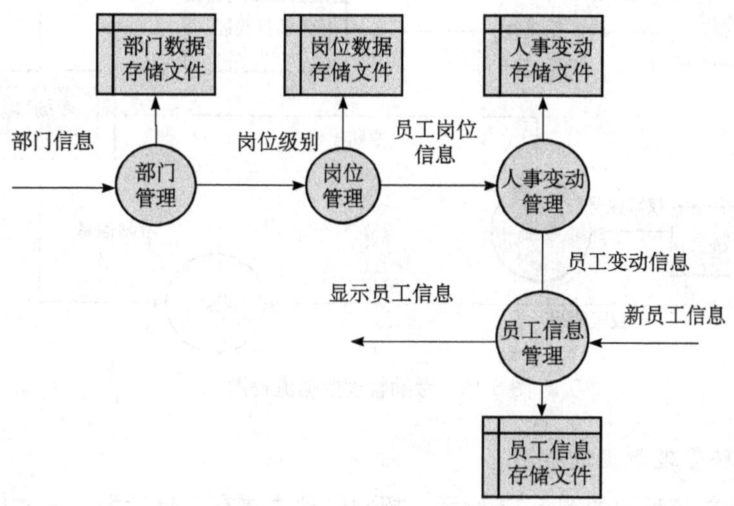

图 5-14　人事管理数据流程图

2. 绘制培训管理数据流程图

培训管理数据流程图如图 5-15 所示，该功能主要包括培训的报名、审核及通知培训等子模块组成，员工获取了培训信息后，登录到系统中报名参加培训，此处要求员工填写报名信息表，人事部门对所有员工的报名资料进行审核，产生培训人员名单，并通知相关的培训人员，最后组织相关部门对人员进行培训，所有的培训人员信息将放入到培训人员资料数据表中。

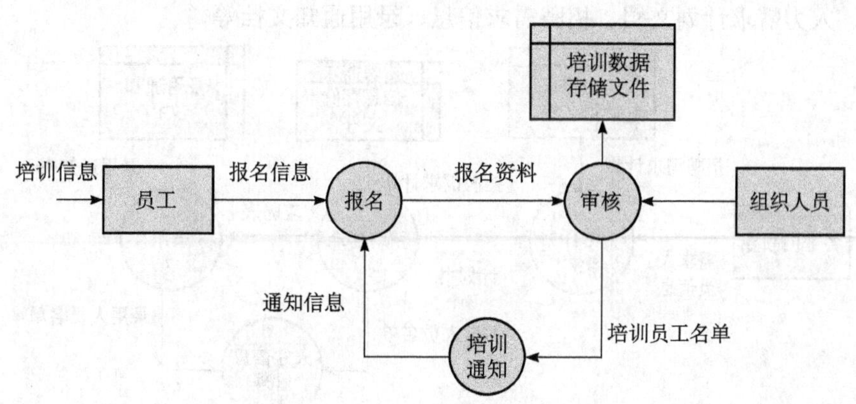

图 5-15　人员培训管理数据流程图

3. 绘制考勤管理数据流程图

考勤管理数据流程图如图 5-16 所示，考勤管理主要包括月份统计、考勤及查询等三个功能模块。系统通过设置权限来区分用户性质，只有部门负责人凭操作权限才能对月份数据进行统计。普通的员工只具有初级查询操作权限，普通员工可在本系统中查询自己的考勤记录信息。考勤功能主要通过设立在公司主要工作区的指纹考勤机来对员工上下班进行记录，系统提供了与考勤对接的 Excel 表格处理接口，实现数据自动导入到人事管理系统中。本模块主要有两张数据表来对信息进行存储，即考勤月份统计报表和员工基本信息表。

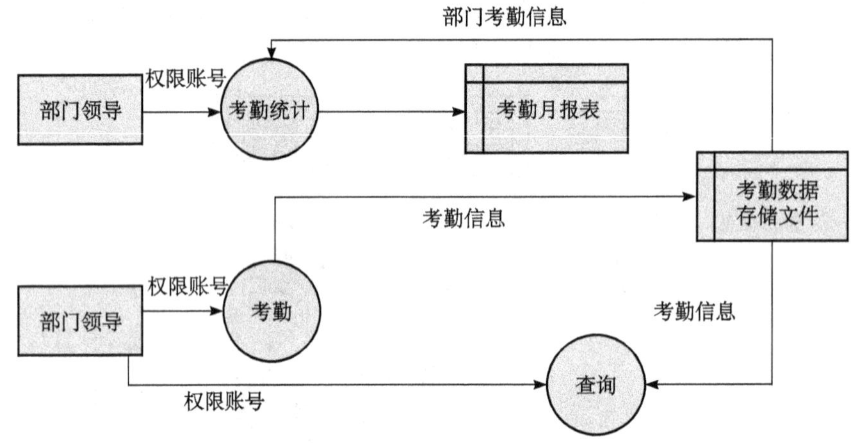

图 5-16 考勤管理数据流程图

4. 绘制招聘管理数据流程图

招聘管理数据流程图如图 5-17 所示，招聘管理主要有人事计划、人才信息管理、招聘活动、录用等四大模块构成。集团公司的各部门根据用人需求，制订本部门的用人计划，并由人事部门汇总，由人力需求计划文档来存储招聘需求计划，通过人事计划产生招聘计划书。招聘活动在招聘计划书的驱动下，通过各种形式的招聘活动（如专场招聘会、网上招聘）收集应聘者的信息，该信息自动转入到录用模块中，通过面试及考评的方式确认录用人员名单，向录用者下发录用通知等文档资料，另外录用名单转入到人才信息管理模块中，该模块将录用者加入到公司的各类人才信息库中。本系统存储信息的表有各类人才信息表、人力需求计划文档、招聘需求信息、录用通知文档等。

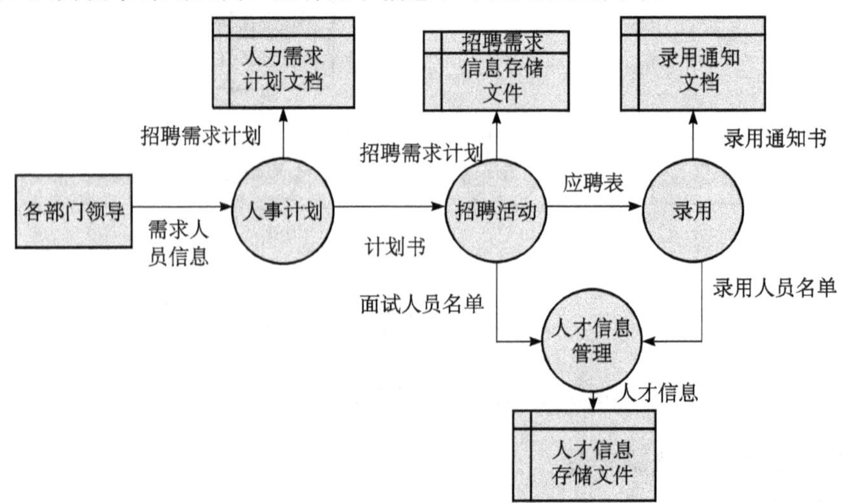

图 5-17 招聘管理数据流程图

5. 绘制员工自助管理数据流程图

员工自助管理数据流程图如图 5-18 所示，员工自助管理主要包括个人信息查询、休假审核、休假申请、培训信息处理、用工申请、培训申请等模块组成。个人信息查询是指员工在本系统中对自己的工资信息、考勤信息、个人基本信息、休假信息、培训信息等进行查询。如果员工想休假，可在本系统中填写休假申请，公司负责人通过休假审核对员工提出的休假申请进行审核，审核通过后以通知书方式告知员工，并将该员工的休假信息加入到休假信息表中。

用工申请是指公司各部门根据自己的用工需求制订用工需求计划，通过用工申请模块向人事部门上报用工需求计划，最后产生招聘或用工培训信息。培训信息处理模块对用工培训计划进行处理，产生培训计划。

该模块中主要的数据流有员工权限、工资信息、考勤信息、员工信息、查询结果、休假信息、审核通过的休假信息、用工需求、人考需求计划、培训信息、招聘信息、培训通知、培训计划等。

该模块中的主要数据存储有工资基本信息表、考勤信息表、员工信息表、休假信息表、用工需求信息表、培训信息表等。

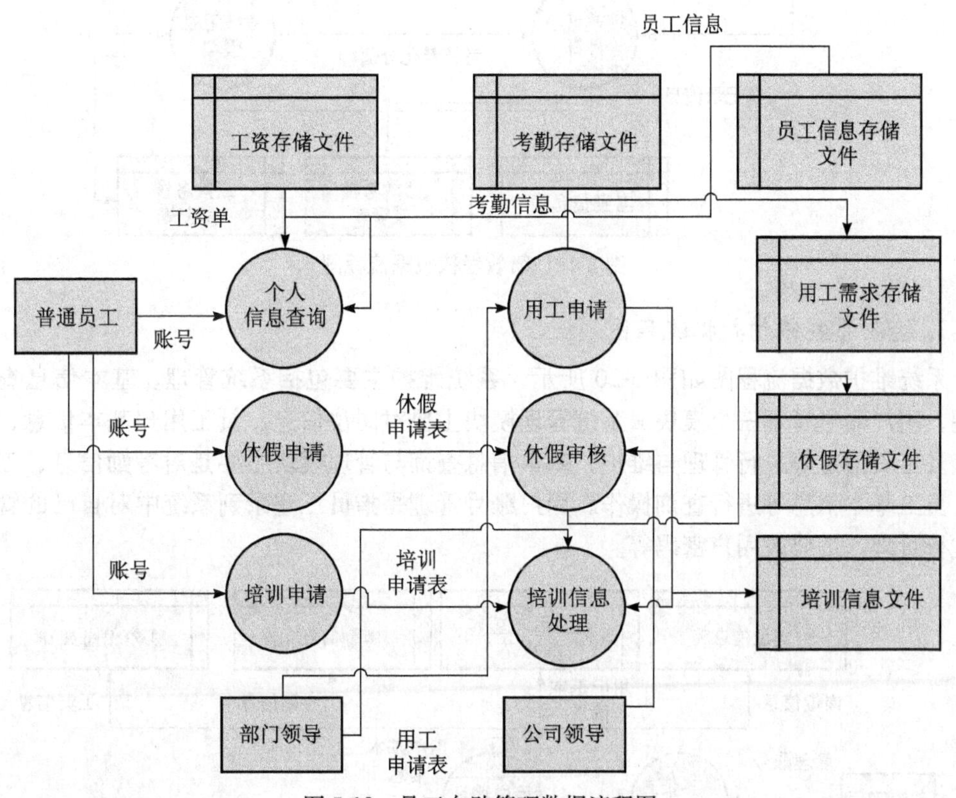

图 5-18 员工自助管理数据流程图

6. 绘制绩效考核数据流程图

绩效考核数据流程图如图 5-19 所示，绩效考核主要包括绩效考核项目设置、考核等级设置、考核方案管理、绩效考核计算、考核记录管理等模块构成。人力资源部即上文所述的人事部门来制订各种绩效考核项目，如加班、销售业绩、生产业绩等绩效考核项目，并由人事部门制订各绩效考核项目的考核等级评定方案，如“A”代表优秀、“B”代表良好、“C”代表合格，“D”代表不合格。考核方案管理指对各个业务工作设计考核目标，如是否完成上级交代的工作、是否请假、早退、旷工等，根据相关的指标给定评定分值。绩效考核计算是指根据一些算法来计算员工的最终考评成绩，考核记录管理是对整个公司的考评结果进行管理和维护。

该模块中主要的数据流有项目、指标、比率、考核方案、部门考核信息、出勤信息、得分、成绩、绩效考核表等。主要的数据存储表有考核项目信息表、考核等信息表、部门考核表、考勤信息表、绩效考核成绩表及绩效考核表。

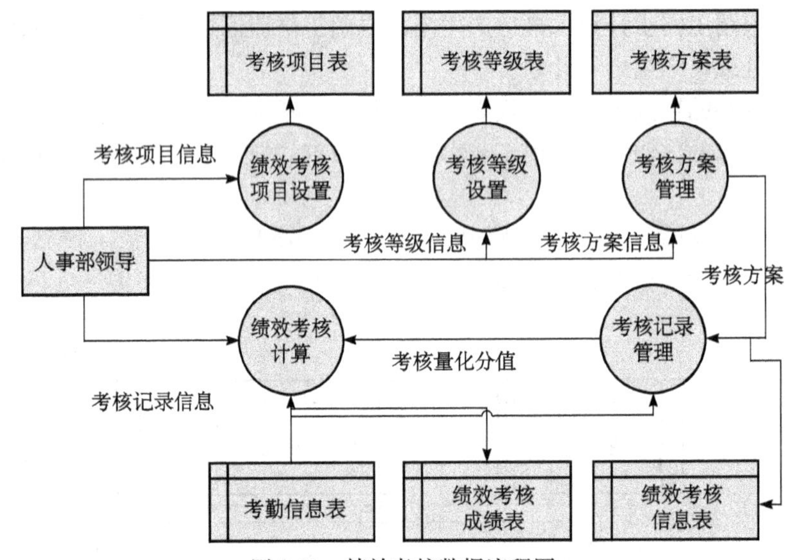

图 5-19　绩效考核数据流程图

7. 绘制系统维护数据流程图

系统维护数据流程图如图 5-20 所示，系统维护主要包括系统管理、基本信息查询与管理、用户账号管理三个模块。系统管理模块主要对岗位信息、员工用户基本信息、考勤信息及工资信息等进行管理与维护。基本信息查询与管理模块主要是对考勤信息、工资信息、员工基本信息等进行查询操作。用户账号管理是指员工登录到系统中对自己的管理账号进行管理，如修改用户密码等。

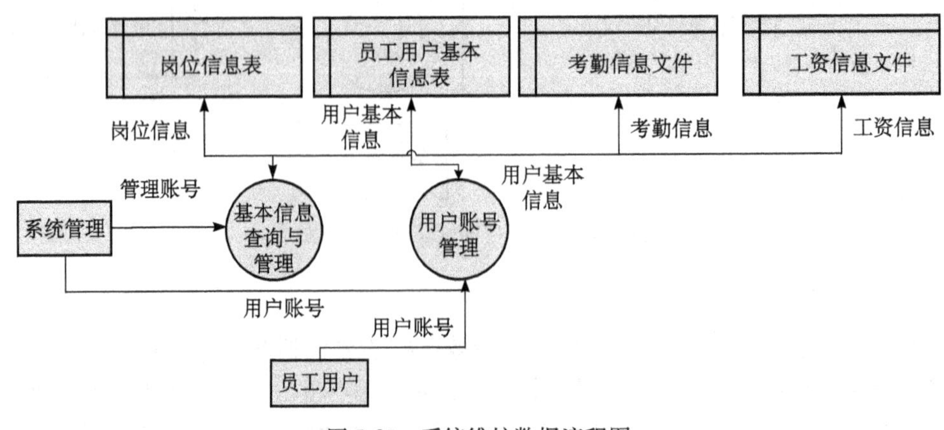

图 5-20　系统维护数据流程图

该功能模块主要的外部数据源只有两个，一个是系统的管理员，另一个是普通的员工。主要包含的数据流有职务信息、员工信息、考勤信息、权限、个人账号等。数据存储表有职务信息表、员工基本信息表、工资基本信息表、员工账号信息表等。

8. 绘制统计服务数据流程图

统计服务数据流程图如图 5-21 所示，统计服务包括直接查询、统计报表和条件查询等功能，主要实现考勤信息、业绩、绩效考评信息、工资信息、员工基本信息等查询。

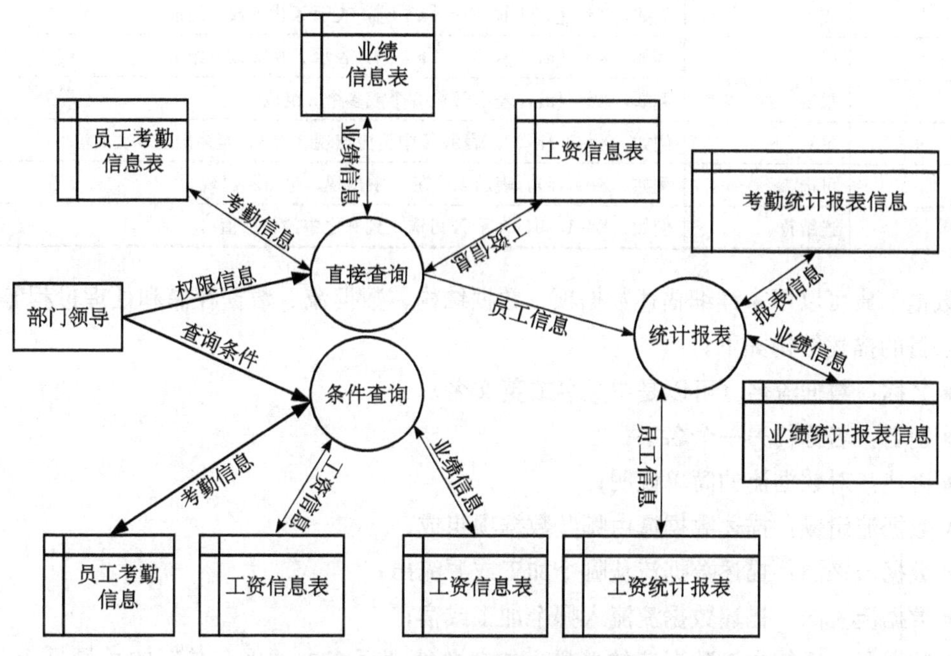

图 5-21　统计服务数据流程图

直接查询是指部门负责人根据需求，查询部门或公司的考勤信息和业绩信息。条件查询可以让用户根据自己的需求，有条件对员工的业绩、考勤、工资进行查询，如查询某月的员工业绩、查询某部门的考勤信息等，还可设立高级搜索条件，如“日期＋部门＋员工”等复杂的条件进行查找，以期缩小搜索的范围。

统计报表是主要统计的最终结果形式，该系统向用户提供如工资表、员工业绩报表、员工考勤报表等，报表以量化的数字形式向上级部门提供数据参考，是企业管理中重要的一种数据形式。

统计服务主要包括的数据流有考勤信息、工资信息、业绩信息、员工信息、报表信息、查询条件信息等，外部源有部门负责人、员工。数据存储表有员工考勤信息表、工资信息表、考勤统计报表信息、业绩统计报表信息、工资统计报表等。

5.5　数据字典

数据字典（Data Dictionary，DD）是以特定格式记录下来的对系统各基本要素的具体内容和特征所做的完整定义和说明，通常情况下，它是对数据流程图的重要补充和注释。

数据字典是描述系统的一组 DFD 内部元素的清单。数据字典可以用人工的方式建立、记录在卡片上，或记录在表格中，也可以把它们以文件的形式建立在计算机的磁盘上。DD 中使用的符号如表 5-1 所示。

表 5-1 数据字典中使用的符号

符号	含义	解释
=	被定义为	
+	与	例如，X=a+b，表示 X 由 a 和 b 组成
[⋯，⋯]	或	例如，X= [a，b]，X= [a | b]，表示 X 由 a 或 b 组成
[⋯ | ⋯]	或	例如，X= [a，b]，X= [a | b]，表示 X 由 a 或 b 组成
{⋯}	重复	例如，X= {a}，表示 X 由 0 个或多个 a 组成
m {⋯} n	重复	例如，X=3 {a} 8，表示 X 中至少出现 3 次 a，至多出现 8 次 a
(⋯)	可选	例如，X= (a)，表示 a 可在 X 中出现，也可不出现
..	连结符	例如，X=1..9，表示 X 可取 1 到 9 之中的任一值

数据字典可以用来详细描述数据项、数据结构、数据流、数据存储和处理过程等。数据流条目的描述结构如下。

- 名称：数据流名（可以是中文名或英文名）；
- 别名：名称的另一个名字；
- 简述：对数据流的简单说明；
- 数据流组成：描述数据流由哪些数据项组成；
- 数据流来源：描述数据流从哪个加工或源流出；
- 数据流去向：描述数据流流入哪个加工或宿；
- 数据量：系统中该数据流的总量，如考务处理系统中“报名单”的总量是 100 000 张，或者单位时间处理的数据流数量，如 80 000 张/天。
- 峰值：某时段处理的最大数量，如每天上午 9：00 至 11：00 处理 60 000 张表单。
- 注解：对该数据流的其他补充说明。

数据流组成是数据流条目的核心，它列出组成该数据流的各数据项，例如：

—培训报名单=姓名+单位+课程

—运动员报名单=队名+姓名+性别+ {参赛项目}

- 当一个数据流的组成比较复杂时，可以将其分解成几个数据流，例如：

—课程=课程名+任课教师+教材+时间地点

—时间地点= {星期几+第几节+教室}

例如发票（发票的结构图见图 5-22）数据流组成为：发票=单位名称+ {商品名+数量+单价+金额} +总金额+日期+ (营业员)

单位名称

商品名	数量	单位	金额
总金额			

日期　　　　　　　　　　营业员

图 5-22　发票的结构图

［**练习**］

请根据发票数据字典编写原理，把如图 5-23 所示图书订购单的数据字典编写出来。

图书订购单

订阅单位		联系电话		
详细地址		邮政编码		
联系人	E-mail	传真		
发行号	名称	单价（元）	数量	金额
总计金额（大写）	万 仟 佰 拾 元	万 千 百 十 元		
	汇款于　年　月　日汇出	汇票号码		

图 5-23　图书订购单

数据字典中的文件条目的描述结构如下。

- 名称：文件名；
- 别名：同数据流条目；
- 简述：对文件的简单说明；

- 文件组成：描述文件的记录由哪些数据项组成（与数据流条目中的文件组成描述方法相同）；
- 写文件的加工：描述哪些加工写文件；
- 读文件的加工：描述哪些加工读文件；
- 文件组织：描述文件的存储方式（顺序、索引），排序的关键字；
- 使用权限：描述各类用户对文件读、写、修改的使用权限；
- 数据量：文件的最大记录个数；
- 存取频率：描述对该文件的读/写频率；
- 注解：对该文件的其他补充说明。

数据字典对数据流程图中的加工条目的描述格式规范如下。

- 名称：加工名；
- 别名：同数据流条目；
- 加工号：加工在 DFD 中的编号；
- 简述：对加工的功能的简要说明；
- 输入数据流：描述加工的输入数据流，包括读哪些文件名；
- 输出数据流：描述加工的输出数据流，包括写哪些文件名；
- 加工逻辑：简要描述加工逻辑，或者对加工规约的索引；
- 注解：对加工的其他补充说明。

数据字典对数据流图中的源或宿条目的描述内容如下。

- 名称：源或宿的名（外部实体名）；
- 别名：同数据流条目；
- 简要描述：对源或宿的简要描述（包括指明该外部实体在 DFD 中是用做“源”，还是用做“宿”，还是“既是源又是宿”）；
- 输入数据流：描述源向系统提供哪些输入数据流；
- 输出数据流：描述系统向宿提供哪些输出数据流；
- 注解：对源或宿的其他补充说明。

任务 5-3：编写房屋产权登记系统的数据字典

[**任务描述**]

房屋产权登记系统的数据流程图如图 5-24 所示，请根据数据流程图编写对应的数据字典。

[**具体操作**]

1. 数据流

名称：申请表内容
来源：产权登记工作人员录入
去向：建立房屋产权数据关系
组成：详见申请表
流通量：每一套房或每一申请人发生一次

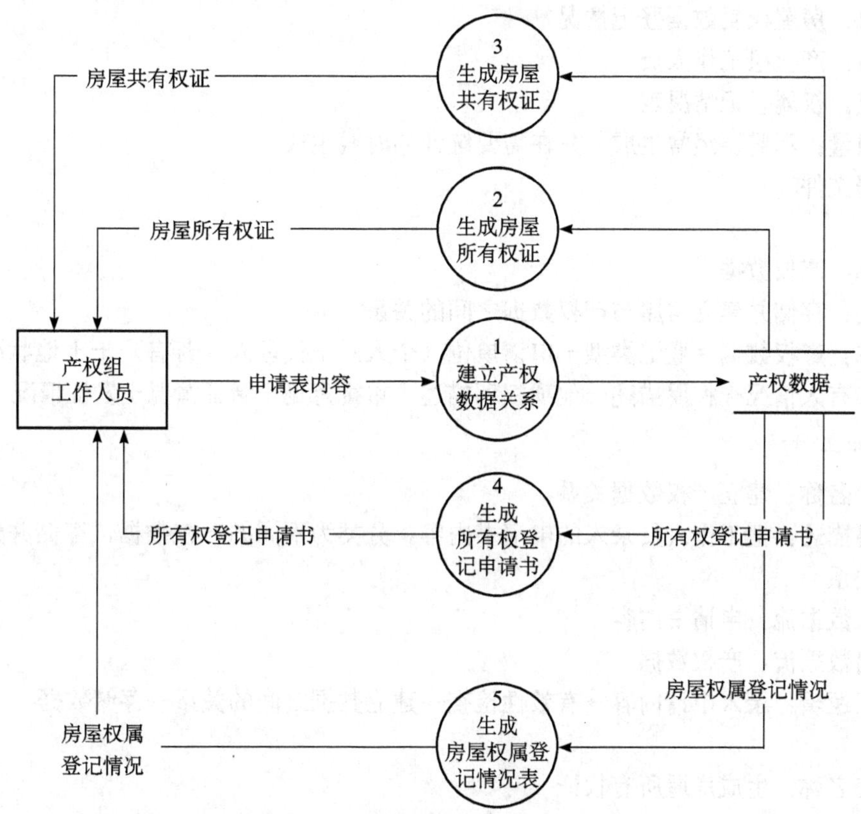

图 5-24　房屋产权登记系统的数据流程图

名称：房屋共有权证
来源：生成共有权证
去向：产权组工作人员
组成：详见“房屋共有权证”
流通量：每份申请对应零至多本房屋共有权证

名称：房屋所有权证
来源：生成所有权证
去向：产权组工作人员
组成：详见“房屋所有权证”
流通量：每份申请对应一至多本房屋所有权证

名称：所有权登记申请书
来源：生成所有权登记申请书
去向：产权组工作人员
组成：详见“阜南县房屋变更登记申请表”
流通量：每份申请对应一份所有权登记申请书

名称：房屋权属登记情况

来源：房屋权属数据登记情况

去向：产权组工作人员

组成：权属登记情况表

流通量：不需要经常生成，只在需要统计的时候生成

数据文件

名称：产权数据

简述：存储并建立房屋与产权数据之间的关系

组成：产权数据＝登记类型＋申请单位（个人）＋代理人（若有）＋土地状况＋房屋状况＋共有人情况＋权属描述＋他项权利描述＋审批意见＋缮证情况＋发证情况

2. 加工

加工名称：建立产权数据关系

简要描述：把工作人员录入的申请书内容，分类为不同的产权数据，存储并建立数据之间的关系

输入数据流：申请书内容

输出数据流：产权数据

加工逻辑：录入申请内容→有效性检查→建立数据之间的关系→存储数据

加工名称：生成房屋所有权证

简要描述：读取产权数据，自动生成国家标准格式的“房屋所有权证”

输入数据流：产权数据

输出数据流：房屋所有权证

加工逻辑：从“产权数据”读取数据→根据产权数据之间的关系，生成房屋所有权证→打印输出

加工名称：生成房屋共有权证

简要描述：读取产权数据，自动生成国家标准格式的“房屋共有权证”

输入数据流：产权数据

输出数据流：房屋共有权证

加工逻辑：从“产权数据”读取数据→根据产权数据之间的关系，生成房屋共有权证→打印输出

加工名称：生成所有权登记申请书

简要描述：读取产权数据，自动生成所有权登记申请书

输入数据流：产权数据

输出数据流：房屋所有权证登记申请书

加工逻辑：从“产权数据”读取数据→根据产权数据之间的关系，生成所有权登记申请书→打印输出

第 6 章　管理信息系统物理模型设计

本章要点：

- 系统设计概述
- 系统的总体设计
- 模块结构图的设计方法
- 代码设计
- 输入/输出设计

6.1　系统设计概述

系统模型分为逻辑模型和物理模型。逻辑模型主要确定“系统做什么”的问题；物理模型则主要解决“系统怎样做的问题”，前者是系统分析的主要任务，后者是系统设计的主要任务。系统设计的依据是系统分析报告、现行技术条件、用户需求及系统运行环境。

6.1.1　系统设计的任务与方法

系统设计阶段的主要任务是在科学、合理的设计和总体模型的基础上，尽可能提高系统的运行效率、可靠性、安全性和工作质量，充分利用并合理投入各类可以利用的人、财、物资源，使之获得较高的综合效益。

当前，系统设计常用的方法是自顶向下的结构化系统设计方法。这种方法在设计系统时重视系统结构分析，强调系统模块、数据、功能结构以及它们之间的数据接口，运用一套标准的设计准则和工具，采用模块化的方法进行系统结构设计。结构化系统设计方法适用于管理信息系统的总体设计，在实际应用中我们常把系统分析阶段的结构化分析与实施阶段中结构化程序设计方法前后衔接起来使用。

结构化系统设计方法的基本思想是采用分解的方法，将系统设计成由相对独立、功能单一的模块组成的结构，它以系统的逻辑功能和数据流关系为基础，根据流程图和数据字典，采用标准的设计准则和图表工具，通过自上而下和自下而上的反复，把系统划分成为多个大小适当、功能明确、具有独立性的模块，从而把复杂系统的设计转变为多个简单模块的设计。

6.1.2　系统设计的内容

系统设计的内容如表 6-1 所示。

表 6-1　系统设计的内容

系统设计	系统总体设计	将系统进行模块化分，绘制系统的模块结构图，决定各模块的功能和模块间的调用关系系及数据传递关系
		设计信息系统的流程图，决定主要模块的工作界面

续表

系统设计	系统详细设计	代码设计、数据库设计、输入、输出设计、人机界面设计
		系统可靠性、安全性设计及保密性设计
		制定系统设计规范
		编写系统设计说明书
	物理配置方案设计	计算机软件硬件配置、网络选择、数据库管理系统的选择
	其他设计	信息系统的总体布局设计、系统断电应急措施、防火、防雷等保护措施、系统与外部信息网络的连接等

6.1.3 系统设计的原则

在充分考虑到本系统的总体规划目标，以及系统的应用环境前提下，本系统的设计将严格遵循以下的设计原则。

1. 实用性原则

例如，浙江东方集团的人事管理系统的好坏直接影响到企业的经营效益，所以在进行该系统的设计时，要将系统的实用性要求放在首位。本系统力求能够紧密切合企业和用户的实际业务需求，以求彻底解决传统人事管理的效率低的通病。

2. 先进性原则

在强调实用性的同时，还要考虑系统的先进性。今时今日，信息化的发展速度令世人惊叹，每一次技术上的更新与进步都会推动信息化建设的跳跃式发展。所以，为了与时俱进，有一个较高的起点，在本系统的设计过程中要采用目前较为先进和成熟的技术和理念，使系统在性价比上拥有一定的优势。

3. 规范性原则

系统中的所有设计都遵循现有的国家标准、行业标准，符合软件工程中的设计原则与规范。所有文档的书写都遵照国标《软件需求说明书》要求。

4. 安全性原则

系统提供安全机制以防止非法授权操作，为各子系统提供严格灵活的用户和权限划分，对于数据库管理，建立起完备的数据备份恢复机制。对关键的信息的操作提供日志记录。

5. 易于集成的原则

例如，出于对浙江东方集团信息化建设的全盘考虑和整体规划，设计的系统要能够与其他业务系统进行集成。系统为其他系统预留有应用接口和数据传输规范，方便其他系统与该系统间的信息交互。系统在数据库设计上同样遵循此原则，在数据访问层以WebService的方式提供数据访问服务。

6. 可扩展性原则

出于对后续升级工作的考虑，系统的所有功能模块的设计都预留了扩展接口。因为人们对网上购物系统的需求和应用目标会随着技术进步和商业模式的变换而发生转变，在设计初期就考虑到可能发生的变化，是十分必要的。

6.2 系统的总体设计

在结构化的系统设计方法中，系统功能设计可以采用 HIPO 图、系统流程图、形式语言等方法进行，本文采用 HIPO 图方法对系统的总体功能和详细功能进行设计。

HIPO 图是美国 IBM 公司于 20 世纪 70 年代中期在层次结构图的基础上推出的一种描述系统结构和模块内部处理功能的工具。HIPO 图由层次结构图（即 H 图）和 IPO 图两部分构成，H 图描述了整个系统的设计结构以及各类模块之间的关系，IPO 图描述了某个特定模块内部的处理过程和输入/输出关系。因此，系统的总体功能将采用 H 图进行描述，而功能模块的具体功能设计则采用 IPO 图进行描述。

1. HIPO 图的 H 图

用于描述软件的层次结构，矩形框表示一个模块，矩形框之间的直线表示模块之间的调用关系，同结构图一样其未指明调用顺序。如图 6-1 所示为出库管理的层次图。

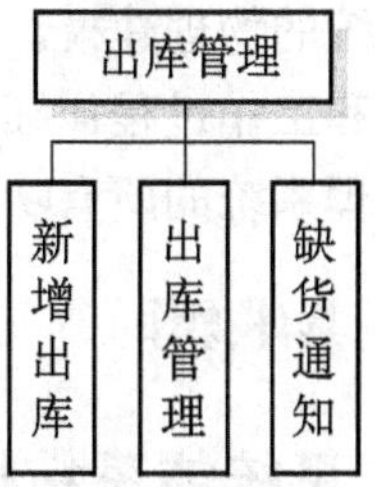

出库管理

新增出库　出库管理　缺货通知

图 6-1　出库管理的层次图

2. IPO 图

H 图只说明了软件系统由哪些模块组成及其控制层次结构，并未说明模块间的信息传递及模块内部的处理。因此对一些重要模块还必须根据数据流图、数据字典及 H 图绘制具体的 IPO 图。如图 6-2 所示为新增出库的 IPO 设计。

系统名称：某公司仓库管理系统		设计者：
模块名称：新增出库		日期：2013.10.31
上层调用模块：出库管理		可调用模块：无
输入	处理	输出
已批准的领料单	1. 检查库存 2. 填写出库单 3. 出库表单验证 4. 更新数据库 5. 显示出库记录	出库记录

图 6-2　新增出库的 IPO 设计

在 IPO 设计中，为了更加清晰地表示处理过程，设计时往往还要配合如图 6-3 所示的新增出库程序流程图。

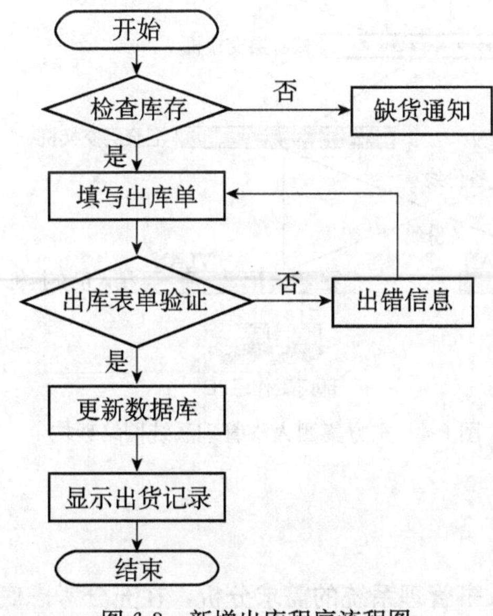

图 6-3　新增出库程序流程图

任务 6-1：某公司人事管理系统的 HIPO 设计

[**任务描述**]

在业务流程分析、数据流程分析的基础上，下一步是软件设计师要去做的工作，即进行系统的物理建模。物理建模要在系统逻辑模型基础上把系统的各大功能模块内部的工作原理和工作过程详细地用 HIPO 图或其他建模工具设计出来。本任务就是要设计某公司人事管理系统的所有功能模块的 HIPO 图。

[**具体操作**]

一、系统体系结构设计

东方集团人事管理系统网络架构如图 6-4 所示。系统主要架设在企业网络上，主要对企业各部门的办公人员及领导提供服务。东方集团的企业网络为千兆以太网，以光纤到楼，百兆到用户桌面，根据部门划分不同的 VLAN，保证各部门的通信安全。

为了确保无差错及通信的流畅，人力资源管理 Web 服务器拟采用集群技术，数据与应用物理上分离。服务器与核心层交换机相连，保证有足够的访问带宽。对于外网接入的远程用户，拟采用 VPN 技术，保证用户在不安全的公网上使用数据的安全。网络中的验证服务器拟对系统用户进行身份验证（含内外网的所有用户），确保系统使用的合法性。

另外为了保证整个网络的安全，实现内外网的分离，在内网与外网中间采用 DMZ 非军事化区的方法，通过路由器与防火墙，保证了内网绝大部分安全。

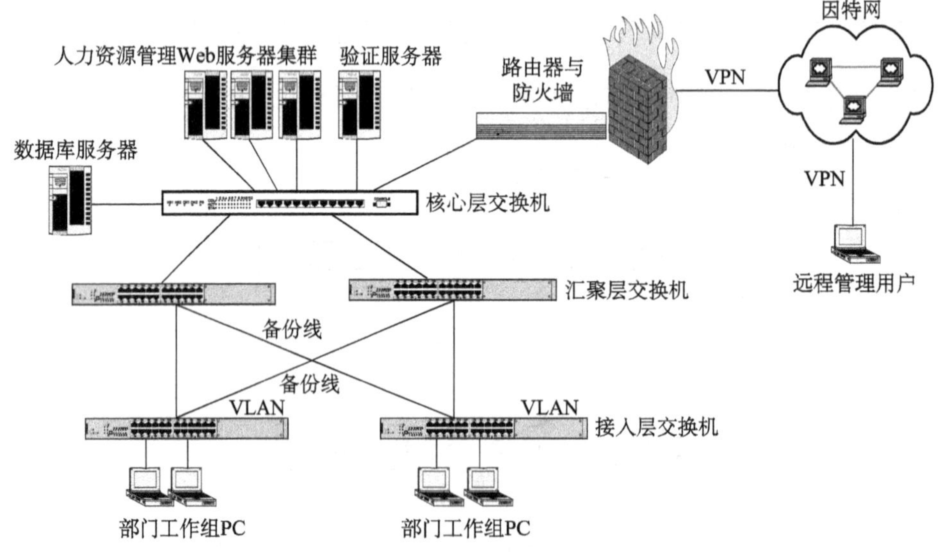

图 6-4 东方集团人事管理系统网络架构

二、功能模块划分

经过对浙江东方集团人事管理系统的需求分析，在充分考虑底层人事管理的需求以及工资管理、招聘管理等具体的过程要求，对其进行总体设计，该系统的主要功能需求分析如图 6-5 所示，系统主要包括人事管理、绩效考核、培训管理、考勤管理、招聘管理、员工自助管理、工资管理、系统管理等几大模块。

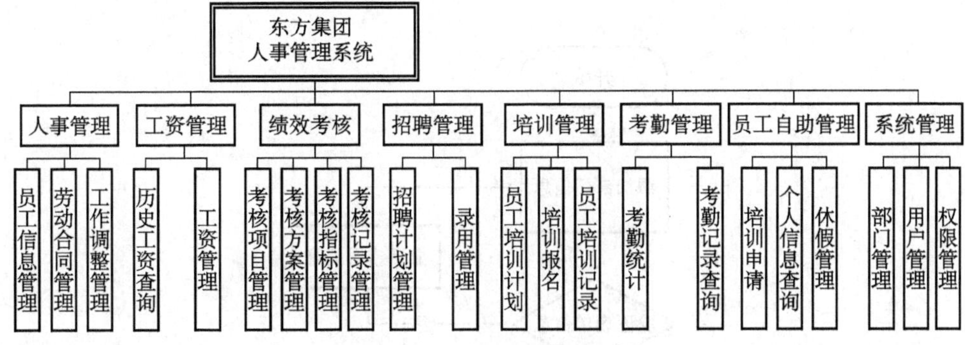

图 6-5　系统功能需求分析

系统的总 IPO 图如图 6-6 所示。

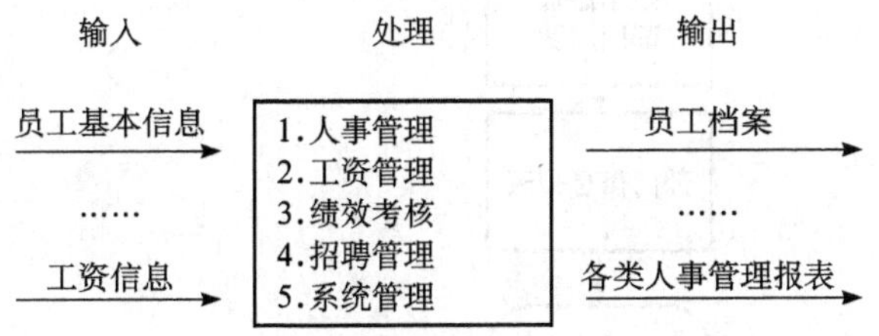

图 6-6　系统的总 IPO 图

三、功能模块设计

（一）系统管理模块设计

系统管理模块 HIPO 包括对部门管理、用户信息管理、职位及用户权限管理，其 H 图如图 6-7 所示。

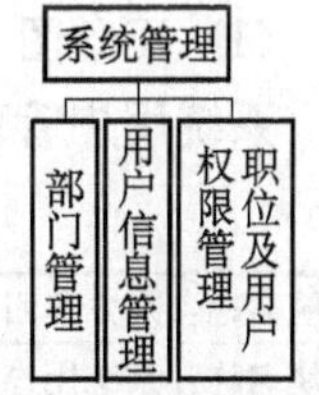

图 6-7　系统管理 H 图

1. 部门管理

（1）IPO 图

部门管理模块 IPO 设计如表 6-2 所示。

表 6-2　部门管理模块 IPO 设计

系统名称：东方集团人事管理系统		设计者：
模块名称：部门管理模块		日期：2013 年 1 月 5 日
上层调用模块：系统管理		可调用模块：无
输入	处理	输出
部门名称信息	1. 部门信息录入 2. 部门信息的验证 3. 部门信息修改 4. 部门信息的删除 5. 部门信息列表与查询 6. 部门信息的分页及排序显示	集团部门信息

（2）处理流程图

系统管理员通过新增表单向系统中增加部门信息，提交时要求有校验，如部门信息不能为空等，保存成功后返回添加页并继续增加其他部门。部门管理程序流程图如图 6-8 所示。

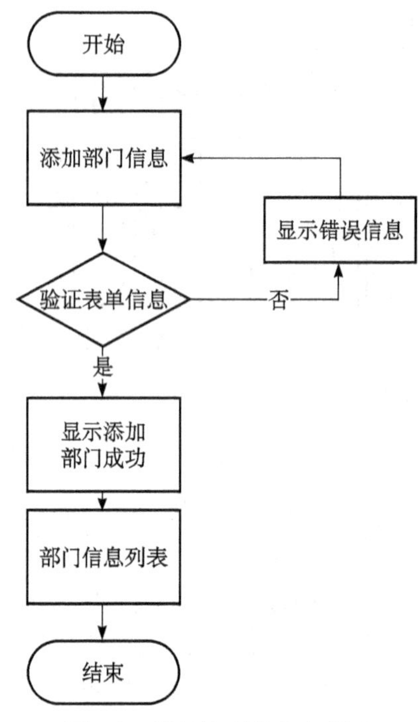

图 6-8　部门管理程序流程图

2. 系统用户管理模块设计

（1）IPO 图

系统用户管理模块 IPO 设计如表 6-3 所示。

表 6-3　系统用户管理模块 IPO 设计

系统名称：东方集团人事管理系统		设计者：
模块名称：系统用户管理模块		日期：2013 年 1 月 5 日
上层调用模块：系统管理		可调用模块：无
输入	处理	输出
员工信息	1. 添加员工信息 2. 删除员工信息 3. 修改员工信息 4. 查询员工信息 5. 记录的分页显示 6. 记录的排序	员工用户信息记录

（2）处理流程图

管理员对用户信息进行的管理包括添加用户信息、用户信息列表，在显示的用户信息列表中显示删除、修改功能。用户管理处理流程图如图 6-9 所示。

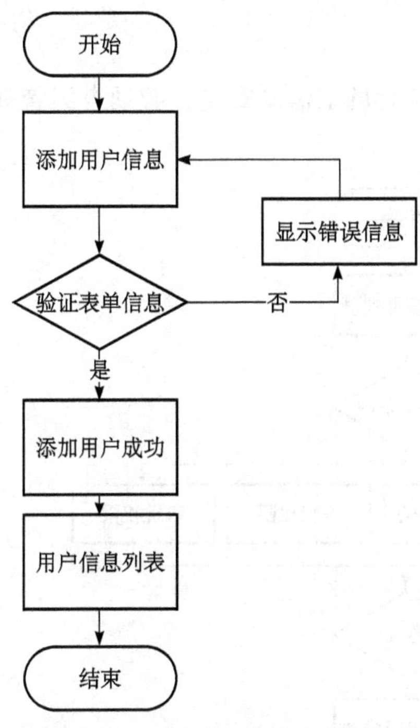

图 6-9　用户管理处理流程图

3. 权限管理模块设计

不同角色的用户登录到系统后，具备的操作权限是不一样的，本系统的用户权限主要分为普通用户及部门领导用户、高层领导用户。

(1) IPO 图

权限管理模块 IPO 设计如表 6-4 所示。

表 6-4　权限管理模块 IPO 设计

系统名称：东方集团人事管理系统		设计者：
模块名称：权限管理模块		日期：2013 年 1 月 5 日
上层调用模块：系统管理		可调用模块：无
输入	处理	输出
用户信息	1. 增加可审批的权限 2. 显示用户信息列表 3. 可设置各种权限 4. 保存至数据库 5. 显示权限列表	权限信息记录

(2) 处理流程图

管理员对用户信息进行管理时，调用权限管理，由于本系统的权限只分为普通用户组及领导组，故权限分配上只有添加、浏览、编辑及审批权限。用户权限处理流程图如图 6-10 所示。

（二）人事管理模块设计

人事管理模块 HIPO 包括对员工信息查询、劳动合同管理、工作调整管理，其 H 图如图 6-11 所示。

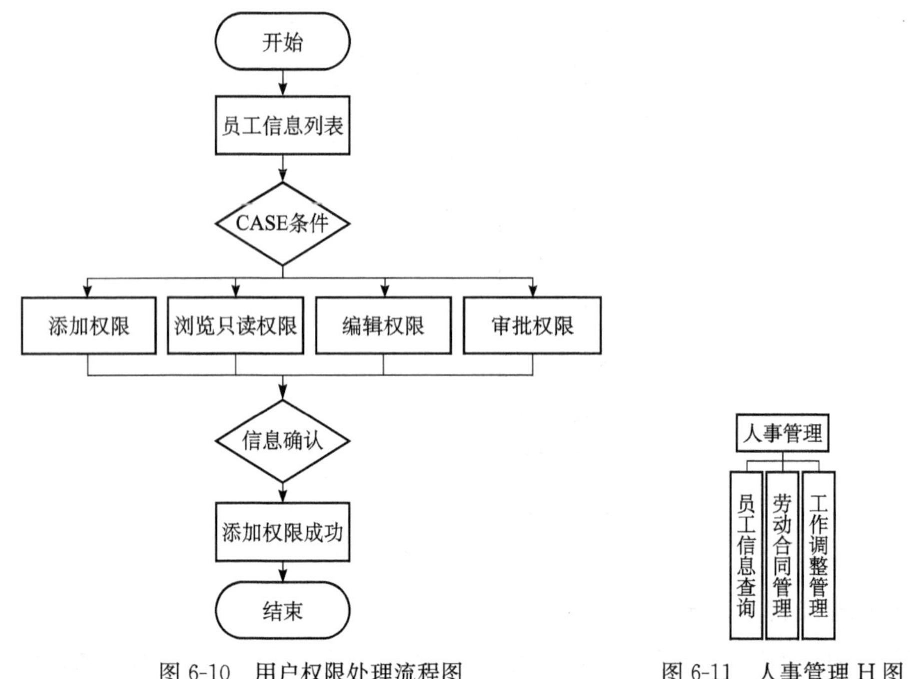

图 6-10　用户权限处理流程图

图 6-11　人事管理 H 图

1. 员工信息查询

（1）IPO 图

员工信息查询模块 IPO 设计如表 6-5 所示。

表 6-5　员工信息查询模块 IPO 设计

<table>
<tr><td colspan="2">系统名称：东方集团人事管理系统</td><td>设计者：</td></tr>
<tr><td colspan="2">模块名称：员工信息查询模块</td><td>日期：2013 年 1 月 5 日</td></tr>
<tr><td colspan="2">上层调用模块：人事管理</td><td>可调用模块：无</td></tr>
<tr><td>输入</td><td>处理</td><td>输出</td></tr>
<tr><td>员工姓名、工号</td><td>1. 信息录入与验证
2. 员工记录列表
3. 显示员工信息详细</td><td>员工基本信息</td></tr>
</table>

（2）处理流程图

用户往系统中录入员工的一些基本信息，如姓名、部门、工号，系统根据这一类信息把要查找的用户信息反馈给用户。员工信息查询程序流程图如图 6-12 所示。

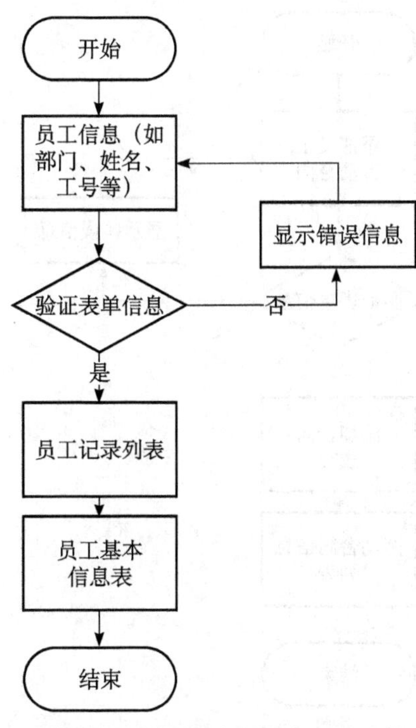

图 6-12　员工信息查询程序流程图

2. 劳动合同管理模块设计

（1）IPO 图

劳动合同管理模块 IPO 设计如表 6-6 所示。

表 6-6　劳动合同管理模块 IPO 设计

系统名称：东方集团人事管理系统		设计者：
模块名称：劳动合同管理模块		日期：2013 年 1 月 5 日
上层调用模块：人事管理		可调用模块：无
输入	处理	输出
员工信息 合同信息	1. 添加员工劳动合同 2. 删除员工劳动合同 3. 修改员工劳动合同 4. 查询员工劳动合同 5. 记录的分页显示 6. 记录的排序	员工劳动合同记录

（2）处理流程图

人事部门用户对员工的劳动合同管理信息进行的管理包括添加员工劳动合同、劳动合同信息列表，在显示的劳动合同信息列表中显示删除、修改功能。合同信息管理处理流程图如图 6-13 所示。

3. 工作调整管理模块设计

工作调整是指集团员工从一个部门调到另外一个部门工作，此时人事部工作人员要把这一变化体现在本系统中，本操作主要涉及员工、原部门、现部门及其他信息。

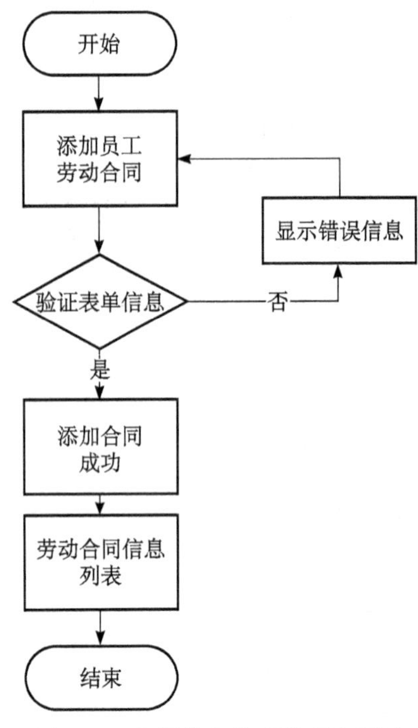

图 6-13 合同信息管理处理流程图

（1）IPO 图

工作调整管理模块 IPO 设计如表 6-7 所示。

表 6-7 工作调整管理模块 IPO 设计

系统名称：东方集团人事管理系统		设计者：
模块名称：工作调整管理模块		日期：2013 年 1 月 5 日
上层调用模块：人事管理		可调用模块：无
输入	处理	输出
员工信息 原部门、岗位	1. 增加工作调整 2. 查询调整后的用户信息 3. 修改工作调整 4. 保存至数据库 5. 删除工作调整	工作调整记录

（2）处理流程图

人事部门操作员首先新建工作调整记录，添加被调整员工的信息，如姓名，原始部门及岗位等，再确认调整后的工作部门及岗位信息，处理流程图如图 6-14 所示。

（三）工资管理模块设计

工资管理模块 HIPO 包括普通员工的历史工资信息查询、人事部的工资管理，其 H 图如图 6-15 所示。

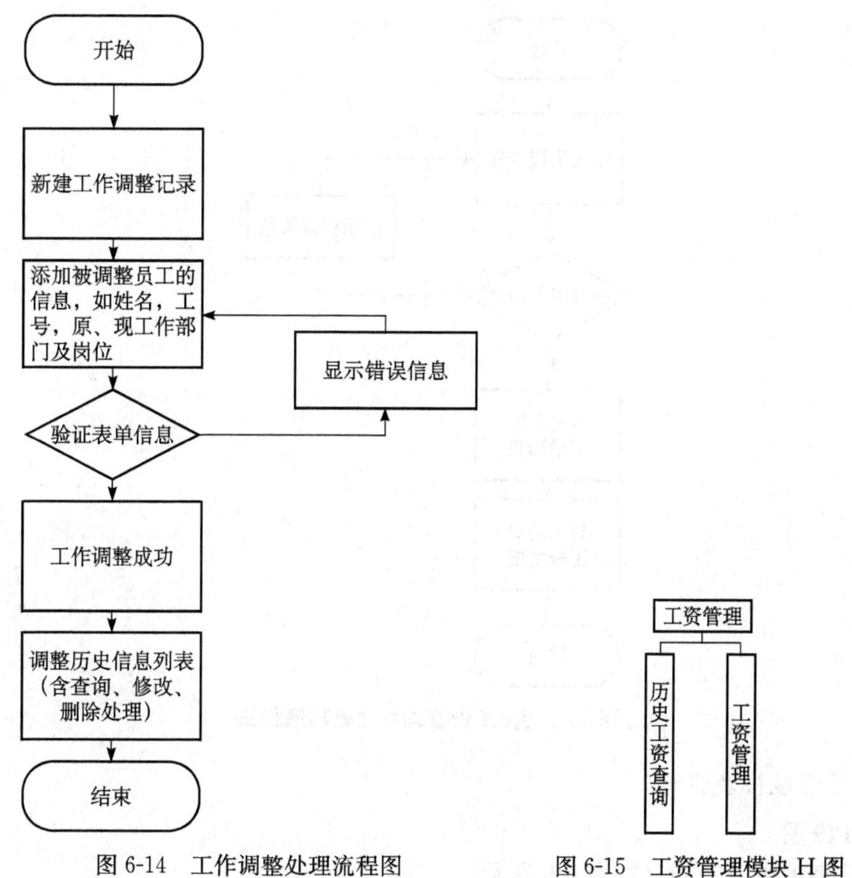

图 6-14　工作调整处理流程图　　图 6-15　工资管理模块 H 图

1. 历史工资查询

（1）IPO 图

历史工资查询模块 IPO 设计如表 6-8 所示。

表 6-8　历史工资查询模块 IPO 设计

系统名称：东方集团人事管理系统		设计者：
模块名称：历史工资查询模块		日期：2013 年 1 月 5 日
上层调用模块：工资管理		可调用模块：无
输入	处理	输出
工资卡号 历史月份、奖金等	1. 工资卡号、历史时间的验证 2. 显示员工工资、奖金记录 3. 显示工资、奖金明细	员工工资、奖金明细

（2）处理流程图

用户登录至系统后，进入本模块，输入自己的工资卡号、确认要查询的历史时间，单击“查询”按钮即可生成历史工资记录列表。历史工资查询程序处理流程图如图 6-16 所示。

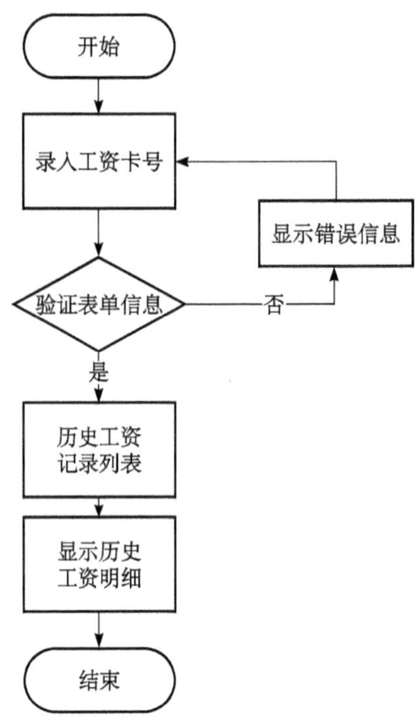

图6-16　历史工资查询程序处理流程图

2. 工资管理模块设计

(1) IPO图

工资管理模块 IPO 设计如表 6-9 所示。

表 6-9　工资管理模块 IPO 设计

系统名称：东方集团人事管理系统		设计者：
模块名称：工资管理模块		日期：2013 年 1 月 5 日
上层调用模块：工资管理		可调用模块：无
输入	处理	输出
员工信息 工资结构信息 账套信息	1. 添加员工工资 2. 删除员工工资 3. 修改员工工资 4. 查询员工工资 5. 工资记录的分页显示 6. 工资记录的排序	员工工资记录

(2) 处理流程图

人事部门用户对员工的工资信息进行的管理包括添加、工资信息列表，在显示的工资信息列表中显示删除、修改功能。工资管理处理流程图如图 6-17 所示。

(四) 绩效考核管理模块设计

绩效考核管理模块 HIPO 包括考核项目管理、考核方案管理、考核指标管理及考核记录管理，其 H 图如图 6-18 所示。

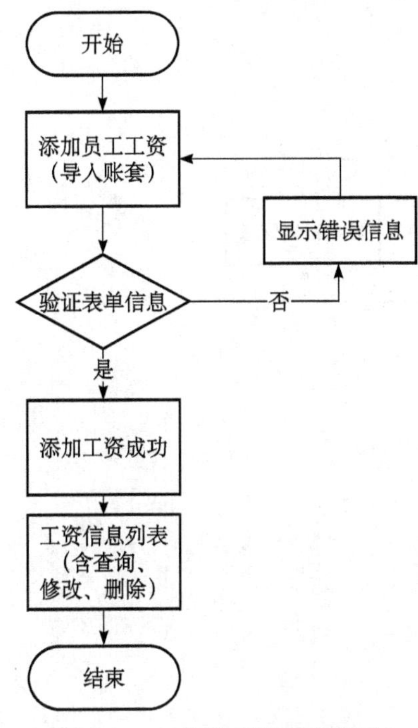

图 6-17　工资管理处理流程图

绩效考核
考核项目管理
考核方案管理
考核指标管理
考核记录管理

图 6-18　绩效考核管理模块 H 图

1. 考核项目管理

(1) IPO 图

考核项目管理模块 IPO 设计如表 6-10 所示。

表 6-10　考核项目管理模块 IPO 设计

系统名称：东方集团人事管理系统		设计者：
模块名称：考核项目管理模块		日期：2013 年 1 月 5 日
上层调用模块：绩效考核管理		可调用模块：无
输入	处理	输出
员工信息 部门信息 考核项目分类信息	1. 新增考核项目 2. 考核项目编辑 3. 考核项目删除 4. 考核项目查询 5. 考核项目列表 6. 考核项目分页显示	考核项目信息

(2) 处理流程图

人事部门用户登录到系统后，在本模块制订各类绩效考核项目，如月考核、季度考核或年度考核，以备各部门对部门员工考核所用。考核项目管理程序处理流程图如图 6-19 所示。

2. 考核方案模块设计

(1) IPO 图

考核方案管理模块 IPO 设计如表 6-11 所示。

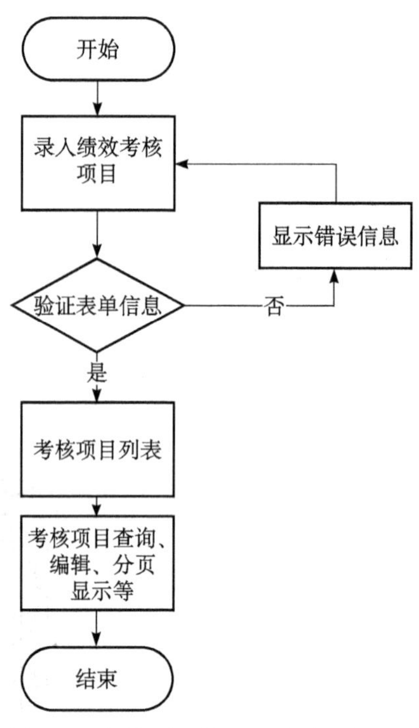

图6-19 考核项目管理程序处理流程图

表 6-11 考核方案管理模块 IPO 设计

系统名称：东方集团人事管理系统		设计者：
模块名称：考核方案管理模块		日期：2013 年 1 月 5 日
上层调用模块：绩效考核管理		可调用模块：无
输入	处理	输出
考核项目	1. 选择考核项目 2. 录入考核方案 3. 修改考核方案 4. 查询考核方案 5. 考核方案记录的分页显示 6. 考核方案记录的排序	考核方案

(2) 处理流程图

人事部门对员工的考核方案管理包括增加考核方案、显示考核方案信息列表，在显示的考核方案信息列表中显示删除、修改及查询考核方案功能。考核方案程序处理流程图如图 6-20 所示。

3. 考核指标管理

(1) IPO 图

考核指标管理模块 IPO 设计如表 6-12 所示。

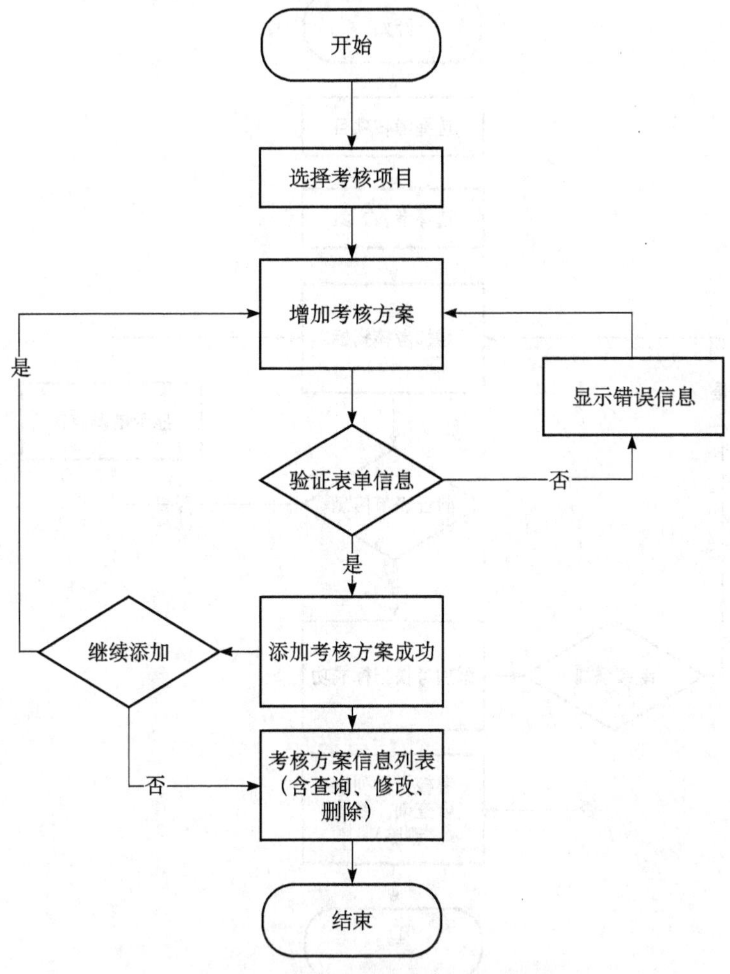

图 6-20 考核方案程序处理流程图

表 6-12 考核指标管理模块 IPO 设计

系统名称：东方集团人事管理系统		设计者：
模块名称：考核指标管理模块		日期：2013 年 1 月 5 日
上层调用模块：绩效考核管理		可调用模块：无
输入	处理	输出
考核项目 考核方案 考核指标信息	1. 选择考核项目 2. 选择考核方案 3. 添加考核指标 4. 编辑考核指标 5. 考核指标列表 6. 考核指标分页显示、排序	考核指标列表

（2）处理流程图

考核指标是根据某个考核项目中的考核方案来制订的，如计划对某部门员工年度考核项目中的德、能、行三个考核方案添加相应指标。人事部门用户登录到系统后，在本模块制订各类绩效考核指标，并能进行编辑、查询等。考核项目、考核方案及考核指标的关系是考核项目包括若干个考核方案，而考核方案中又包括若干个考核指标。考核指标管理程序处理流程图如图 6-21 所示。

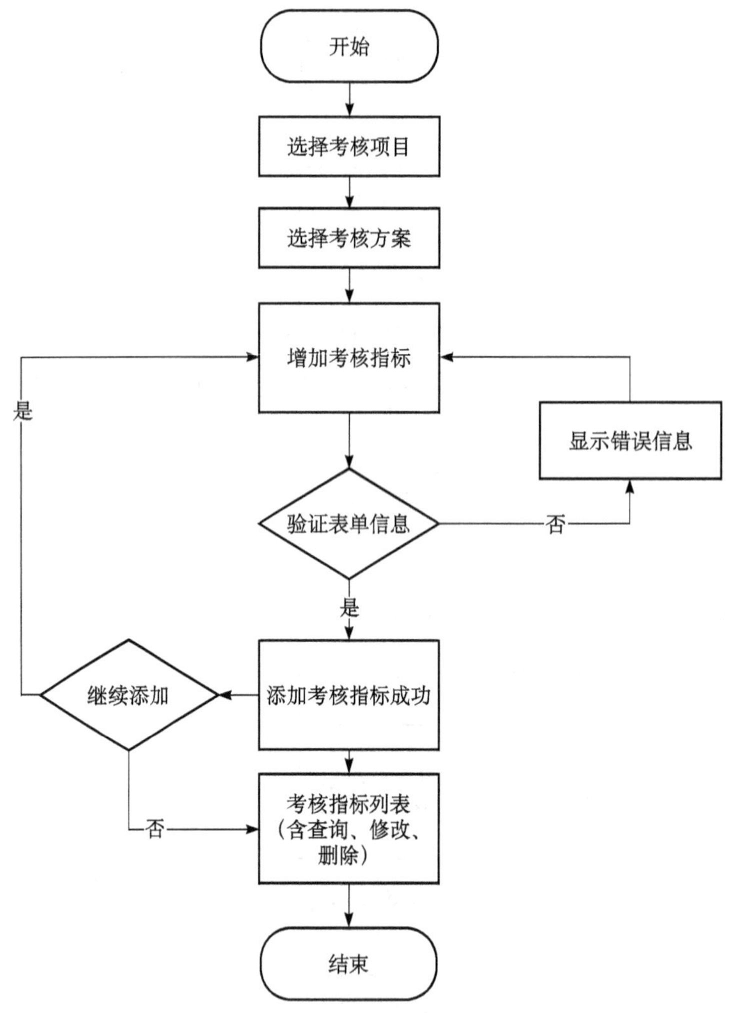

图 6-21 考核指标管理程序处理流程图

4. 考核记录模块设计

(1) IPO 图

考核记录管理模块 IPO 设计如表 6-13 所示。

表 6-13 考核记录管理模块 IPO 设计

系统名称：东方集团人事管理系统		设计者：
模块名称：考核记录管理模块		日期：2013 年 1 月 5 日
上层调用模块：绩效考核管理		可调用模块：无
输入	处理	输出
员工信息 考核项目 考核方案 考核指标	1. 选择考核项目、考核方案及考核指标 2. 显示考核指标列表 3. 录入考核成绩 4. 修改考核成绩 5. 考核成绩汇总计算 6. 查询考核记录 7. 考核成绩记录的分页显示 8. 考核成绩记录的排序	员工绩效考核记录

（2）处理流程图

人事部门用户对员工的绩效考核包括输入考核成绩、显示考核成绩列表，在显示的考核成绩列表中显示删除、修改及查询考核成绩等功能。考核记录程序处理流程图如图 6-22 所示。

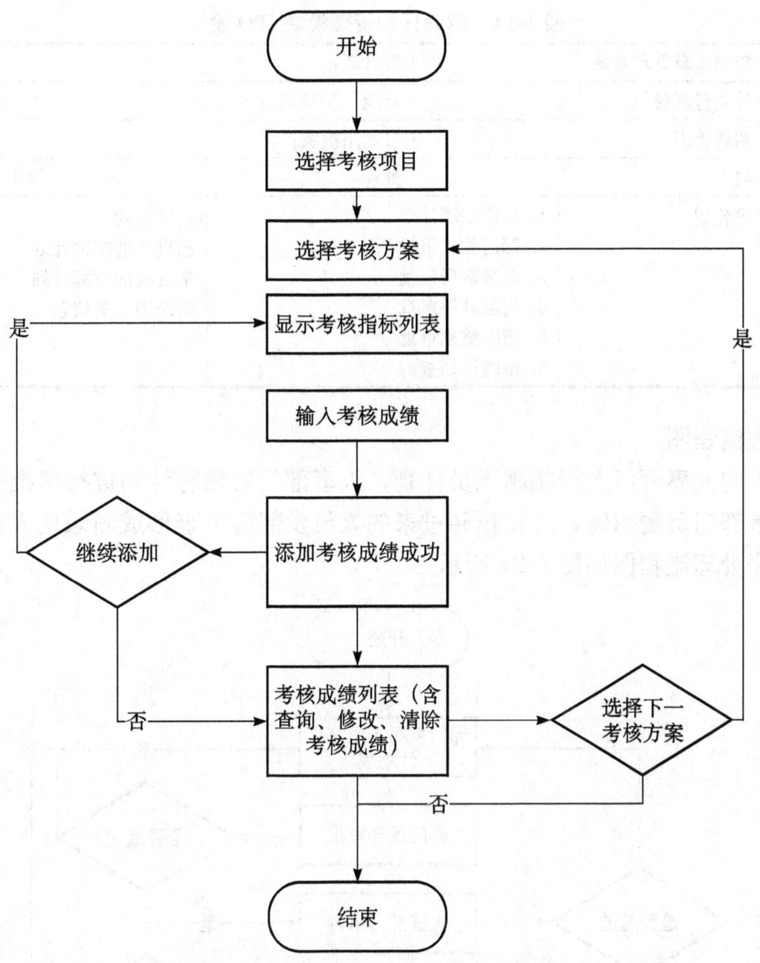

图 6-22　考核记录程序处理流程图

（五）招聘管理模块设计

招聘管理模块 HIPO 包括招聘计划管理及录用管理，主要实现部门招聘计划的制订、部门领导的审核、人事部门审批、高层领导的审批、人员的录聘用等一系列功能，其 H 图如图 6-23 所示。

图 6-23　招聘管理模块 H 图

1. 招聘计划管理

(1) IPO 图

招聘计划管理模块 IPO 设计如表 6-14 所示。

表 6-14 招聘计划管理模块 IPO 设计

系统名称：东方集团人事管理系统		设计者：
模块名称：招聘计划管理模块		日期：2013 年 1 月 5 日
上层调用模块：招聘管理		可调用模块：无
输入	处理	输出
部门工作人员需求计划	1. 新增招聘计划 2. 部门领导审批 3. 人事部门审批 4. 高层领导审批 5. 招聘结果审批 6. 招聘计划查询	招聘计划 已批准的招聘计划 未批准的招聘计划 新录用人员信息

(2) 处理流程图

部门首先向人事部门上报招聘人员计划，人事部门对招聘计划进行审批并送交高层领导审批，人事部门负责招聘，并将招聘过来的人员发部门审查形成新录用人员信息。招聘计划管理程序处理流程图如图 6-24 所示。

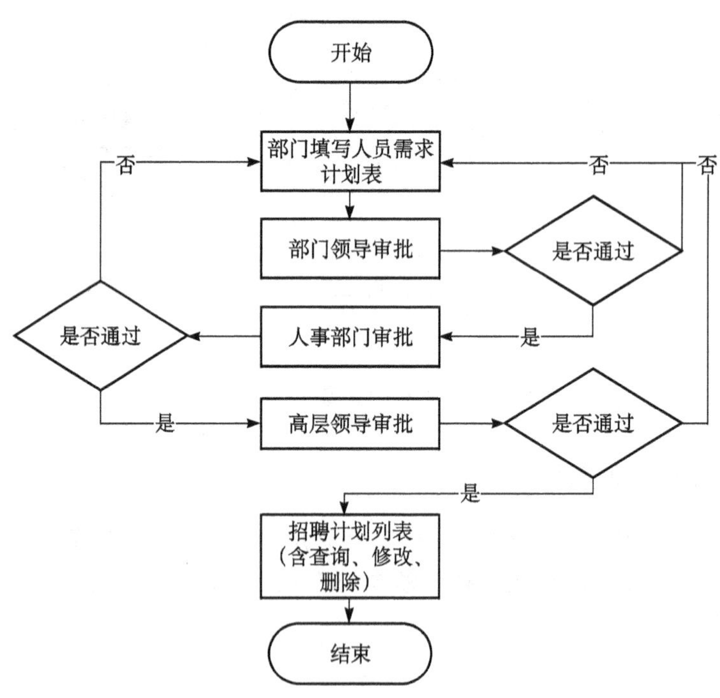

图 6-24 招聘计划管理程序处理流程图

2. 录用管理模块设计

(1) IPO 图

录用管理模块 IPO 设计如表 6-15 所示。

表 6-15　录用管理模块 IPO 设计

系统名称：东方集团人事管理系统		设计者：
模块名称：录用管理模块		日期：2013 年 1 月 5 日
上层调用模块：招聘管理		可调用模块：无
输入	处理	输出
招聘计划	1. 选择招聘计划 2. 录入拟录用人员基本信息 3. 修改拟录用人员基本信息 4. 查询考拟录用人员基本信息 5. 拟录用人员基本信息记录的分页显示 6. 部门审批 7. 高层审批 8. 录用人员信息列表	录用人员信息

（2）处理流程图

人事部门根据招聘计划，将招聘过来的人员录入到拟录用人员表中，并提交给需求部门审核，再转交给高层领导审批，形成录用人员信息表。录用人员管理处理程序处理流程图如图 6-25 所示。

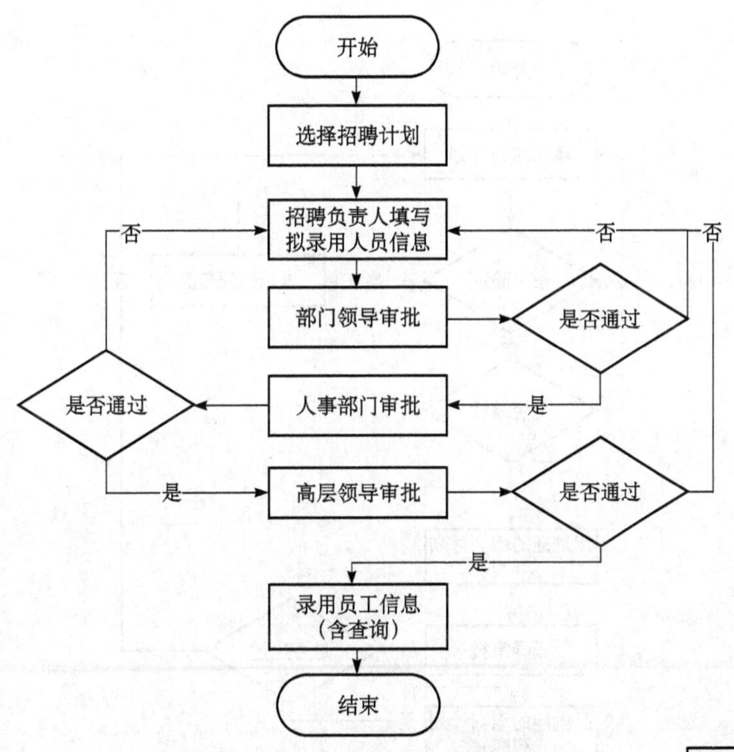

图 6-25　录用人员管理程序处理流程图

（六）培训管理模块设计

培训管理模块 HIPO 包括员工培训计划、培训报名及员工培训记录，其中培训报名是由员工自助管理完成的，其他两项由人事部门工作人员完成，其 H 图如图 6-26 所示。

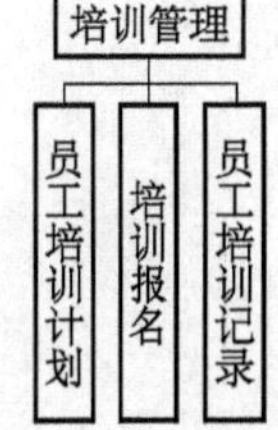

图 6-26　培训管理模块 H 图

1. 员工培训计划管理

(1) IPO 图

员工培训计划管理模块 IPO 设计如表 6-16 所示。

表 6-16 员工培训计划管理模块 IPO 设计

系统名称：东方集团人事管理系统		设计者：
模块名称：员工培训计划管理模块		日期：2013 年 1 月 5 日
上层调用模块：培训管理		可调用模块：无
输入	处理	输出
人员培训计划	1. 新增培训计划 2. 集团领导审批 3. 发布培训计划 4. 培训计划查询 5. 培训计划编辑及删除	培训计划 已批准的培训计划 未批准的培训计划

(2) 处理流程图

人事部门根据公司用人需求填写培训人员计划，并报送高层领导审批，将已批准的员工培训计划发布，集团公司员工根据实际情况填报。培训计划管理程序处理流程图如图 6-27 所示。

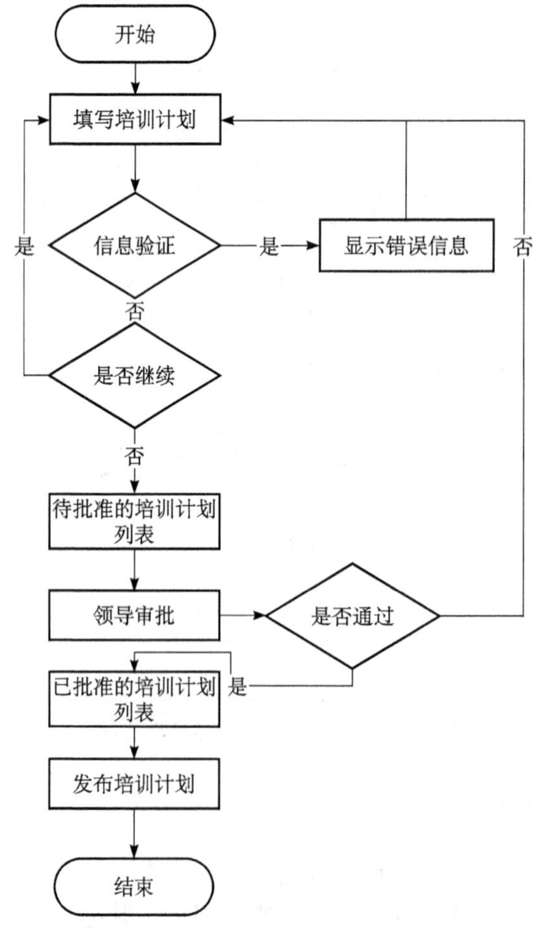

图 6-27 培训计划管理程序处理流程图

2. 培训报名模块设计

(1) IPO 图

培训报名管理模块 IPO 设计如表 6-17 所示。

表 6-17 培训报名管理模块 IPO 设计

系统名称：东方集团人事管理系统		设计者：
模块名称：培训报名管理模块		日期：2013 年 1 月 5 日
上层调用模块：培训管理		可调用模块：无
输入	处理	输出
培训计划	1. 选择培训计划 2. 录入报名人员基本信息 3. 修改报名人员基本信息 4. 查询考报名人员基本信息 5. 报名人员基本信息记录的分页显示 6. 部门审批 7. 人事部门审批 8. 已批准的培训人员信息列表	培训报名人员信息

(2) 处理流程图

集团公司各部门员工根据人事部门发布的培训计划根据实际情况填报，部门领导及人事部审批后，形成已批准的培训人员信息列表。培训报名管理程序处理流程图如图 6-28 所示。

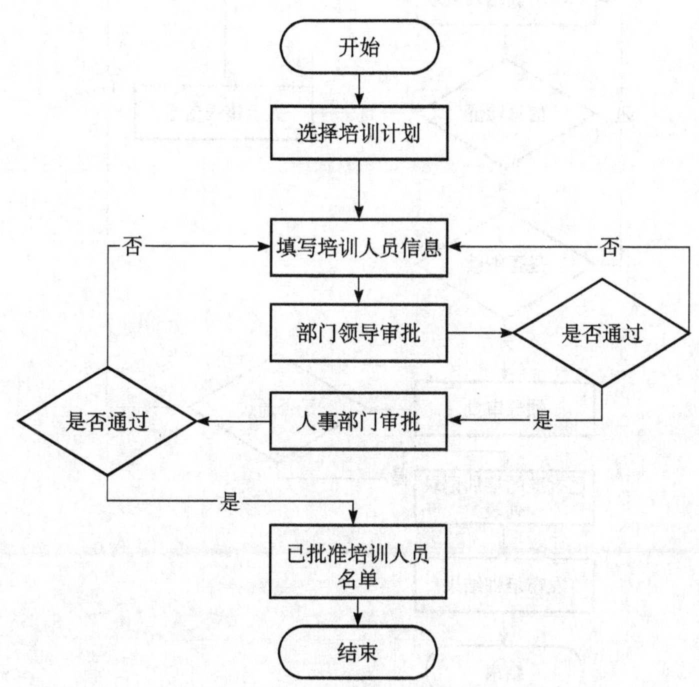

图 6-28 培训报名管理程序处理流程图

3. 员工培训记录模块设计

(1) IPO 图

员工培训记录模块 IPO 设计如表 6-18 所示。

表 6-18 员工培训记录模块 IPO 设计

系统名称：东方集团人事管理系统		设计者：
模块名称：员工培训记录模块		日期：2013 年 1 月 5 日
上层调用模块：培训管理		可调用模块：无
输入	处理	输出
已批准培训计划	1. 选择培训计划 2. 录入培训结果基本信息 3. 修改培训结果基本信息 4. 查询培训结果基本信息 5. 培训结果基本信息记录的分页显示	培训记录信息

（2）处理流程图

人事部门根据培训的培训结果录入到本模块中，主要填写培训的人员信息，培训的时间信息，培训地点信息及培训人员的成绩录入并审核。员工培训记录程序处理流程图如图 6-29 所示。

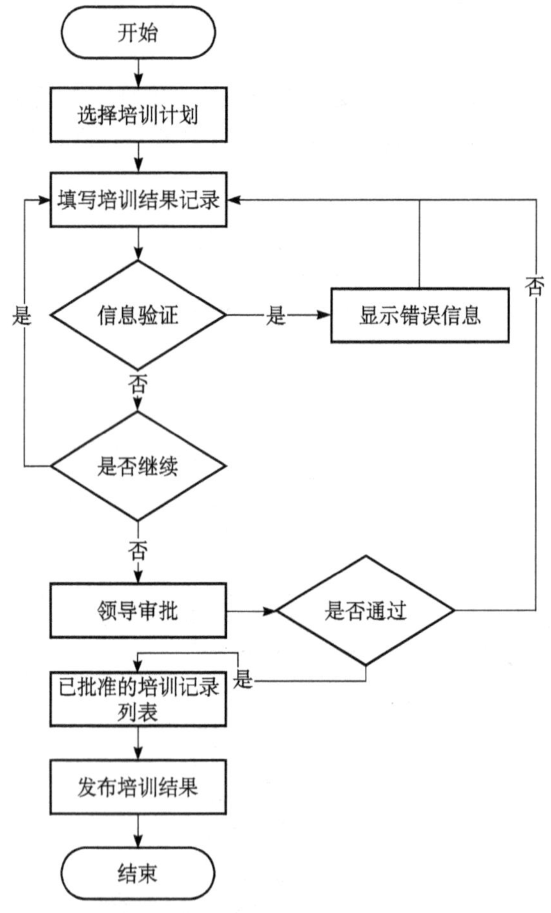

图 6-29 员工培训记录程序处理流程图

（七）考勤管理模块设计

考勤管理模块 HIPO 包括员工的考勤统计、考勤记录查询，其中考勤统计是由人事部门工作人员完成的，主要工作是把考勤机中的考勤信息导入到本模块中，再由本模块统计员工考勤情况，考勤记录查询是由集团公司其他员工自助完成的，可查询员工自己的出勤信息，其 H 图如图 6-30 所示。

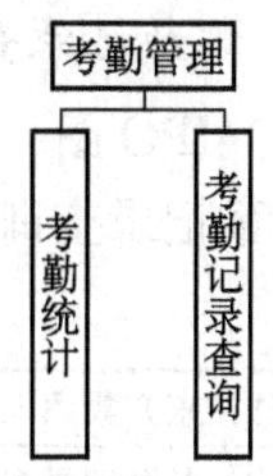

图 6-30　考勤管理模块 H 图

1. 考勤统计模块设计

(1) IPO 图

考勤统计模块 IPO 设计如表 6-19 所示。

表 6-19　考勤统计模块 IPO 设计

系统名称：东方集团人事管理系统		设计者：
模块名称：考勤统计模块		日期：2013 年 1 月 5 日
上层调用模块：考勤管理		可调用模块：无
输入	处理	输出
员工考勤 EXCEL 表	1. 新增考勤记录 2. 考勤 EXCEL 表导入 3. 考勤统计与修改 4. 考勤信息发布	员工考勤信息表

(2) 处理流程图

人事部门把考勤机中的信息读取后，生成 Excel 表，利用本模块完成 Excel 表与系统数据表对应，并匹配字段，再将考勤信息统计并发布出去，供集团公司员工查询。考勤统计程序处理流程图如图 6-31 所示。

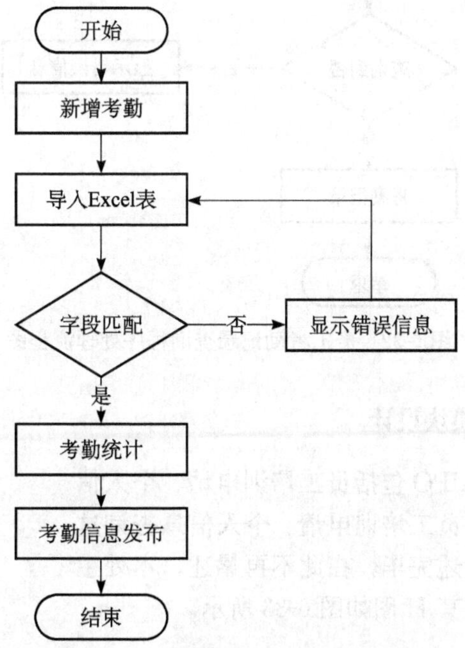

图 6-31　考勤统计程序处理流程图

2. 考勤记录查询模块设计

(1) IPO 图

考勤记录查询模块 IPO 设计如表 6-20 所示。

表 6-20　考勤记录查询模块 IPO 设计

系统名称：东方集团人事管理系统		设计者：
模块名称：考勤记录查询模块		日期：2013 年 1 月 5 日
上层调用模块：考勤管理		可调用模块：无
输入	处理	输出
员工工号 查询时间	1. 选择考勤历史时间 2. 填写并验证员工基本信息 3. 员工考勤基本信息记录的分页显示	员工考勤信息

(2) 处理流程图

各部门员工在模块中输入员工的姓名、工号等信息，再输入查询的历史时间，系统会输出查询员工的考勤记录。员工考勤记录查询程序处理流程图如图 6-32 所示。

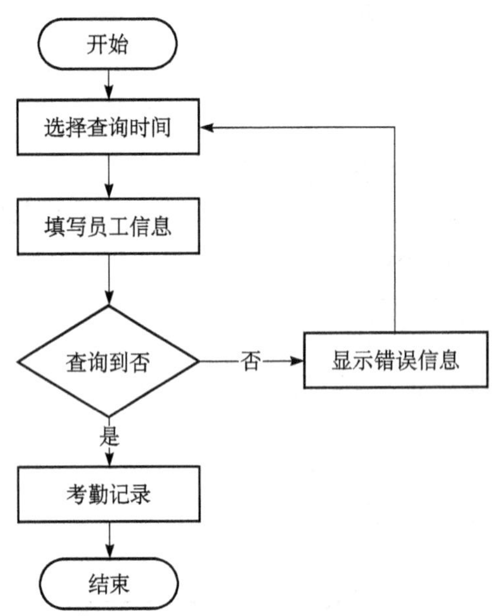

图 6-32　员工考勤记录查询程序处理流程图

(八) 员工自助管理模块设计

员工自助管理模块 HIPO 包括员工培训申请、个人信息查询及休假管理，其中员工培训申请、个人信息查询这两个模块文章前面已经论述完毕，在此不再累述，本处主要论述员工的休假管理。其 H 图如图 6-33 所示。

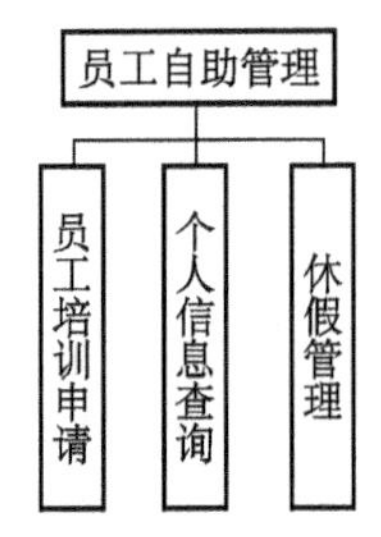

图 6-33　员工自助管理模块 H 图

(1) IPO 图

员工休假管理模块 IPO 设计如表 6-21 所示。

表 6-21　员工休假管理模块 IPO 设计

系统名称：东方集团人事管理系统		设计者：
模块名称：员工休假管理模块		日期：2013 年 1 月 5 日
上层调用模块：员工自助管理		可调用模块：无
输入	处理	输出
公司休假计划 员工个人休假计划	1. 新增休假 2. 部门领导审批 3. 人事部门审批 4. 集团领导审批 5. 休假计划信息列表	休假计划 已批准的休假计划 未批准的休假计划

(2) 处理流程图

员工根据公司的休假规定制度及个人休假计划，在本模块中填写休假计划，并报送部门领导及上级相关领导审批，最后形成个人休假计划记录。员工休假管理程序处理流程图如图 6-34 所示。

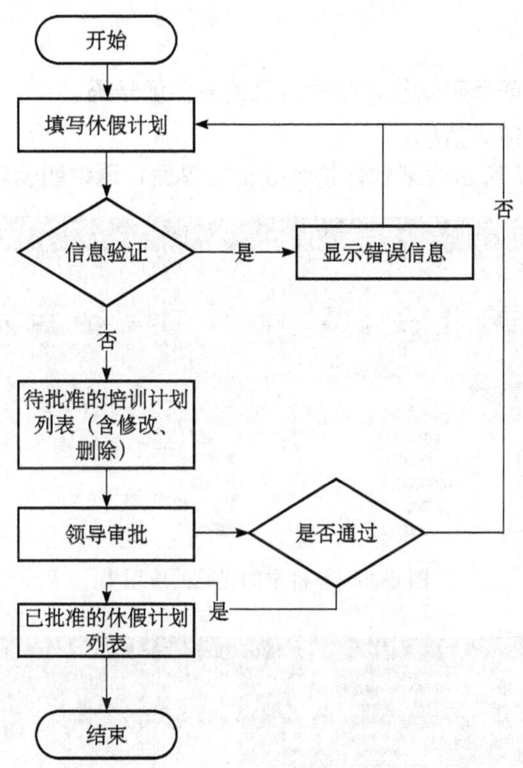

图 6-34　员工休假管理程序处理流程图

6.3　代码设计

代码是用来表示事物名称、属性和状态等的符号。在管理信息系统中，代码是人和机器的共同语言，是系统进行信息分类、校对、统计和检索的依据。代码设计就是要设计出一套能为系统各部门公用的、优化的代码系统，这是实现计算机管理的一个前提条件。例如，我国人口管理系统中的身份证代码的设计如图 6-35 所示。

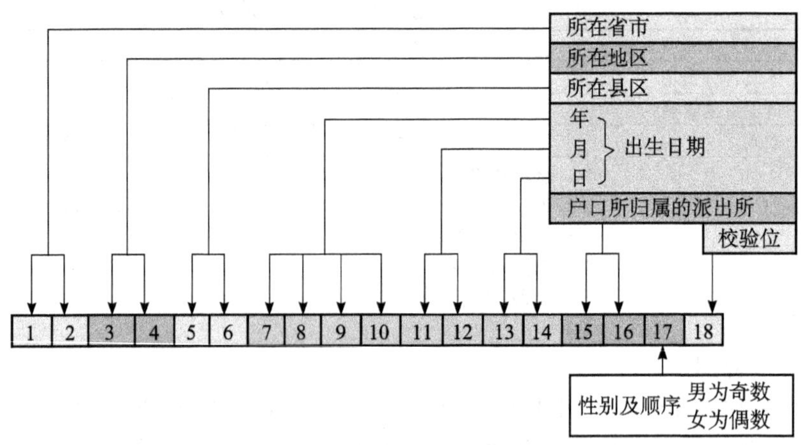

图 6-35 身份证代码结构

[**课堂练习**]

1. 请根据上述身份证号码结构，校验自己的身份证号码。
2. 说说自己的学号构成情况。
3. 图 6-36 和图 6-37 所示为某软件物料登记的界面，请说明物料编码及产品编码。

图 6-36 软件中的代码的应用 1

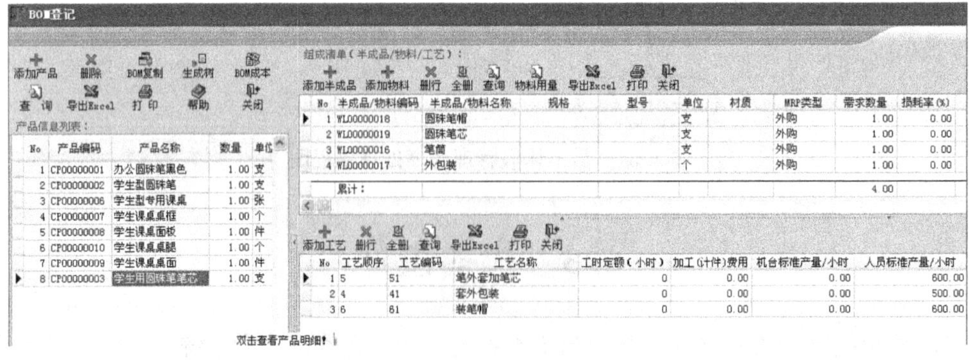

图 6-37 软件中的代码的应用 2

6.3.1　代码及其功能

要较好地实现管理信息系统，首先必须为系统中所有的实体及信息分配一个唯一且可行的标识，这个标识就是代码。

代码设计具有以下功用。

- 标识作用：唯一标识系统中的实体；
- 分类作用：进行信息分类、检索、统计的关键字；
- 排序作用：对信息进行排序时，是排序的关键字；
- 特殊含义：如技术参数、性能指标。

6.3.2　代码设计的原则

（1）具备唯一确定性。每一个代码都仅代表唯一的实体或属性。

（2）标准化与通用性。凡国家和主管部门对某些信息分类和代码有统一规定和要求的，则应采用标准形式的代码，以使其通用化。

（3）可扩充且易修改。要考虑今后的发展，为增加新代码留有余地。当某个代码在条件或代表的实体改变时，容易进行变更。

（4）短小精悍即选择最小值代码。代码的长度会影响所占据的内存空间、处理速度以及输入时的出错概率，因此要尽量短小。

（5）具有规律性，便于编码和识别。代码应具有逻辑性强，直观性好的特点，便于用户识别和记忆。

6.3.3　代码类型

1. 顺序码

用连续数字代表编码对象，通常从 1 开始编码。顺序码的一个特例是分区顺序码，它将顺序码分为若干区，例如，按 50 个号码或 100 个号码分区，并赋予每个区以特定意义。这样就可进行简单的分类，又可在每个区插入号码。例如，职工代码中，

0001 为张三，0002 为李四，0001～0009 的代码还表示为厂部人员；

⋮

1001 为王五，1002 为赵六，1001～1999 的代码还可以表示为第一车间职工。

2. 层次码

层次码也是区间码。它是代码的各数字位分成若干个区间，每一区间都规定不同的含义。因此该码中的数字和位置都具有一定意义。

例如，财务管理中的会计科目代码可写成 6110501，其意义如下：

一级科目	二级科目	三级科目
611	05	01
利润	营业外支出	劳保支出

层次码由于数字的值与位置都代表一定意义，因而检索、分类和排序都很方便，缺点是有时会造成代码过长。

3. 十进制码

这是世界各地图书馆里常用的分类法。它先把整体分成10份，进而把每一份再分成10份，这样继续不断进行分类。该分类方式对于那些事先不清楚产生什么结果的情况是十分有效的。

例如：

500 •　　自然科学
510 •　　数学
520 •　　天文学
530 •　　物理学
531 •　　机构
531 • 1　　机械
531 • 11　　杠杆和平衡

4. 助记码

将编码对象的名称、规格等作为代码的一部分，以帮助记忆。例如：

TVB14　　14寸黑白电视机
TVC20　　20寸彩色电视机
DFI1×8×20　　规格1″×8″×20″的国产热轧平板钢

助记码适用于数据项数目较少的情况，否则容易引起联想出错。

6.3.4 代码设计卡片

为了更好地管理代码，系统设计中对代码用代码设计卡片形式进行管理，如图6-38所示。

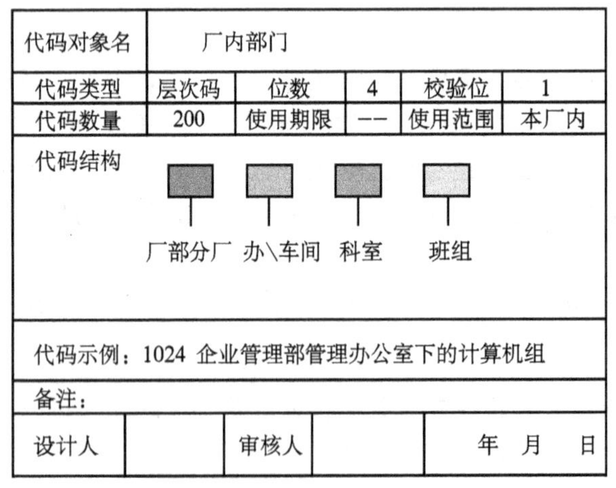

代码对象名	厂内部门				
代码类型	层次码	位数	4	校验位	1
代码数量	200	使用期限	——	使用范围	本厂内

图6-38　代码设计卡片

[课堂练习]

1. 某学院目前在校生人数为5000多人，教职工300多人，图书馆目前有图书16万多册，现要开发一套图书馆管理系统，请设计借书证的代码，并给出示例，画出代码设计卡片。

2. 登录淘宝网查看该网站上的商品号结构，并给出具体的实例并说明。

6.4　输入/输出设计

6.4.1　输出设计

输出设计时主要关心三个问题，一是输出什么，二是用什么设备输出（打印机，磁盘），三是输出格式。我国目前管理信息系统主要使用的输出方式是屏幕显示和打印机打印。磁盘或磁带则往往作为一种备份（保存）数据的手段。通常在功能选择、查询、检索信息时，采用屏幕输出方式。用屏幕输出方式的优点是实时性强，但输出的信息不能保存。打印机一般用于输出报表、发票等，这种方式输出的信息可以长期保存和传递。

6.4.2　输入设计

输入设计确定数据录入的方式，包括输入什么数据，输入方式是什么，输入的格式、校对方式、输入的设备和介质。

输入设计的原则是：易使用；减少填写量；便于阅读；易于分类、整理和装订保存。为了确保输入数据的准确性，在设计管理信息系统时还要设计输入的校验操作。一般情况下，数据出错有三种情况：一是数据内容错，这是由于原始单据有错或录入时发生错误；二是数据多余或不足，这是收集过程中发生的错误，如原始单据丢失或重复；三是数据的延误，由于输入数据迟缓导致处理推迟，不仅影响业务工作，还可能使输出结果变得无价值。

数据校验的方法很多，下面总结出一些常用的方法，用户可根据需要和条件选用。

1. 重复校验

这是将相同的内容重复执行多次，比较其结果。例如，由两个或更多操作员录入相同的数据文件，比较后找出不同之处予以纠正。

2. 视觉校验

一般在原始数据转换到介质以后执行。例如，从终端上键入数据，在屏幕上校验之后再送到计算机处理。视觉校验一般查错率可达到 75%～85%。

3. 分批汇总校验

对重要数据，如传票上的金额，其数量可以进行分批汇总校验。将原始传票按类别、日期等分成若干批，先手工计算每批总值，输入计算机后，计算机再计算总值，二者对照进行校验。

4. 控制总数校验

分批汇总校验是针对部分重要数据进行的，控制总数校验则是对所有数据项的值求和进行校验，其出错位置的确定比分批汇总校验精确。

5. 数据类型校验

这是指校验数据是数字型还是字符型，还可组合运用界限检查、逻辑检查等方法进行合理性校验。

6. 格式校验

格式校验也称错位校验。这是校验各数据项位数和位置是否合乎事先的定义。例如，若规定姓名最大位数是30位，那么第31位应为空格，否则认为数据错位。

7. 逻辑校验

逻辑校验检查数据项的值是否合乎逻辑。例如月份的值应是1～12，日期的值应是1～31。逻辑校验检查数值是否合乎业务上的要求，也称合理性校验。

8. 界限校验

界限校验指检查某项数据是否在预先指定的范围之内，它分范围校验、上限校验、下限校验三种。例如，某商品单价在50元以上，1000元以下，在此范围之外属错误。

9. 记录计数校验

这是通过记录的个数来检查数据的记录有无遗漏和重复。

10. 平衡校验

这是校验相关数据项之间是否平衡。例如，检查会计的借方与贷方、报表的小计与总计是否相符。

11. 匹配校验

匹配校验是指核对业务文件的重要代码与主文件的代码。例如，销售业务文件中的顾客账号若在顾客主文件中找不到，这就是问题。

12. 代码自身校验

在差错校验系统中，差错的纠正比校验更困难。应根据不同的情况，进行不同的纠正。原始数据的错误，应由产生该数据的部门纠正。由程序查出的错误，由于已进行运行，纠错更复杂，应根据具体业务情况，或者剔出错误数据留待纠正，先处理正确数据，或者纠正错误后再一起处理。对用于统计分析的数据，舍弃出错数据，只用正确数据处理即可。

[**课堂练习**]

1. 某信息系统要求录入用户的电子邮箱地址，为了保证用户输入的邮箱真实有效，我们如何设计校验用户输入的邮箱?

提示：邮箱校验的设计规则如下。

- 必须包含“@”符号；
- 必须包含“.”；
- “@”必须在“.”前，且中间必须包含两个以上字符；
- “.”不能在最后。

2. 请设计校验电话号码的输入规则。

6.5 数据存储设计

管理信息系统的主要任务是通过大量的数据获得管理所需要的信息，必须存储和管理大量的数据，因此数据库设计是系统设计的重要部分。数据库设计，就是根据数据的不同用途、使用要求、统计渠道、安全保密性等，来决定数据的整体组织形式、表或文件的形式，以及决定数据的结构、类别、载体、组织方式、保密等级等一系列的问题。数据库设计是管理信息系统开发和建设的重要组成部分，是系统开发与建设中的核心技术。

数据库设计包括概念数据库设计、逻辑数据库设计、物理数据库设计、数据库访问方式设计等。在设计数据库时，对现实世界进行分析、抽象并从中找出内在联系，进而确定数据库的结构，这一过程就称为数据库建模。它主要包括两部分内容：确定最基本的数据结构；对约束建模。

E-R 图是用来对数据库建模的工具，也称实体-联系图，该工具通过对实体类型、属性和联系的方法描述，达到对数据进行建模的目的。E-R 图中的基本要素有实体、属性及联系，其中联系有一对一联系（1∶1）、一对多联系（1∶N）、多对多联系（M∶N）三种关系。

任务 6-2：人事管理系统的数据库设计

［**任务描述**］

数据库是管理信息系统的基石，其数据设计的好坏直接影响管理信息系统数据存取的效率。在做系统数据库的设计过程中，首先要设计系统的 E-R 图，该图主要描述系统中各实体之间的关系，接着要根据 E-R 图设计各张数据表的结构，不同类型的数据库字段类型描述不一样，本任务以 SQL SERVER 数据库的类型为主。

［**具体操作**］

1. E-R 图的设计

浙江东方集团人力资源管理信息系统的 E-R 图如图 6-39 所示，系统的主要实体有员工基本信息、部门、用户权限、工作岗位、员工工资、人事变动、培训、奖惩及考勤等。员工基本信息的属性有职工编号、姓名、民族、性别、出生年月、身份证号码、联系电话、部门、职务、职称、到职日期、离职日期、户口所在地、现住址及照片等。

联系在图中有制订、查询、阅读、审批。其中普通员工、部门与工资单实体的关系是发起查询，领导与工资单的关系是审批，另外普通员工、部门领导、高层领导与绩效考核还有一个审批的关系。工资单与绩效考评两个实体间的关系是使用，即工资单中包括了绩效工资考核奖金。

在联系的关系上，有多对多和一对多的联系。查询是一对多的，因为一个普通员工可以发起多个查询请求；审批是多对多的，因为一个领导可以审批绩效考评数据及工资，一个部门领导也可阅读多个工资单和考评数据。

员工工资
职工编号
职工姓名
部门
职务
职称
技能
加班
考勤情况
考核等级
基本工资
加班工资
绩效工资
应发工资
社保
医保
住房公积金
税费
实发工资
培训
培训编号
培训名称
培训计划
开始日期
结束日期
培训单位
考勤
考勤id
职工姓名
考勤日期
加班
缺勤
休假
迟到
奖惩
奖惩id
职工姓名
奖励原因
奖励金额
罚款原因
罚款金额
人事变动
员工编号
员工姓名
调动日期
调动前部门
调动后部门
调动前职务
调动后职务
工作岗位
岗位id
职位名称
用户权限
权限名称
权限号
优先级
部门
部门号
部门名称
员工基本信息
职工编号
姓名
民族
性别
出生年月
身份证号码
联系电话
部门
职务
职称
到职日期
离职日期
户口所在地址
现住址
照片
创建
查询
1
N

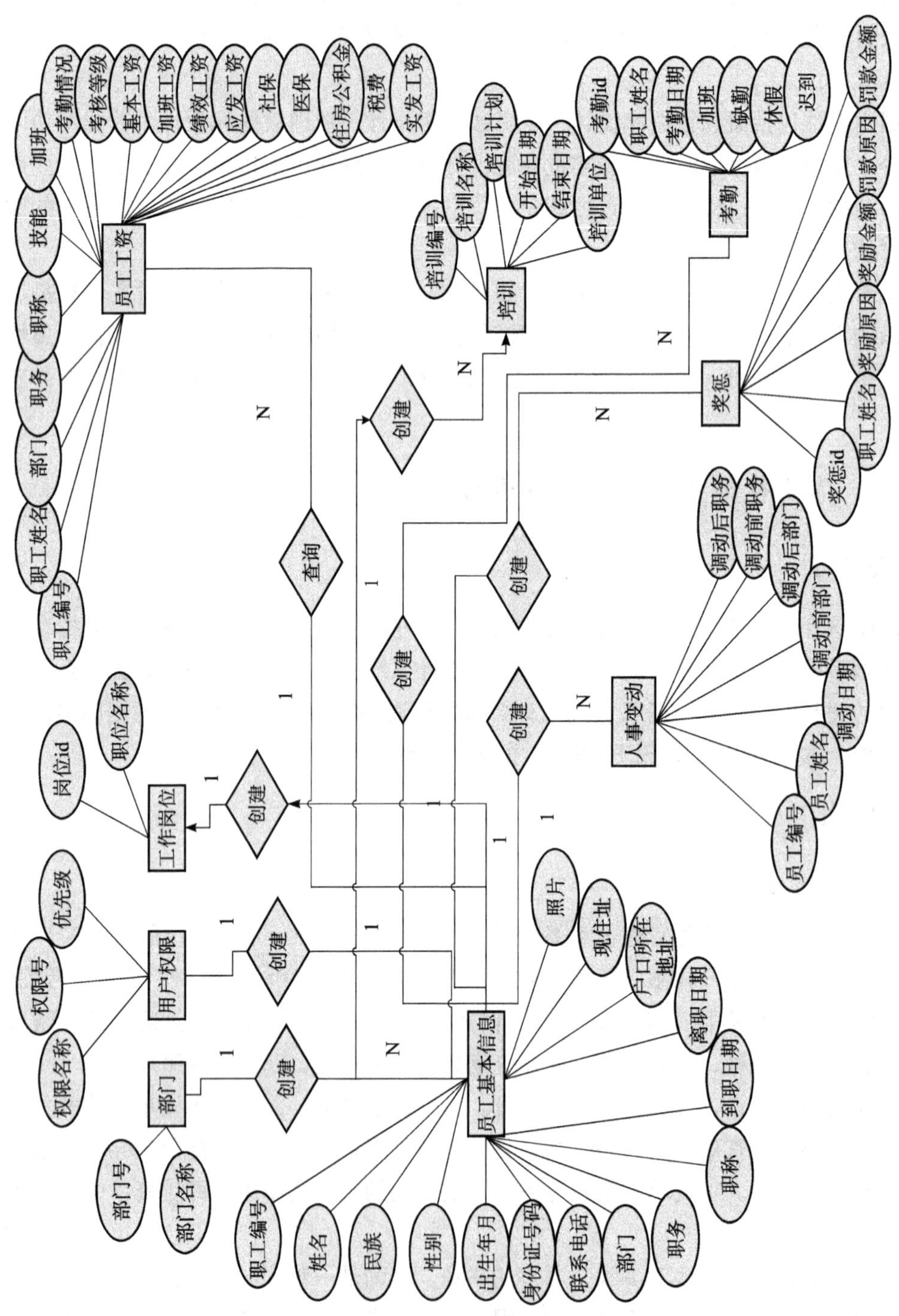

图6-39 系统E-R图

2. 数据表间的关系设计

系统主要数据表间的关系如图 6-40 所示，在员工基本信息表、员工工资表、考勤表等表中，主要以员工的编号将各表联系起来，达到数据互操作的目的，其中员工基本信息表中的 userid 是整个数据库的一个核心关键字。另外在基本数据中，岗位及职务是员工基本信息表的基础字段，通过这两个字段，让员工基本信息表、员工工资表和绩效考评表建立了联系。

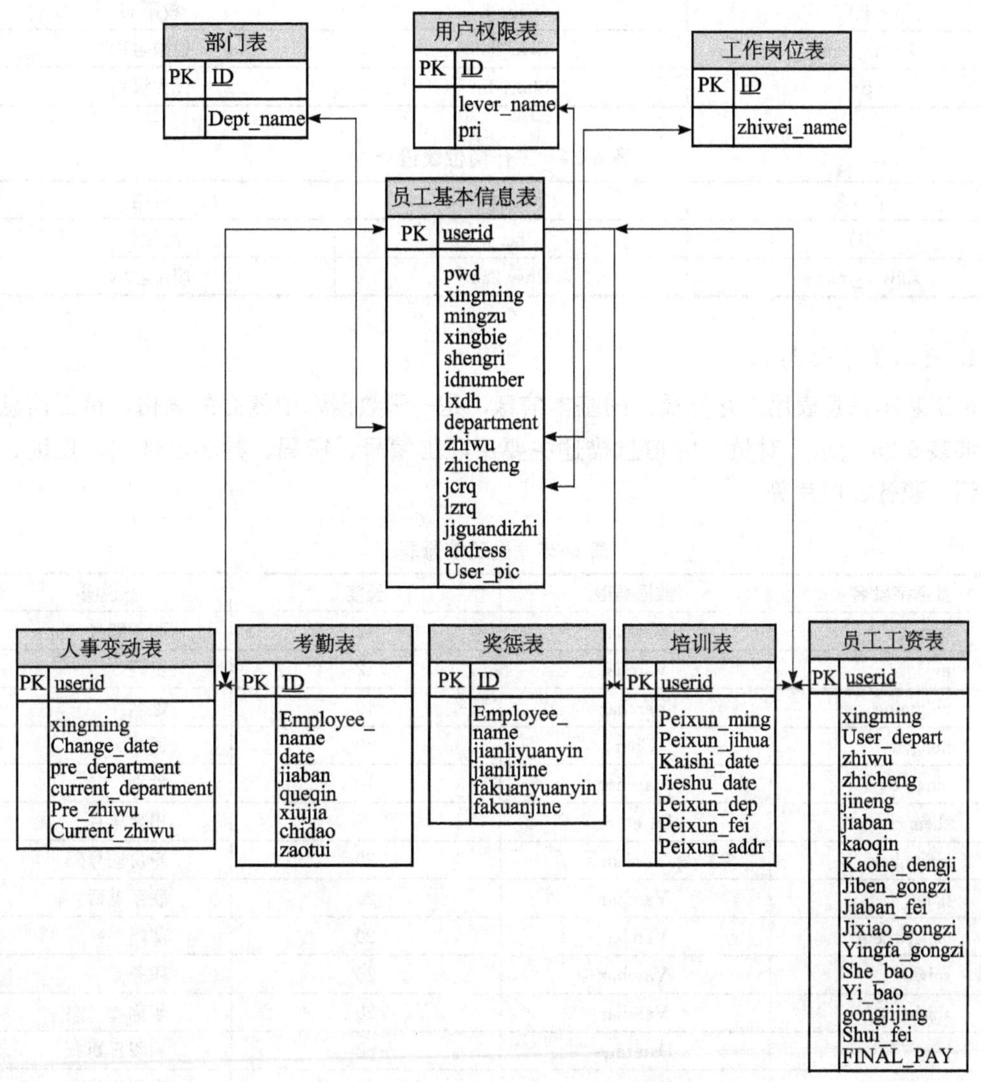

图 6-40　系统主要数据表间的关系

3. 基础数据表设计

基础资料表主要包括部门表、用户权限表和工作岗位表，相关表的设计如表 6-22、表 6-23和表 6-24 所示。

表 6-22 部门表设计

字段名	字段类型	说明
ID	Char 20	部门 id 编号
Dept _ name	Char 255	部门名称

表 6-23 用户权限表设计

字段名	字段类型	说明
ID	Char 8	权限 id
lever _ name	Char 255	权限名称
pri	Short Int	优先级别

表 6-24 工作岗位表设计

字段名	字段类型	说明
ID	Char 8	岗位 id
zhiwei _ name	Char 255	职位名称

4. 员工基本信息表

员工基本信息表用来存储员工的基本信息，是一张数据库中核心的表格，员工信息表结构如表 6-25 所示，对员工的信息描述主要用职工编号、密码、姓名、性别、住址、联系电话、职务、照片等。

表 6-25 员工信息表

数据字段名	数据类型	长度	说明
userid	Varchar	12	职工编号
pwd	Varchar	12	密码
xingming	Varchar	10	姓名
mingzu	Char	30	民族
xingbie	Varchar	10	性别
shengri	Datetime	8	出生年月
idnumber	Varchar	20	身份证号码
lxdh	Varchar	20	联系电话
department	Varchar	20	部门
zhiwu	Varchar	20	职务
zhicheng	Varchar	20	职称
jcrq	Datetime	8	到职日期
lzrq	Datetime	8	离职日期
jiguandizhi	Varchar	100	户口所在地址
address	Varchar	100	住址
User _ pic	Varchar	100	照片

5. 人事变动表设计

人事变动表用来存储员工工作上的变动信息，如表 6-26 所示，该表用变动日期、调动前后部门，调动前后职务等字段来描述。

表 6-26　人事变动

数据字段名	数据类型	长度	说明
userid	Int	12	员工编号
xingming	Varchar	10	员工姓名
Change _ date	Datetime	8	调动日期
pre _ department	Varchar	20	调动前部门
current _ department	Varchar	20	调动后部门
Pre _ zhiwu	Varchar	20	调动前职务
Current _ zhiwu	Varchar	20	调动后职务

6. 考勤表设计

考勤表是存储员工的历史和当月考勤信息，如考勤日期、加班、缺勤、休假、迟到、早退等。考勤表结构的设计如表 6-27 所示。

表 6-27　考勤表设计

字段名	字段类型	说明
ID	Char 8	考勤 id
Employee _ name	Char 255	职工姓名
date	日期时间	考勤日期
jiaban	Char 255	加班
queqin	Char 255	缺勤
xiujia	Char 255	休假
chidao	Char 255	迟到
zaotui	Char 255	早退

7. 奖惩表设计

奖惩表用来存储员工的奖惩信息，表的结构设计如表 6-28 所示，该表的主要字段结构有奖惩 id、奖励原因、奖励金额等。

表 6-28　奖惩表设计

字段名	字段类型	说明
ID	Char 8	奖惩 id
Employee _ name	Char 255	职工姓名
jiangliyuanyin	Char 255	奖励原因
jianglijine	Char 255	奖励金额
fakuanyuanyin	Char 255	罚款原因
fakuanjine	Char 255	罚款金额

8. 培训表设计

培训表用于存储公司对员工培训的信息，培训表的结构设计如表 6-29 所示，该表主要用培训计划、培训日期等字段进行描述。

表 6-29　培训表的结构设计

字段名	类型	长度	说明
userid	Varchar	12	员工编号
Peixun _ ming	Varchar	20	培训名称
Peixun _ jihua	Varchar	20	培训计划
Kaishi _ date	Datetime	8	开始日期
Jieshu _ date	Datetime	8	结束日期
Peixun _ dep	Varchar	20	培训单位
Peixun _ fei	Float	8	培训费用
Peixun _ addr	Varchar	20	培训地点

9. 员工工资表设计

员工工资表用来存储公司员工的工资信息，如历史的工资信息和当月工资情况，员工工资表的结构设计如表 6-30 所示。该表用基本工资、绩效工资、实发工资等字段对员工的工资进行描述。

表 6-30　员工工资表的结构设计

数据字段名	数据类型	长度	说明
userid	Varchar	12	员工编号
xingming	Varchar	10	职工姓名
User _ depart	Varchar	20	部门
zhiwu	Varchar	20	职务
zhicheng	Varchar	20	职称
jineng	Varchar	50	技能
jiaban	Varchar	50	加班
kaoqin	Varchar	50	考勤情况
Kaohe _ dengji	Char	10	考核等级
Jiben _ gongzi	Float	8	基本工资
Jiaban _ fei	Float	8	加班工资
Jixiao _ gongzi	Float	8	绩效工资
Yingfa _ gongzi	Float	8	应发工资
She _ bao	Float	8	社保
Yi _ bao	Float	8	医保
gongjijin	Float	8	住房公积金
Shui _ fei	Float	8	税费
FINAL _ PAY	Float	8	实发工资

第 7 章　管理信息系统的程序设计与系统测试

本章要点：

- 程序设计方法与规范
- 程序设计的风格
- 系统测试方法与测试用例的编写
- 新旧系统的切换方法
- 系统帮助文件的编写

7.1　程序设计方法与规范

7.1.1　制定开发规范

开发管理信息系统软件，特别是开发大型的管理信息系统软件是一项浩大的工程，需要十几个人、几十个人甚至更多的人合作开发几个月、十几个月甚至几年。要保证系统的协调性、统一性和连续性，就需要在开发之前制定严格、详细的开发规范。

开发规范的内容主要包括系统设计规范、程序开发规范和项目管理规范等。系统设计规范规定字段、数据库、程序和文档的命名规则，应用界面的标准和风格，各类报表的输出格式等。程序开发规范对应用程序进行分类，如可将程序分成代码维护类、业务处理类、业务查询类和统计报表类，并给出各类应用程序的标准程序流程，有必要时可编制出标准程序。项目管理规范规定项目组中各类开发人员的职责和权力，开发过程中各类问题（如设计问题、程序问题等）的处理规范和修改规则，开发工作的总体进度安排和奖惩措施等。

开发规范在项目开发工作中起着事前约定的作用，需要所有开发人员共同遵守。它约束开发人员的行为和设计、编程风格，使不同子系统和模块的设计、编程人员达成默契，以便形成整个系统的步调和谐和风格统一，也便于今后的系统维护和扩展工作。

7.1.2　程序设计方法

开发管理信息系统软件最终的目的是要用户使用。因此在程序设计时必须立足于操作简单、实用，并真正能为用户解决实际的业务问题。不能因为怕编程麻烦而将程序功能设计得过于简陋。

为方便用户使用，编写应用程序中代码时要注意以下这些功能。

1. 提示功能

屏幕上的代码信息（如客户代码、科目代码等）要有提示操作，使用户不必记忆很多的代码，以减少和避免输入错误。用户输入数据时，可用提示指明正确的输入格式和边界数值。对于有限可数的输入数据，应提供输入选择菜单。为节省窗口空间，提示信息及选择菜单宜采用弹出式菜单实现。

2. 操作确认

对于一些不可恢复的操作（如记录删除等）应有操作确认，以避免误操作。对输入、查询、修改和删除等设置不同的操作控制权限，减少误操作发生的机会。在每个操作点向用户指出应使用的正确操作，但同时也能识别其他可能发生的任何操作，当误操作发生时能以闪烁或发声等明显方式提醒用户改正。

3. 数据校验

对于一些有限制条件的输入信息，可以自动校验其正确性，避免错误数据进入系统。以适当的方式对输入数据进行检查，确认每个数据的合理性和有效性。例如进行范围检查、格式检查等，对于一些虽然合法但不太常见的数据，应作出提醒。

4. 系统恢复

用户无意中进行了错误操作，应能有相应的处理程序挽回错误。为此必须通过防错性设计，使企业管理信息系统具备有效的故障恢复机制，以便在出现误改、误删、死机或突然关机等错误时，能够恢复全部或大部分数据。例如，修改、删除等操作的恢复可以通过建立系统运行日志和数据副本来实现。而为了避免因死机、病毒或突然关机造成数据丢失，系统应提供定时自动存盘的功能，可由用户根据需要设定自动存盘的时间间隔。

5. 默认赋值

对于一些常用信息可以设置默认值，使用户不必每次都输入这些信息。这样可有效预防和减少输入数据的出错，减轻输入数据的工作量。

6. 数据备份

用户可以备份一条或多条已存在的数据记录，并可修改备份结果，形成新的数据记录。同时设计较完备的数据备份和系统重组机制，以便在硬盘损坏、人为或病毒破坏时能恢复或重组系统。备份功能中可提供完全备份、增加备份、差别备份和压缩备份等选择。

7.2 程序设计的风格

7.2.1 程序的可读性

程序的可读性对于软件，尤其是对软件的质量有重要影响，因此在程序设计过程中应当充分重视。为了提高程序的可读性，在程序设计风格方面应注意以下几点。

1. 适当的程序注释

程序中适当地加上注释后，可以使程序成为一篇“自我解释”的文章，读程序时就不必翻阅其他说明材料了。注释原则上可以出现在程序中的任何位置，但是如果使注释和程序的结构配合起来则效果更好。注释一般分为两类：序言性注释和描述性注释。序言性注释出现在模块的首部，内容包括：模块功能说明；界面描述（如调用语句格式、所有参数的解释和该模块需调用的模块名等）；某些重要变量的使用、限制；开发信息如作者、复查日期、修改日期等。描述性注释嵌在程序之中，用来说明程序段的功能或数据的状态。

书写注释时应注意以下方面：

- 注释应和程序一致，修改程序时应同时修改注释，否则会起反作用，使人更难明白；
- 注释应提供一些程序本身难以表达的信息；
- 为了方便用户今后维护，注释应尽量多用汉字。

2. 有规律的程序书写格式

恰当的书写格式将有助于阅读，在结构化程序设计中一般采用所谓“缩排法”来写程序，即把同一层次的语句行左端对齐，而下一层的语句则向右边缩进若干格再书写，它能体现程序逻辑结构的深度。此外，在程序段与段之间安排空白行，也有助于阅读。

3. 恰当选择变量名

理解程序中每个变量的含义是理解程序的关键，所以变量的名字应该适当选取，使其直观，易于理解和记忆。例如采用有实际意义的变量名、不用过于相似的变量名、同一变量名不要具有多种意义。此外，在编程前最好能对变量名的选取约定统一标准，以后阅读理解就会方便得多。

变量命名示例如下。

图书分类：Book_type_id，book_type_name

图书：Book_id，book_name，book_type_id，…

读者分类：Reader_type_id，reader_type_name

读者：Reader_id，reader_name，reader_type_id，…

借阅：Borrow_id，book_id，reader_id，borrow_time，return_time()，…

7.2.2 衡量编程工作指标

1. 正确

正确是程序质量的前提，是指程序在正常情况下能正确完成系统所规定的全部功能。

2. 可靠性

可靠性包括安全性和健壮性，是指无论程序在怎样的条件与环境下运行都不易被干扰破坏并能实现期望的结果。对于合理的输入，系统能给出正确的结果；对于不合理的输入，程序应能检查出错误并提示操作者修改，否则不给以接受和拒绝处理。一个健壮的程序在遇到意外情况时能作出反应，有效控制事故的蔓延，防止信息丢失，避免灾难性后果发生并能较快地恢复系统的运行。

健壮性还指程序对环境变化的适应能力。因为企业在使用系统的过程中，系统环境经常会发生改变，如上级对某报表的调整，健壮的程序只需做一些局部调整即能适应变化而继续运行，不会因偶然的干扰或差错（如误操作）而中断程序运行。

3. 容易使用

容易使用意味着容易测试和容易维护。因此要求程序简单明了、结构清晰、层次分明、容易理解、资料完整。在系统设计中要强调结构化（模块化）设计，它给系统的可维护性奠定了基础，在编码阶段还要继续贯彻这项原则，这样结构化程序才容易理解、修改、测试、扩充和移植，也才能便于应用和推广，具有强的生命力。当然，在结构化和资料齐全的前提下也应提高程序运行的效率。

任务 7-1：高质量程序编写案例

[任务描述]

用户从表单中输入两个数，比较其大小，并将两个数位置交换。请在 VB 下用模块化设计方法实现上述程序功能。

模块 1：比较大小（compare（x1，x2）），输出大小结果。

模块 2：位置交换（swap（x1，x2）），输出交换后的结果。

要求：程序模块要有详细注释，且可读性好，格式较好。

[具体操作]

编写程序示例如下。

1. 比较大小函数 compare

```
'*******************************************************
函数名:compare
参数说明:x1 是用户从第一个文本框中输入的数,x2 是用户从第二个文本框中输入的数
函数功能:比较两个数的大小,并以消息提示用户
变量说明:定义局部变量 first 和 second 用来接收 x1 和 x2
创建日期:
修改日期:
修改说明:
'*******************************************************
Public function compare(x1,x2)
Dim first,second
First = x1
Second = x2
If first>second then
Msgbox"第一个数大"
Else
Msgbox"第二个数大"
End if
End function
```

2. 位置交换函数 swap

```
'*******************************************************
函数名:swap
参数说明:x1 是用户从第一个文本框中输入的数,x2 是用户从第二个文本框中输入的数
函数功能:将用户输入的两个数位置交换
变量说明:定义局部变量 first 和 second 用来接收 x1 和 x2,third 是中间变量
创建日期:
修改日期:
```

```
修改说明:
'*********************************************************
Public function swap(x1,x2)
Dim first,second,third
First = x1
Second = x2
Third = x1
First = x2
Second = third
Msgbox"交换成功,第一个数是"&first&"第二个数是"&second
End function
```

7.3　系统测试

7.3.1　系统测试的基本原则

（1）测试程序应该由“输入数据”和“预期的输出结果”组成。这就是说，在执行程序之前应该对期望的输出有很明确的描述，调试后可将程序的输出同它仔细对照检查。若不事先确定预期的输出，这可能把似乎是正确而实际是错误的结果当成是正确结果。

（2）不仅要选用合理的输入数据进行调试，还应选用不合理的甚至错误的输入数据。许多人往往只注意前者而忽略了后一种情况，为了提高程序的可靠性，应认真组织一些异常数据进行调试，并仔细观察和分析系统的反应。

（3）除了检查程序是否做了它应该做的工作，还应检查程序是否做了它不该做的事情。例如除了检查工资管理程序是否为每个职工正确地产生了一份工资单以外，还应检查它是否还产生了多余的工资单。

（4）应该长期保留所有的调试用例，直至该系统被废弃不用为止。在管理信息系统的调试中，设计调试用例是很费时的，如果将用过的例子丢弃了，以后一旦需要再调试有关的部分时（例如技术鉴定系统维护等场合）就需要再花很多人工。通常，人们往往懒得再次认真地设计调试用例，因而下次调试时很少有初次时那样全面。如果将所有调试用例作为系统的一部分保存下来，就可以避免这种情况的发生。

7.3.2　系统测试方法

系统测试包括三方面，即设计“测试用例”、执行被测程序和分析执行结果并发现错误。设计测试用例是开始程序测试的第一步，也是有效完成测试工作的关键。按照在设计测试用例时是否涉及程序的内部结构，可以分为白盒测试和黑盒测试两种方法。

白盒测试时，测试者对被测试程序的内部结构是清楚的。从程序的逻辑结构入手，按照一定的原则来设计测试用例，设定测试数据。由于被测程序的结构对测试者是透明的，因此有些书本又称这类测试为玻璃盒测试或结构测试。

黑盒测试的情况正好相反。此时，测试者把被测程序看成一个黑盒，完全用不着关心程序的内部结构。设计测试用例时，仅以程序的外部功能为根据。一方面检查程序能否完成一切应做的事情，另一方面要考察它能否拒绝一切不应该做的事情。由于黑盒测试着重于检查程序的功能，所以也称为功能测试。

任务 7-2：设计测试用例

[**任务描述**]

某城市的电话号码由三部分组成。这三部分的名称和内容分别是地区码（空白或三位数字）；前缀（非“0”或“1”开头的三位数）；后缀（四位数字）。假定被调试的程序能接受一切符合上述规定的电话号码，拒绝所有不符合规定的号码，请根据上述规则设计出测试用例。

[**具体操作**]

1. 测试用例类别划分

本例中的测试用例可划分为 4 个有效等价类，11 个无效等价类。表 7-1 列出了划分的结果，电话号码程序的等价划分。在每一等价类之后加有编号，以便识别。

表 7-1 电话号码程序的等价划分

输入条件	有效等价类	无效等价类
地区码	空白（1），3 位数字（2）	有非数字字符（5），少于 3 位数字（6），多于三位数字（7）
前缀	从 200 到 999 之间的 3 位数字（3）	有非数字字符（8），起始位为“0”（9），起始位为“1”（10），少于 3 位数字（11），多于 3 位数字（12）
后缀	4 位数字（4）	有非数字字符（13），少于 4 位数字（14），多于 4 位数字（15）

2. 确定调试用例

表 7-2 中有 4 个有效等价类，可以公用以下两个次数用例，调试数据范围期望结果。

表 7-2 电话号码程序的测试用例设计

调试数据	范围	期望结果
() 276－2345	有效等价类（1），（3），（4）	有效
(635) 805－9321	有效等价类（2），（3），（4）	有效
(20A) 123－4567	无效等价类（5）	无效
(33) 234－5678	无效等价类（6）	无效
(6666) 345－6789	无效等价类（7）	无效
(777) 34A－6789	无效等价类（8）	无效
(234) 045－6789	无效等价类（9）	无效
(777) 145－6789	无效等价类（10）	无效
(777) 34－6789	无效等价类（11）	无效
(777) 2345－6789	无效等价类（12）	无效
(777) 345－678A	无效等价类（13）	无效
(777) 345－678	无效等价类（14）	无效
(777) 345－56789	无效等价类（15）	无效

7.4　系统切换

系统切换是指从一种处理方法改变到另一种处理方法的过程。用计算机辅助的企业管理信息系统一般都是在现行的手工管理系统基础上建立起来的，因此必须协调新旧系统之间的关系，否则将造成紊乱与中断，损害经济效益。

7.4.1　系统切换的主要工作

1. 数据准备

新系统运行前要进行数据准备。准备系统基础数据所需要的时间，很大程度上根据系统切换的类型来确定。对已有的计算机系统上的文件转换可通过合并和更新来增添和扩展文件。将手工处理的数据录入到计算机系统的外存上是最费时间的转换。若是将一个普通的数据文件转换到数据库中去往往需要改组或重建文件，较为费时。

2. 系统文档准备

系统调试完以后应有详细的说明文档供人阅读。该文档应使用通用的语言说明系统各部分如何工作、维护和修改。系统说明文件大致可分以下三类。

(1) 系统一般性说明文件

用户手册：给用户介绍系统全面情况，包括目标和有关人员情况。

系统规程：为系统的操作和编程等人员提供的总的规程，包括计算机操作规程、监理规程、编程规程和技术标准。

特殊说明：随着外部环境的变化而使系统作出相应调整等，这些是不断进行补充和发表的。

(2) 系统开发报告

系统分析说明书：包括系统分析建议和系统分析执行报告。

系统设计说明书：涉及输入、输出、数据库组织、处理程序、系统监控等方面。

系统实施说明：主要涉及系统分调、总调过程中某些重要问题的回顾和说明；人员培训、系统切换的计划及执行情况。

(3) 系统说明书

系统说明书中应包括：

- 整个系统程序包的说明；
- 系统的计算机系统流程图和程序流程图；
- 作业控制语句说明；
- 程序清单；
- 程序实验过程说明；
- 输入/输出样本；
- 程序所有检测点设置说明；
- 各个操作指令、控制台指令；
- 操作人员指示书；
- 修改程序的手续，包括要求填表的手续和样单。

(4) 操作说明书

操作说明书中应包括

- 系统规程：系统总的规程，包括系统技术标准、编程、操作规程、监理规程等；
- 操作说明：系统的操作顺序，各种参数输入条件，数据的备份和恢复操作方法以及系统维护的有关注意事项。

3. 人员培训

为了使新系统能够按预期目标正常运行，对用户人员进行必要的培训是在系统切换之前不可忽视的一项工作。管理信息系统是一个人机系统，它的正常运行需要很多人参加工作，将有许多人承担系统所需输入信息的人工处理过程，以及计算机操作过程。这些人通常来自现行系统，他们熟悉或精通原来的人工处理过程，但缺乏计算机处理的有关知识，为了保证新系统的顺利使用，必须提前培训有关人员。

7.4.2 系统切换的方式

为了保证原有系统有条不紊的、顺利转移到新系统，在系统切换前应仔细拟订方案和措施，确定具体的步骤。系统的切换方式通常有三种，如图 7-1 所示。

1. 直接切换方式

直接切换方式就是在原有系统停止运行的某一时刻，新系统立即投入运行，中间没有过渡阶段。采用这种方式时，人力和费用最省，使用与新系统不太复杂或原有系统完全不能使用的场合，但新系统在切换之前必须经过详细调试并经严格测试。同时，切换时应做好准备，万一新系统不能达到预期目的时，须采取相应措施。直接切换的示意图如图 7-1 (a) 所示。

2. 平行切换方式

平行切换方式就是新系统和原系统平行工作一段时间，经过这段时间的试运行后，再用新系统正式替换下原有系统。在平行工作期间，手工处理和计算机处理系统并存，一旦新系统有问题就可以暂时停止而不会影响原有系统的正常工作。切换过程如图 7-1 (b) 所示。

平行切换方式通常可分两步走。首先以原有系统的作业为正式作业，新系统的处理结果作为胶合用，直至最后原有系统退出运行。根据系统的复杂程度和规模大小不同，平行运行的时间一般可在 2～3 个月到 1 年之间。采用平行切换方式的风险较小，在切换期间还可同时比较新旧两个系统的性能，并让系统操作员和其他有关人员得到全面培训。因此，对于一些较大的管理信息系统，平行切换方式是一种最常用的切换方式。由于在平行运行期间，要两套班子或两种处理方式同时并存，因而人力和费用消耗较大，这就要做好计划并加强管理。

3. 分段切换方式

分段切换方式是上述两种方式的结合，采取分期分批逐步切换，如图 7-1 (c) 所示。一般比较大的系统采用这种方式较为适宜，它能保证平稳运行，费用也不太大。采用分段切换方式时，各自系统的切换次序及切换的具体步骤，均应根据具体情况灵活考虑。通常可采用如下策略：

(1) 按功能分阶段逐步切换。首先确定该系统中的一个主要的业务功能，如财务管理率先投入使用，在该功能运行正常后再逐步增加其他功能。

（2）按部门分阶段逐步切换。先选择系统中的一个合适的部门，在该部门中设置终端，获得成功后再逐步扩大到其他部门。这个首先设置终端的部门可以是业务量较少的，这样比较安全可靠，也可以是业务最繁忙的，这样见效大，但风险也大。

（3）按机器设备分阶段逐步切换。先从简单的设备开始切换，在推广到整个系统。例如对于联机系统，可先用单机进行批处理，然后用终端实现联机系统。对于分布式系统，可以先用两台微机联网，以后再逐步扩大范围，最终实现分布式系统。

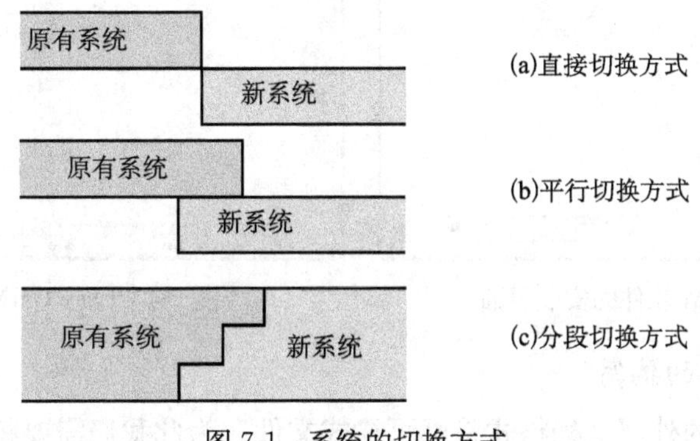

图 7-1　系统的切换方式

用户操作手册模板可参见附录 B。

任务 7-3：系统帮助文件的编写

[任务描述]

管理信息系统开发完成后，为了方便用户学习和使用，开发者往往要为系统编写一套帮助文档，并附在软件中，用户可通过该文档获得帮助。某软件的帮助文档如图 7-2 所示。下面通过一个任务来学习如何编写软件的帮助文档。

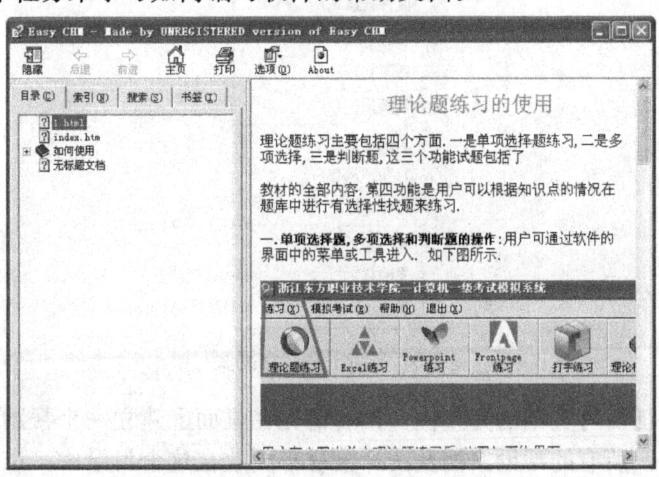

图 7-2　用户操作手册

[具体操作]

1. Easy CHM 软件的安装

请读者到网上下载试用版 echmsetup. EXE，双击安装软件。安装界面如图 7-3 所示，安装完成后，系统的主界面如图 7-4 所示。

图 7-3　Easy CHM 软件的安装界面

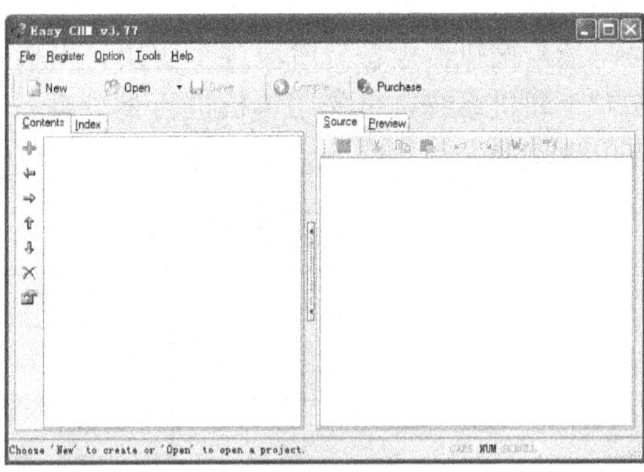

图 7-4　Easy CHM 软件主界面

2. 帮助文档内容的编写

Easy CHM 默认的外部文档格式是网页格式文件，为此我们需要将帮助文档的内容编写成网页格式（*.htm）。编写 HTML 文件比较简单，用户可把帮助文件的内容编写在 Word 文件中，然后保存为网页，如图 7-5 所示。

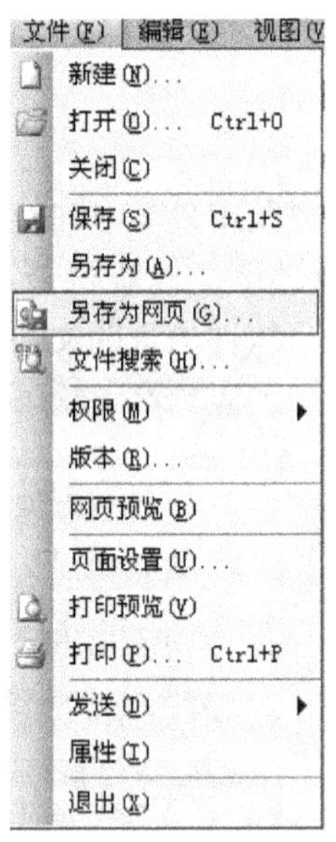

图 7-5　Word 保存为网页

注意：为了保证所有文档的完整性，读者请先在桌面上建立一个帮助文档的目录，用户可自定义目录名，所有的帮助文档及图片素材都要放在这个目录中，该目录就相当于网站的站点。

（1）关于软件帮助文档的编写

帮助文档的首页如图 7-6 所示，（素材可到华信资源教育网 http://www.hxedu.com.cn 下载）读者可先在 Word 下编辑，然后通过“另存为网页”的方法设置成网页形式。

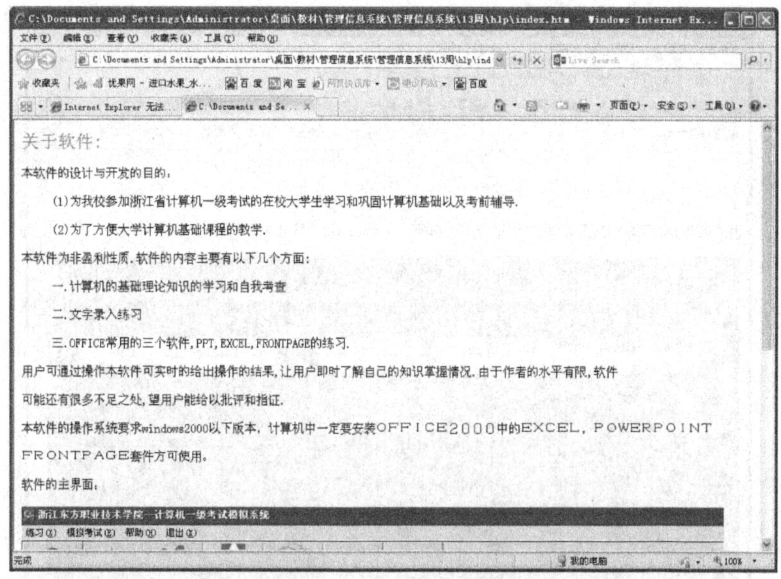

图 7-6　帮助文档的首页

（2）其他帮助文档的编写

按照同样的方法编写软件的其他的操作功能介绍，如图 7-7～图 7-11 所示。

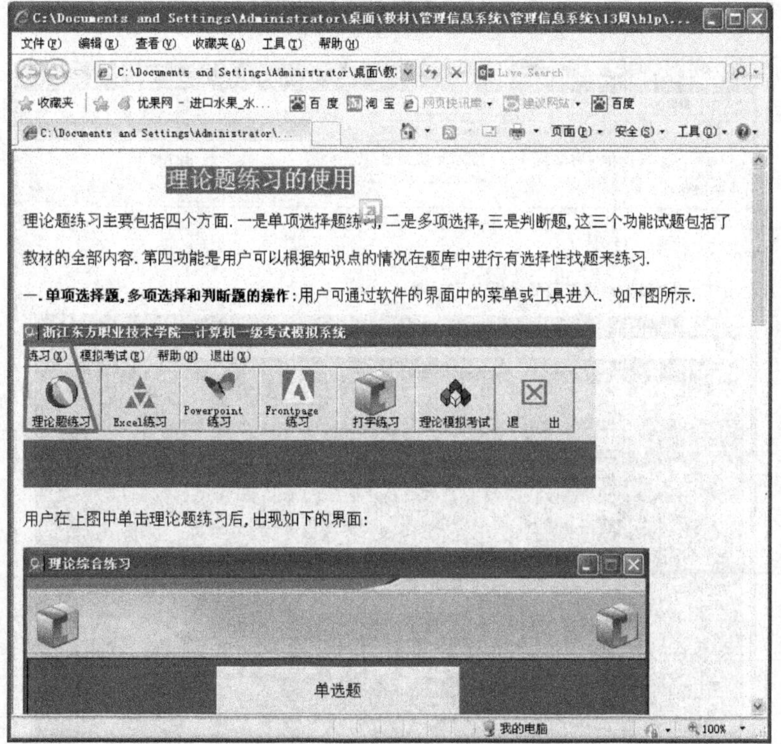

图 7-7　理论题练习的使用

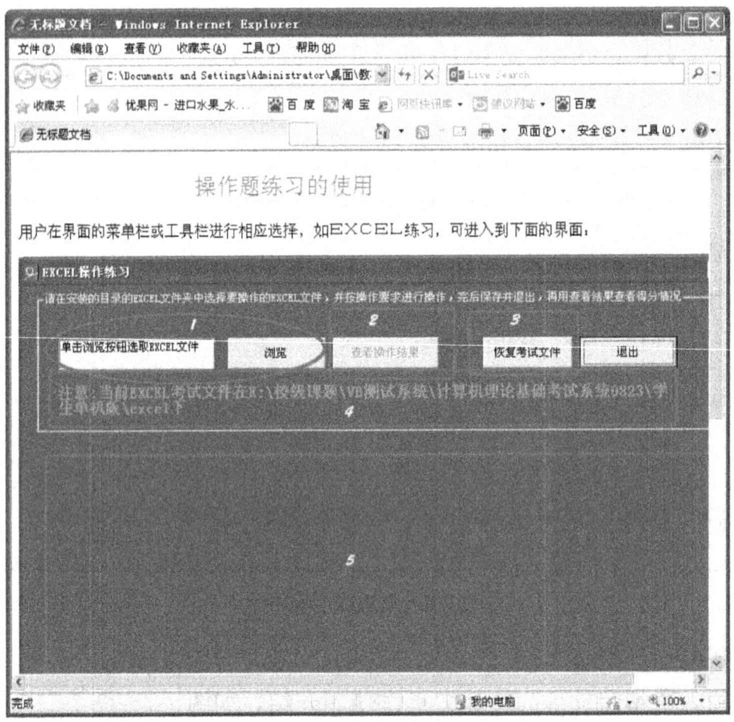

图 7-8 操作题练习的使用

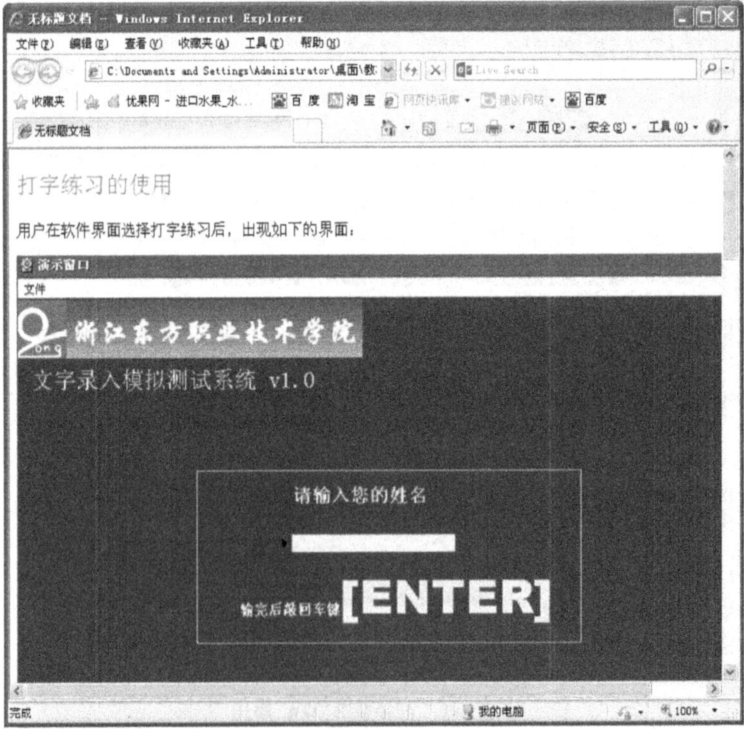

图 7-9 打字练习的使用

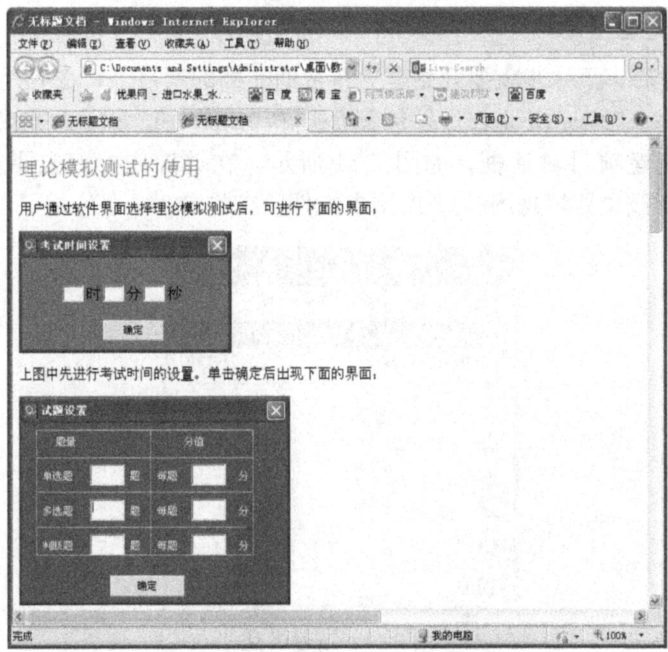

图 7-10　理论模拟测试的使用 1

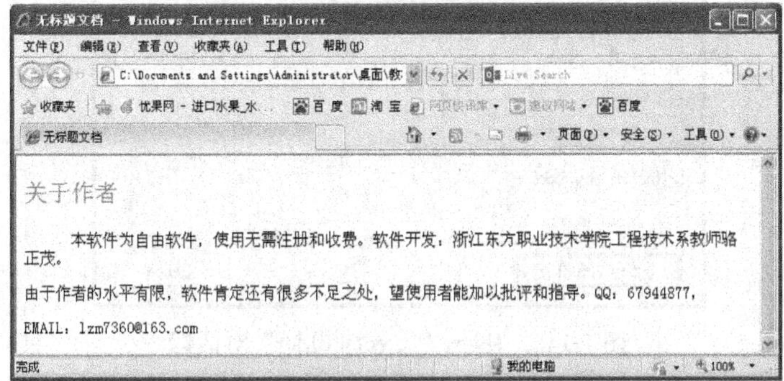

图 7-11　理论模拟测试的使用 2

完成上述步骤后，文档及素材存放的效果图如图 7-12 所示。

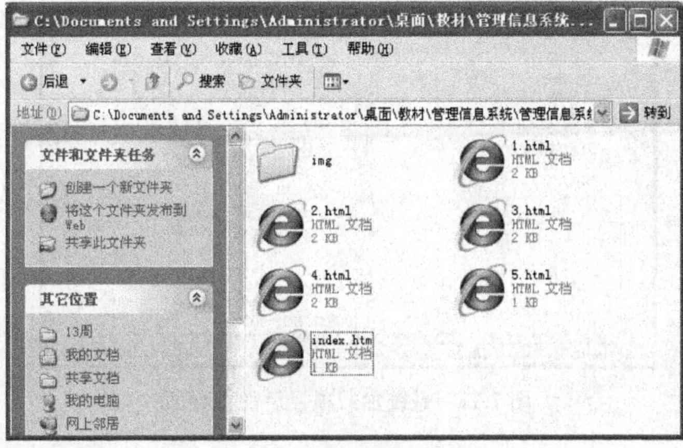

图 7-12　帮助文档存放效果图

3. 新建帮助文档项目

完成素材制作后，下一步就要开始建立新帮助文档的项目了，在 Easy CHM 的主界面下，选择“File”→“New project”命令新建项目，如图 7-13 所示。完成后，出现“New project Folder”新建项目对话框，如图 7-14 所示。在该图中，首先要定位项目位置即“Project Folder”，该位置就是图 7-12 所示中文件所在目录。

图 7-13 新建项目

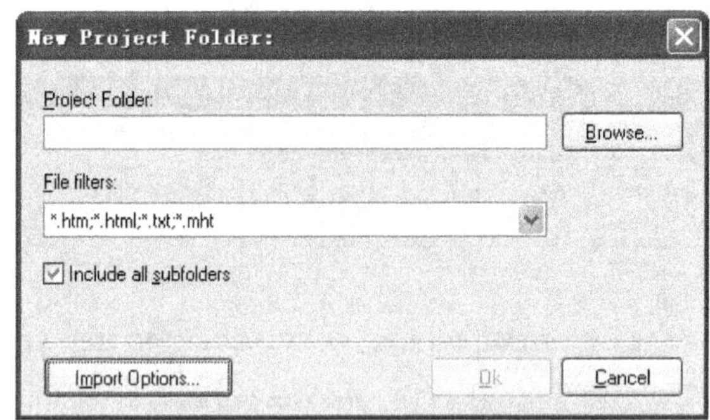

图 7-14 “New Project Folder”对话框

配置完成后，系统界面如图 7-15 所示，系统自动定位到各个文档。

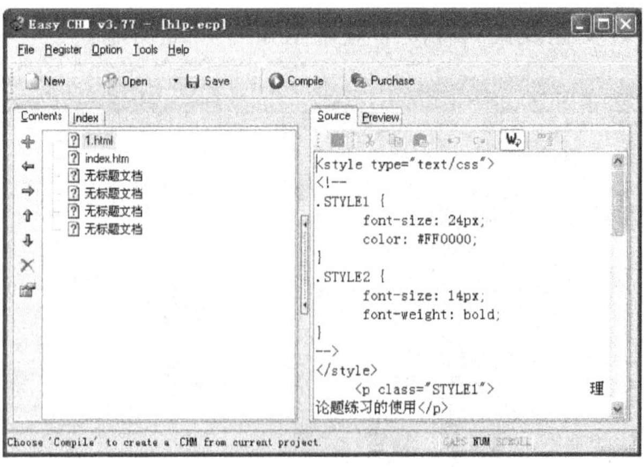

图 7-15 系统加载项目后的主界面

4. 编辑目录

用户可对帮助文档目录进行命名，如图 7-16 所示。用户还可通过左边的添加、上移、下移、左移或右移的操作来控制目录的位置。用户如想调整目录前的图形符号，选中并右击再选择“Topic properties”命令，出现“Topic properties”对话框，如图 7-17 所示。

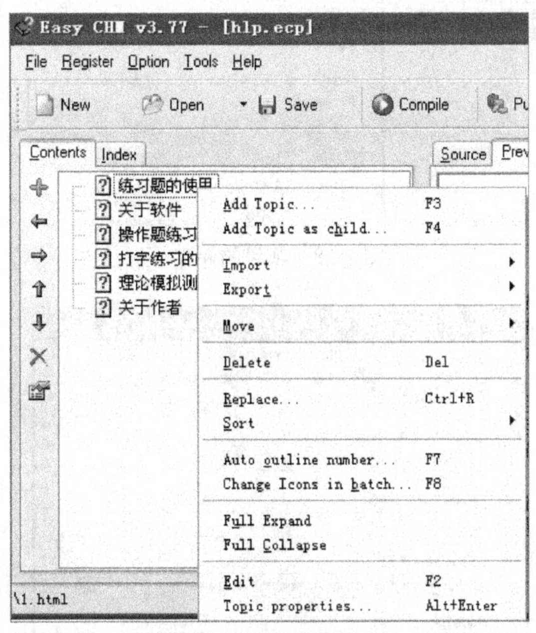

图 7-16　编辑目录名称

图 7-17　“Topic properties”对话框

5. 编译

完成上述步骤后，下一步工作就是编译了，即将帮助文档的内容编译成 CHM 文件。用户首先要保存项目，如图 7-18 所示。

完成保存操作后，就进入到编译阶段，“Compile project to a CHM”（即编译）对话框如图 7-19 所示。用户要选择帮助文档保存位置，然后单击“Create CHM”（创建帮助文档）按钮，完成所有工作，最终效果图如图 7-20 所示。

图 7-18　项目的保存

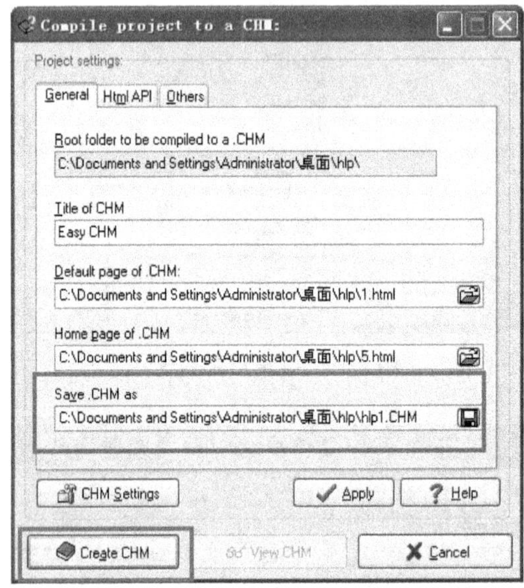

图 7-19　“Compile project to a CHM” 对话框

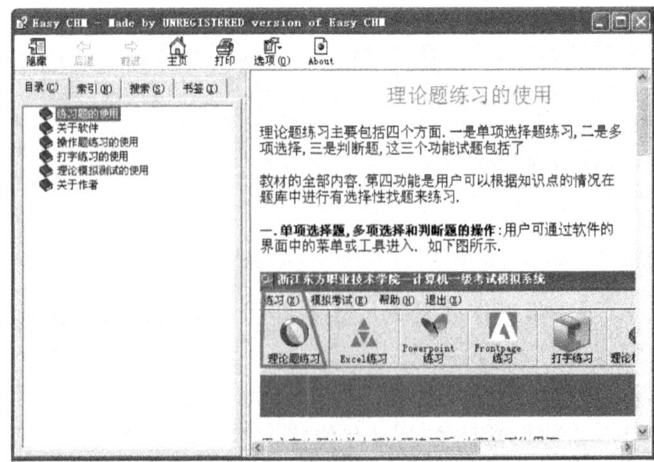

图 7-20　最终效果图

下　篇　案例与应用

主要内容

- 学生信息查询系统开发案例
- 商品分类管理信息系统设计
- 管理信息系统的发布
- 简单的基于B/S模式的仓库管理系统开发
- 人力资源管理信息系统的应用
- 进销存管理信息系统的应用
- 无纸化办公系统的应用
- ERP 系统的应用

第 8 章　学生信息查询系统开发案例

本章要点：

- 学生信息查询系统功能需求分析
- 学生信息查询系统的数据库系统设计
- Access 数据库的连接
- 常用 SQL 操作语句
- 综合查询模块的功能实现

8.1　系统需求功能分析

学生信息查询系统是为了满足普通学校的学生管理工作需求而开发的，系统主要提供综合查询学生信息、学生信息表、成绩列表等功能，进入系统需要提供身份验证，管理员具有所有操作功能。系统需求功能如图 8-1 所示。为了方便实现系统，建议读者采用 VB6 开发，系统数据库采用 Access。

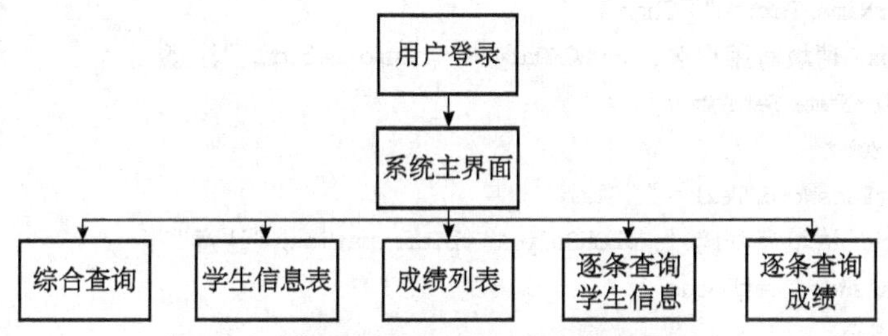

图 8-1　学生信息查询系统功能需求分析

8.2　系统数据库系统设计

数据库名称：student.mdb，数据表：ScoreTable，StudentTable，UserTable，三张表的结构如图 8-2～图 8-4 所示。

ScoreTable : 表

字段名称	数据类型
StudentID	文本
Maths	文本
Chinese	文本
Physics	文本
Chemistry	文本
Politics	文本
English	文本

图 8-2　ScoreTable 数据表结构

StudentTable : 表

字段名称	数据类型
StudentID	文本
StudentName	文本
Class	文本
Dormitory	文本
AcceptanceTime	日期/时间
Gender	文本
Hometown	备注

图 8-3　StudentTable 数据表结构

8.2.1 用户登录设计

（1）登录界面设计如图 8-5 所示。

UserTable : 表

	字段名称	数据类型
	UserID	自动编号
	UserName	文本
	pwd	文本
	RealName	文本
	Age	数字
	Unit	文本
	RegisterTime	日期/时间
	UserType	数字
	State	数字

图 8-4 UserTable 数据表结构

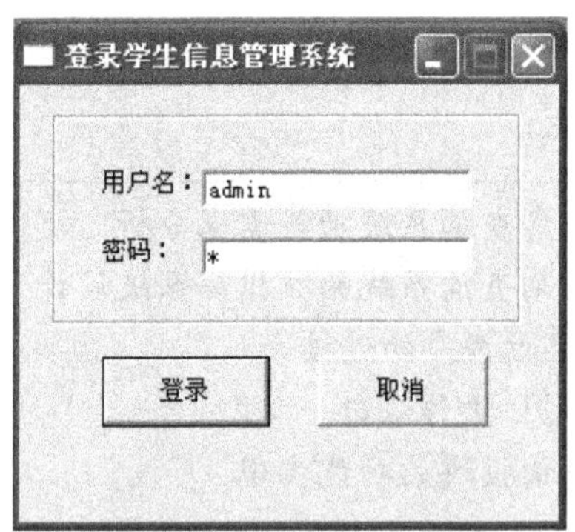

图 8-5 登录界面设计

（2）登录功能的实现。在工程中引入 Ado Data 数据库控件，拖放到窗体上，然后编写如下的程序代码：

```
Private Sub cmdCancel_Click()
    Unload Login
End Sub
Private Sub cmdOK_Click()
    If txtUserName.Text = "" Then
        MsgBox "请填写用户名!", vbOKOnly + vbInformation, "注意"
        txtUserName.SetFocus
        Exit Sub
    ElseIf txtPassWord.Text = "" Then
        MsgBox "请填写密码!", vbOKOnly + vbInformation, "注意"
        txtPassWord.SetFocus
        Exit Sub
    End If

Adodc1.ConnectionString = "Provider = Microsoft.Jet.OLEDB.4.0;Data Source = " & App.Path & "\
student.mdb;Persist Security Info = False"
Adodc1.CommandType = adCmdText
Adodc1.RecordSource = "select * from usertable where username = '" + txtUserName.Text + "'and
pwd = '" + txtPassWord.Text + "'"
Adodc1.Refresh
    If Not Adodc1.Recordset.EOF Then
        student.Show
        Unload Me
Else
          MsgBox "用户账号错误……", vbOKOnly + vbInformation, "错误"

    End If
End Sub
```

8.2.2 主界面的实现

在VB工程中新建窗体，并在“工程”菜单中引用工具栏和Imagelist两个控件。在Imagelist控件中存储6张图片。把这6张图片引入到工具栏的按钮上。如图8-6所示，请读者按该图来设计主界面。主界面的窗体名称命名为student。其中Imagelist控件属性设置如图8-7所示。工具栏的属性设置如图8-8和图8-9所示。

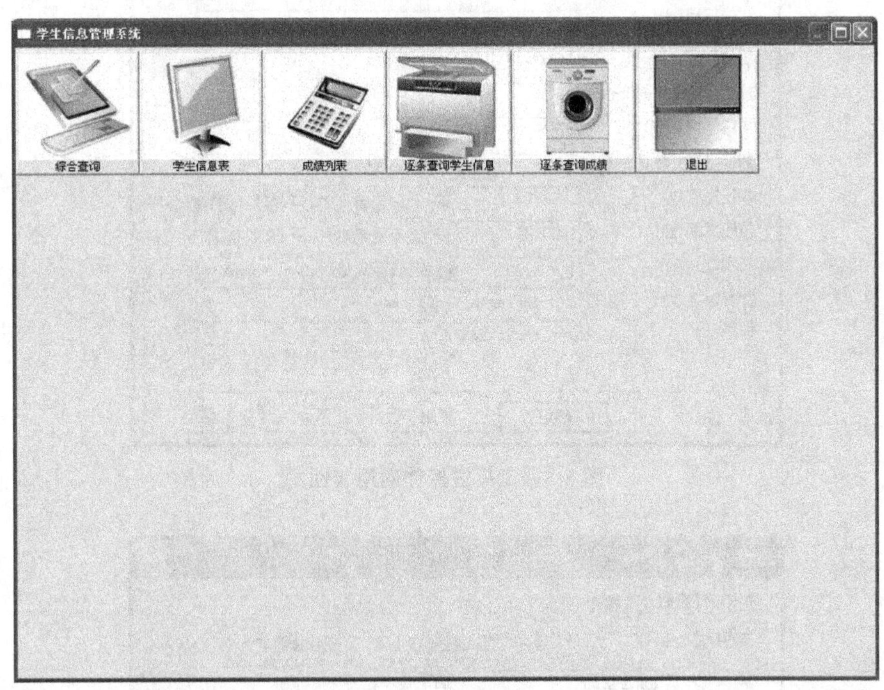

图8-6　学生信息管理系统主界面

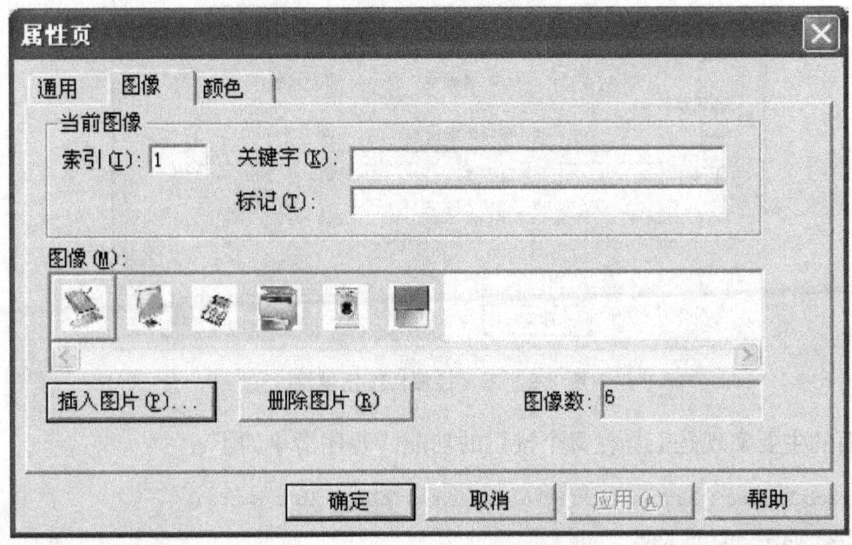

图8-7　Imagelist控件属性设置

注意：在图 8-8 中要为工具栏指定图像列表，例如图中的 Imagelist1。在图 8-9 图中，要为每个按钮指定一个关键字，以备接下来编程使用，例如第一个按钮的关键字是 chaxun。

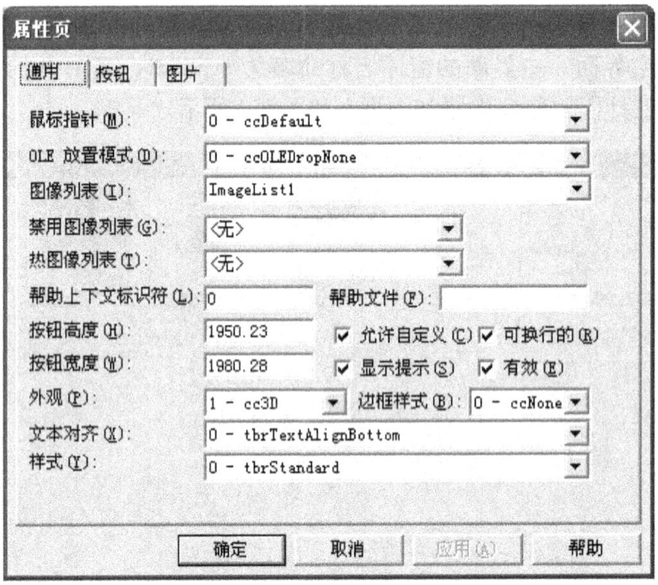

图 8-8 工具栏控件通用属性

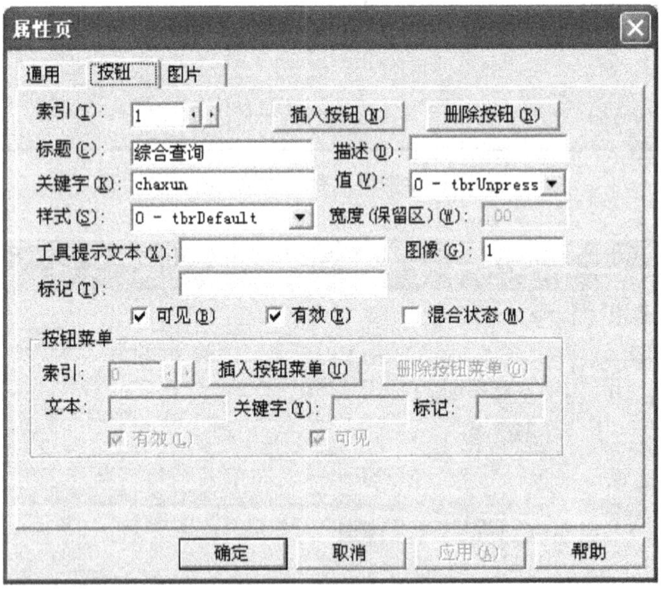

图 8-9 工具栏控件按钮属性

主界面的主要实现是工具栏每个按钮的功能。程序清单如下：

```
Private Sub Toolbar1_ButtonClick(ByVal Button As MSComctlLib.Button)
    Select Case Button.Key
    Case "chaxun"
        zhcx.Show
```

```
        Case "student_info_one"
            student_info.Show
        Case "score_info_one"
            score_info.Show
        Case "info_table"
            student_info_grid.Show
        Case "score_table"
            score_info_grid.Show
        Case "tuichu"
          Unload Me
        End Select
    End Sub
```

8.2.3　综合查询模块的功能实现

综合查询模块要求能根据用户对查询的实现需求，从不同的角度来实现所要的查询结果。综合查询主界面如图 8-10 所示。注意查询的结果显示在下方的 datagrid 控件中，如果要查询更详细的结果可单击学号旁边的下拉按钮用另外的方式来查看。图 8-11 中隐藏了窗体的详细查看部分。该部分的效果如图 8-12 所示。除此之外为了更好地实现 SQL 语句查询，要在 VB 工程中设计一个设计器，如图 8-10 所示。

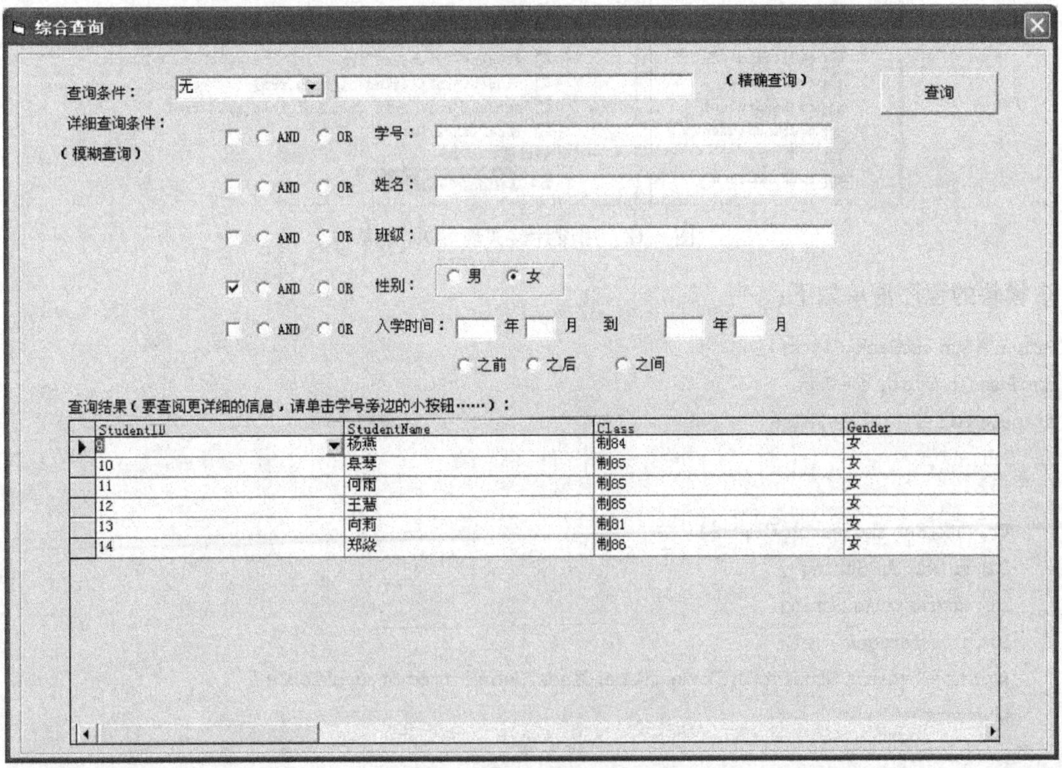

图 8-10　综合查询主界面

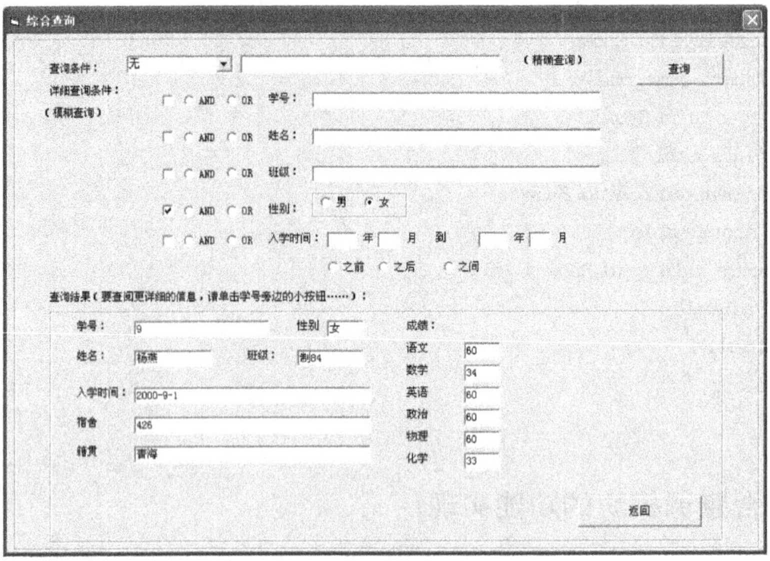

图 8-11　查询主界面显示详细信息

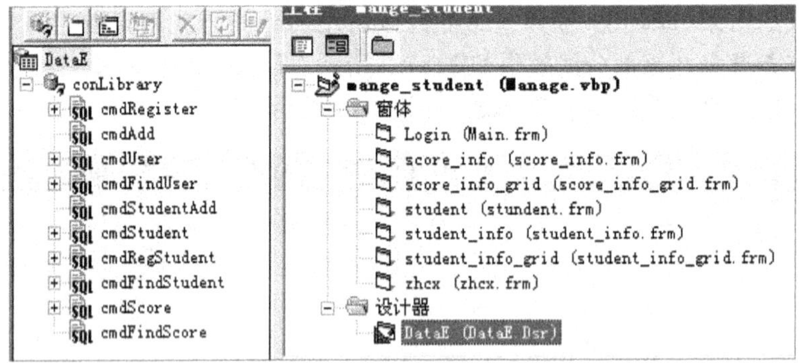

图 8-12　用设计器实现 SQL 查询

该模块的程序清单如下：

```
Private Sub cmdBack_Click()
dgrdResult.Visible = True
frameDetail.Visible = False
End Sub

    Private Sub cmdSearch_Click()
    Dim sqlstr As String
    Dim wherestr As String
    Dim i As Integer
    sqlstr = "select StudentID,StudentName,Class,Gender from StudentTable "
    wherestr = ""

    If cmbItem.ListIndex <> 0 And txtKey.Text <> "" Then
            Select Case cmbItem.ListIndex
            Case 1
```

```
            '学号
            wherestr = wherestr + "StudentID = '" & txtKey & "'"
        Case 2
            '姓名
            wherestr = wherestr + "StudentName = '" & txtKey & "'"
        Case 3
            '班级
            wherestr = wherestr + "Class = '" & txtKey & "'"
        Case 4
            '备注
            wherestr = wherestr + "Gender = '" & txtKey & "'"
        Case 5
        '关键字
             wherestr = wherestr + "(studentid like '%" & txtKey & "%' or studentname like
            '%" & txtKey & "%' or class like '%" & txtKey & "%')"
        End Select
End If
'学号关键字
If frameStudentID.Visible And chkIDKey.Value = 1 And txtIDKey.Text <> "" Then
    If wherestr <> "" Then
        If optnIDand.Value Then
            wherestr = wherestr + " and "
        Else
            wherestr = wherestr + " or "
        End If
    End If
    wherestr = wherestr + "StudentID like '%" & txtIDKey & "%'"
End If
'姓名关键字
If frameStudentName.Visible And chkNameKey.Value = 1 And txtNameKey.Text <> "" Then
    If wherestr <> "" Then
        If optnNameand.Value Then
            wherestr = wherestr + " and "
        Else
            wherestr = wherestr + " or "
        End If
    End If
    wherestr = wherestr + "StudentName like '%" & txtNameKey & "%'"
End If
'班级关键字
If frameClass.Visible And chkClassKey.Value = 1 And txtClassKey.Text <> "" Then
    If wherestr <> "" Then
        If optnClassand.Value Then
            wherestr = wherestr + " and "
```

```
            Else
                wherestr = wherestr + " or "
            End If
        End If
        wherestr = wherestr + "Class like '%" & txtClassKey & "%'"
    End If
    '性别关键字
    If frameGender1. Visible And chkGenderKey. Value = 1 Then
        If wherestr <> "" Then
            If optnGenderand. Value Then
                wherestr = wherestr + " and "
            Else
                wherestr = wherestr + " or "
            End If
        End If
        If OptnMale. Value Then
            wherestr = wherestr + "Gender like '%" & "男" & "%'"
        ElseIf OptnFemale. Value Then
            wherestr = wherestr + "Gender like '%" & "女" & "%'"
        End If
    End If
    '入学时间
    If frameTime. Visible And chkTimeKey. Value = 1 Then
        If optnKeyFore. Value Or optnKeyBack. Value Then
            If txtYearKeyFore. Text = "" Or txtMonKeyFore. Text = "" Then
                MsgBox "请完整填写查询时间!", vbOKOnly + vbInformation, "查询"
                Exit Sub
            End If
            If wherestr <> "" Then
                If optnTimeand. Value Then
                    wherestr = wherestr + " and "
                Else
                    wherestr = wherestr + " or "
                End If
            End If
            If optnKeyFore Then
                wherestr = wherestr + "publishtime <'" & txtYearKeyFore. Text + " - " + txtMon-
                KeyFore. Text & "'"
            Else
                wherestr = wherestr + "publishtime >'" & txtYearKeyFore. Text + " - " + txtMon-
                KeyFore. Text & "'"
            End If
        ElseIf optnKeyBetween. Value Then
            If txtYearKeyFore. Text = "" Or txtMonKeyFore. Text = "" Or txtYearKeyBack. Text = "" Or
```

```
            txtMonKeyBack.Text = "" Then
                MsgBox "请完整填写查询时间!", vbOKOnly + vbInformation, "查询"
                Exit Sub
            End If
            If wherestr <> "" Then
                If optnTimeand.Value Then
                    wherestr = wherestr + " and "
                Else
                    wherestr = wherestr + " or "
                End If
            End If
            wherestr = wherestr + "acceptancetime between '" & txtYearKeyFore.Text + "-" + txt-
            MonKeyFore.Text & "'and '" & txtYearKeyBack.Text + "-" + txtMonKeyBack.Text & "'"
        End If
    End If

    If wherestr <> "" Then
        wherestr = "where " + wherestr
    End If
    sqlstr = sqlstr + wherestr

    DataE.Commands("cmdFindStudent").CommandText = sqlstr
    '刷新 Grid,这两句不可省
    DataE.conLibrary.Close
    DataE.conLibrary.Open
    DataE.cmdfindstudent
    dgrdResult.ClearFields
    dgrdResult.DataMember = DataE.Commands("cmdFindStudent").Name
    dgrdResult.DefColWidth = 3000
    dgrdResult.ReBind

    If DataE.rscmdFindStudent.RecordCount <> 0 Then
        dgrdResult.Columns(0).Button = True
    Else
        MsgBox "在数据库中没找到要查询的对象", vbOKOnly + vbInformation, "查询失败"
    End If
End Sub
Private Sub Form_Load()
    cmbItem.AddItem "无", 0
    cmbItem.AddItem "学号", 1
    cmbItem.AddItem "姓名", 2
    cmbItem.AddItem "班级", 3
    cmbItem.AddItem "性别", 4
    cmbItem.ListIndex = 0
```

```
End Sub

Private Sub dgrdResult_ButtonClick(ByVal ColIndex As Integer)
    Dim col As Column
    Dim sqlstr As String
    Dim strColumn As String
    '可预约
    Dim bStudenting As Boolean
    bStudenting = False
    strColumn = dgrdResult.Columns(0).Text

    sqlstr = "select * from StudentTable where StudentID = '" + strColumn + "'"
    DataE.Commands("cmdFindStudent").CommandText = sqlstr
    '刷新 Grid,这两句不可省
    DataE.conLibrary.Close
    DataE.conLibrary.Open
    DataE.cmdfindstudent

    txtID.Text = DataE.rscmdFindStudent!StudentID
    txtName.Text = DataE.rscmdFindStudent!StudentName
    txtClass.Text = DataE.rscmdFindStudent!Class
    txtGender.Text = DataE.rscmdFindStudent!Gender
    txtAcceptanceTime.Text = DataE.rscmdFindStudent!AcceptanceTime
    txtDormitory.Text = DataE.rscmdFindStudent!Dormitory
    txtHometown.Text = DataE.rscmdFindStudent!Hometown

    sqlstr = "select * from ScoreTable where StudentID = '" + strColumn + "'"
    DataE.Commands("cmdScore").CommandText = sqlstr
    '刷新 Grid,这两句不可省
    DataE.conLibrary.Close
    DataE.conLibrary.Open
    DataE.cmdScore

    txtChinese.Text = DataE.rscmdScore!chinese
    txtMaths.Text = DataE.rscmdScore!maths
    txtEnglish.Text = DataE.rscmdScore!english
    txtPolitics.Text = DataE.rscmdScore!politics
    txtPhysics.Text = DataE.rscmdScore!physics
    txtChemistry.Text = DataE.rscmdScore!chemistry

    dgrdResult.Visible = False
    frameDetail.Visible = True
End Sub
```

8.2.4　学生信息表模块的实现

学生信息表界面如图 8-13 所示，程序清单如下：

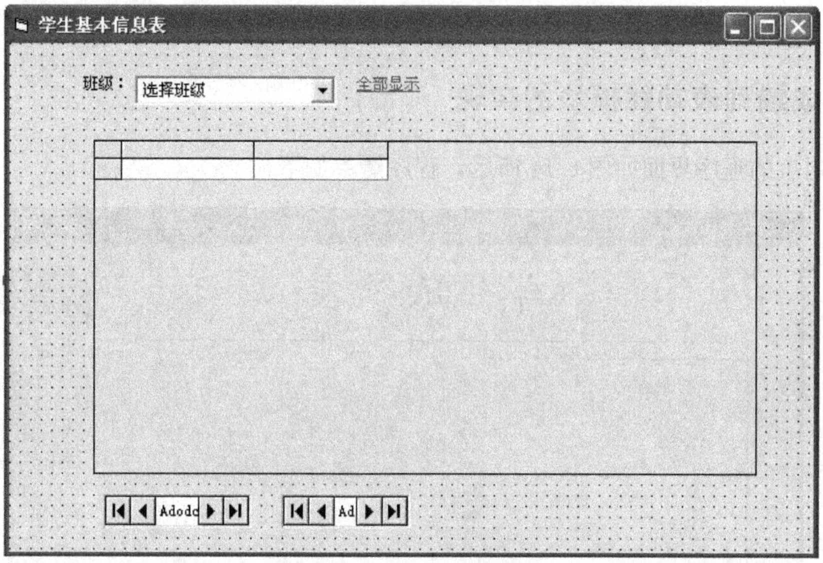

图 8-13　学生信息表界面

```
Private Sub DataCombo1_Click(Area As Integer)
class_name = DataCombo1. BoundText
strQuery = "Select * from studenttable where class = '" + class_name + "'"
  '设置 Adodc2 的数据源,并刷新显示
  Adodc2. RecordSource = strQuery
  Adodc2. Refresh
  Set datagrid1. DataSource = Adodc2
End Sub

Private Sub Form_Load()
Adodc1. ConnectionString = " Provider = Microsoft. Jet. OLEDB. 4. 0; Data Source = " & App. Path & "\
student. mdb;Persist Security Info = False"
Adodc1. CommandType = adCmdText
Adodc1. RecordSource = "select Class from studenttable dist "
Adodc1. Refresh
Adodc2. ConnectionString = " Provider = Microsoft. Jet. OLEDB. 4. 0; Data Source = " & App. Path & "\
student. mdb;Persist Security Info = False"
Adodc2. CommandType = adCmdText
Adodc2. RecordSource = "select * from studenttable "
Adodc2. Refresh
Set DataCombo1. RowSource = Adodc1
DataCombo1. ListField = "Class"
Set datagrid1. DataSource = Adodc2
End Sub
```

```
Private Sub Label2_Click()
Adodc2.RecordSource = "select * from studenttable "
Adodc2.Refresh
Set datagrid1.DataSource = Adodc2
End Sub
```

8.2.5 成绩列表功能模块的实现

成绩列表的程序界面如图 8-14 所示，程序清单如下：

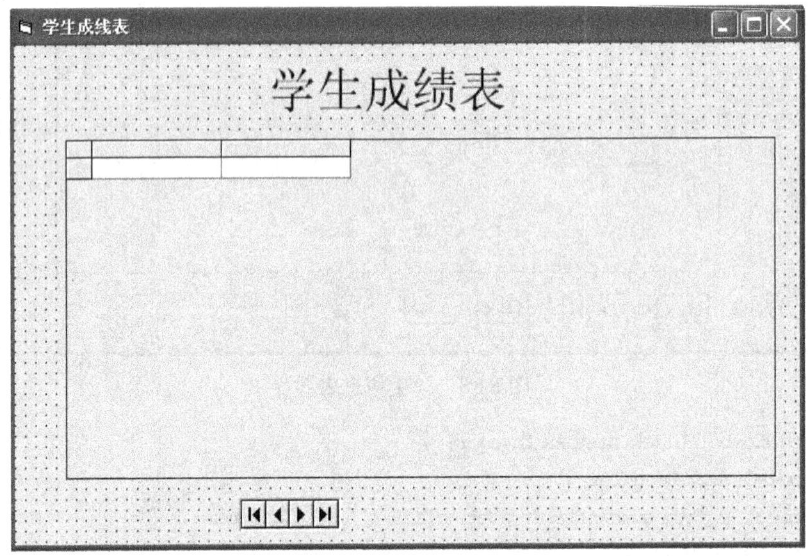

图 8-14 成绩列表的程序界面

```
Private Sub DataCombo1_Click(Area As Integer)
    class_name = DataCombo1.BoundText
    strQuery = "Select * from scoretable where class = '" + class_name + "'"
      '设置 Adodc2 的数据源,并刷新显示
      Adodc2.RecordSource = strQuery
      Adodc2.Refresh
      Set datagrid1.DataSource = Adodc2
    End Sub

    Private Sub Form_Load()
    Adodc2.ConnectionString = "Provider = Microsoft.Jet.OLEDB.4.0;Data Source = " & App.Path & "\student.mdb;Persist Security Info = False"
    Adodc2.CommandType = adCmdText
    'Adodc2.RecordSource = "select studentname,maths as 数学,chinese as 语文,english as 英语,Politics as 政治,Physics as 物理,Chemistry as 化学 from scoretable studenttable where studenttable.studentid = scoretable.studentid order by studentid asc"
    Adodc2.RecordSource = "select studentname as 学生姓名, maths as 数学,chinese as 语文,english as 英语,Politics as 政治,Physics as 物理,Chemistry as 化学 from studenttable,scoretable where studenttable.studentid = scoretable.studentid "
```

```
Adodc2.Refresh
Set datagrid1.DataSource = Adodc2
End Sub
```

8.2.6　逐条查询学生信息模块的实现

逐条查询学生信息程序界面如图 8-15 所示，程序清单如下：

图 8-15　逐条查询学生信息程序界面

```
Private Sub Command1_Click()
Adodc1.Recordset.MoveFirst
txtID.Text = Adodc1.Recordset.Fields(0)
txtGender.Text = Adodc1.Recordset.Fields(5)
txtName.Text = Adodc1.Recordset.Fields(1)
txtClass.Text = Adodc1.Recordset.Fields(2)
txtAcceptanceTime.Text = Adodc1.Recordset.Fields(4)
txtDormitory.Text = Adodc1.Recordset.Fields(3)
txtHometown = Adodc1.Recordset.Fields(6)
Command2.Enabled = True
Command3.Enabled = True
End Sub

Private Sub Command2_Click()
Adodc1.Recordset.MoveNext
If Adodc1.Recordset.EOF Then
MsgBox "到了最后一条了!"
Command2.Enabled = False
Else
txtID.Text = Adodc1.Recordset.Fields(0)
txtGender.Text = Adodc1.Recordset.Fields(5)
txtName.Text = Adodc1.Recordset.Fields(1)
txtClass.Text = Adodc1.Recordset.Fields(2)
```

```
txtAcceptanceTime. Text = Adodc1. Recordset. Fields(4)
txtDormitory. Text = Adodc1. Recordset. Fields(3)
txtHometown = Adodc1. Recordset. Fields(6)
End If
Command3. Enabled = True
End Sub

Private Sub Command3_Click()
Adodc1. Recordset. MovePrevious
If Adodc1. Recordset. BOF Then
MsgBox "到了第一条了!"
Command3. Enabled = False
Else
txtID. Text = Adodc1. Recordset. Fields(0)
txtGender. Text = Adodc1. Recordset. Fields(5)
txtName. Text = Adodc1. Recordset. Fields(1)
txtClass. Text = Adodc1. Recordset. Fields(2)
txtAcceptanceTime. Text = Adodc1. Recordset. Fields(4)
txtDormitory. Text = Adodc1. Recordset. Fields(3)
txtHometown = Adodc1. Recordset. Fields(6)
End If
Command2. Enabled = True
End Sub

Private Sub Command4_Click()
Adodc1. Recordset. MoveLast

txtID. Text = Adodc1. Recordset. Fields(0)
txtGender. Text = Adodc1. Recordset. Fields(5)
txtName. Text = Adodc1. Recordset. Fields(1)
txtClass. Text = Adodc1. Recordset. Fields(2)
txtAcceptanceTime. Text = Adodc1. Recordset. Fields(4)
txtDormitory. Text = Adodc1. Recordset. Fields(3)
txtHometown = Adodc1. Recordset. Fields(6)
Command2. Enabled = True
Command3. Enabled = True
End Sub

Private Sub Form_Load()
Adodc1. ConnectionString = "Provider = Microsoft. Jet. OLEDB. 4. 0; Data Source = " & App. Path & "\
student. mdb; Persist Security Info = False"
Adodc1. CommandType = adCmdText
Adodc1. RecordSource = "select * from StudentTable"
Adodc1. Refresh
```

```
txtID. Text = Adodc1. Recordset. Fields(0)
txtGender. Text = Adodc1. Recordset. Fields(5)
txtName. Text = Adodc1. Recordset. Fields(1)
txtClass. Text = Adodc1. Recordset. Fields(2)
txtAcceptanceTime. Text = Adodc1. Recordset. Fields(4)
txtDormitory. Text = Adodc1. Recordset. Fields(3)
txtHometown = Adodc1. Recordset. Fields(6)

End Sub
```

8.2.7　逐条查询成绩模块的实现

逐条查询成绩程序界面如图 8-16 所示，程序清单如下：

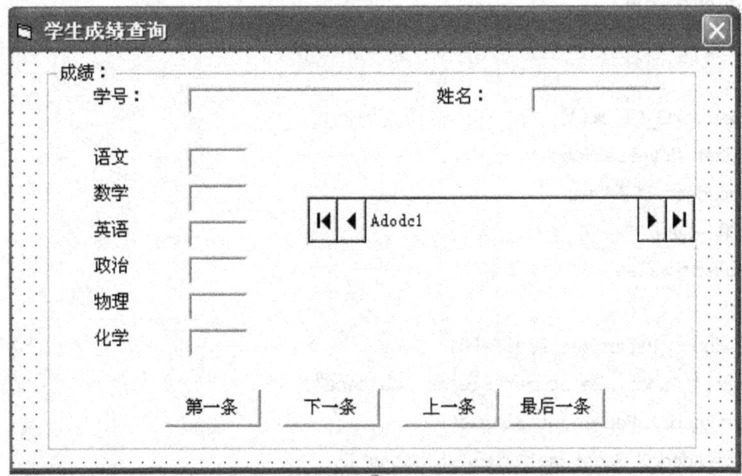

图 8-16　逐条查询成绩程序界面

```
Private Sub Command1_Click()
Adodc1. Recordset. MoveFirst
txtID. Text = Adodc1. Recordset. Fields(0)
txtChinese. Text = Adodc1. Recordset. Fields("Chinese")
txtName. Text = Adodc1. Recordset. Fields(1)
txtMaths. Text = Adodc1. Recordset. Fields("Maths")
txtEnglish. Text = Adodc1. Recordset. Fields("English")
txtPolitics. Text = Adodc1. Recordset. Fields("Politics")
txtPhysics. Text = Adodc1. Recordset. Fields("Physics")
txtChemistry. Text = Adodc1. Recordset. Fields("Chemistry")
Command2. Enabled = True
Command3. Enabled = True
End Sub

Private Sub Command2_Click()
Adodc1. Recordset. MoveNext
```

```
If Adodc1. Recordset. EOF Then
MsgBox "到了最后一条了!"
Command2. Enabled = False
Else
txtID. Text = Adodc1. Recordset. Fields(0)
txtChinese. Text = Adodc1. Recordset. Fields("Chinese")
txtName. Text = Adodc1. Recordset. Fields(1)
txtMaths. Text = Adodc1. Recordset. Fields("Maths")
txtEnglish. Text = Adodc1. Recordset. Fields("English")
txtPolitics. Text = Adodc1. Recordset. Fields("Politics")
txtPhysics. Text = Adodc1. Recordset. Fields("Physics")
txtChemistry. Text = Adodc1. Recordset. Fields("Chemistry")
End If
Command3. Enabled = True
End Sub

Private Sub Command3_Click()
Adodc1. Recordset. MovePrevious
If Adodc1. Recordset. BOF Then
MsgBox "到了第一条了!"
Command3. Enabled = False
Else
txtID. Text = Adodc1. Recordset. Fields(0)
txtChinese. Text = Adodc1. Recordset. Fields("Chinese")
txtName. Text = Adodc1. Recordset. Fields(1)
txtMaths. Text = Adodc1. Recordset. Fields("Maths")
txtEnglish. Text = Adodc1. Recordset. Fields("English")
txtPolitics. Text = Adodc1. Recordset. Fields("Politics")
txtPhysics. Text = Adodc1. Recordset. Fields("Physics")
txtChemistry. Text = Adodc1. Recordset. Fields("Chemistry")
Command2. Enabled = True
End If
End Sub

Private Sub Command4_Click()
Adodc1. Recordset. MoveLast

txtID. Text = Adodc1. Recordset. Fields(0)
txtChinese. Text = Adodc1. Recordset. Fields("Chinese")
txtName. Text = Adodc1. Recordset. Fields(1)
txtMaths. Text = Adodc1. Recordset. Fields("Maths")
txtEnglish. Text = Adodc1. Recordset. Fields("English")
txtPolitics. Text = Adodc1. Recordset. Fields("Politics")
txtPhysics. Text = Adodc1. Recordset. Fields("Physics")
```

```
txtChemistry.Text = Adodc1.Recordset.Fields("Chemistry")
Command2.Enabled = True
Command3.Enabled = True
End Sub

Private Sub Form_Load()
Adodc1.ConnectionString = "Provider = Microsoft.Jet.OLEDB.4.0;Data Source = " & App.Path & "\student.mdb;Persist Security Info = False"
Adodc1.CommandType = adCmdText
Adodc1.RecordSource = "select * from StudentTable, scoretable where studenttable.StudentID = scoretable.StudentID"
Adodc1.Refresh
txtID.Text = Adodc1.Recordset.Fields(0)
txtChinese.Text = Adodc1.Recordset.Fields("Chinese")
txtName.Text = Adodc1.Recordset.Fields(1)
txtMaths.Text = Adodc1.Recordset.Fields("Maths")
txtEnglish.Text = Adodc1.Recordset.Fields("English")
txtPolitics.Text = Adodc1.Recordset.Fields("Politics")
txtPhysics.Text = Adodc1.Recordset.Fields("Physics")
txtChemistry.Text = Adodc1.Recordset.Fields("Chemistry")
End Sub
```

第9章　商品分类管理信息系统设计

本章要点：

■系统界面设计
■商品的代码设计
■三级分类技术的信息系统
■三级分类的数据库设计
■系统的实现

分类是管理信息系统的基本形式，一个有效的分类系统可提高信息管理的效率。信息系统的分类从简单到复杂来划分，可分为一级分类模式、二级分类模式、三级分类模式及三级以上分类模式。一个简单的管理信息系统采用一级或二级分类模式基本上就可满足需求，但对复杂一些的系统来说，建立多级分类模式是非常有必要的。

本案例从分类的基本原理出发，构建一套三级分类系统，模拟超市的三级分类商品管理模式，使用者先添加一级分类，接着在一级分类的基础上再添加二级分类，在一级分类及二级分类的基础上添加三级分类。例如，一级分类为大米，二级分类为东北大米，三级分类为长粒东北大米。总之，分类越细，越有利于信息的管理，但开发难度也就越来越大。

本案例要求读者用VB语言开发商品分类管理信息系统并实现分类管理功能，代码设计分类三层，即一级分类，二级分类和三级分类，根据分类添加商品。本案例的另外一个知识点是针对三级分类，如何构建一套高效的代码设计系统。

通过本案例的学习，读者要掌握以下几方面的内容：

①理解三级分类系统对信息组织的好处；

②理解管理信息系统中的代码设计是如何实现的；

③体会出模块化编程的思想。

9.1　系统界面设计

首先启动VB6，在VB下新建一个工程，在工程中添加窗体，如图9-1所示，设计商品分类界面。设计完成后，再添加一个窗体，设计添加商品界面，如图9-2所示。

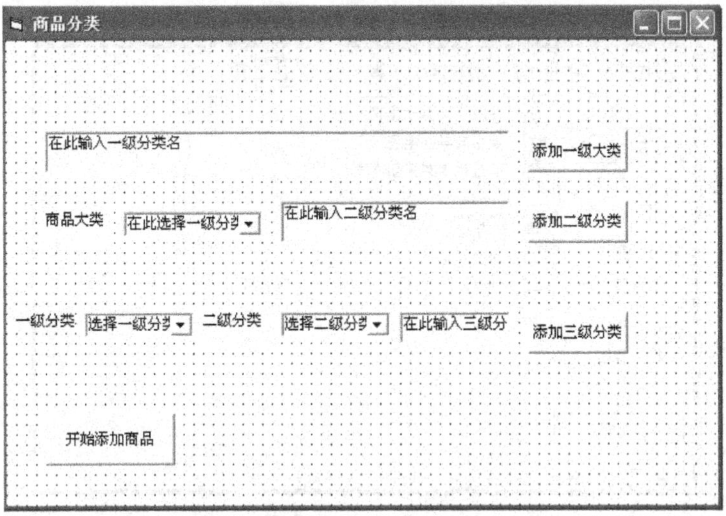

图 9-1　商品分类主界面设计

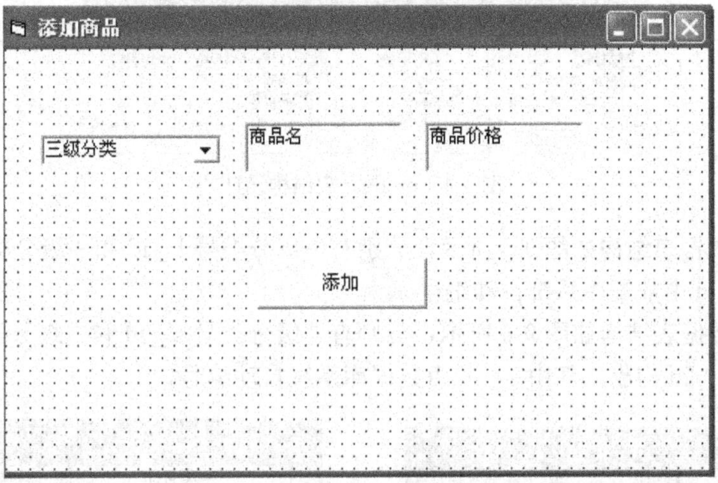

图 9-2　商品添加界面

9.2　商品分类系统数据库设计

在 VB 工程内建立一个 Access 数据库，数据库名称为 sp.mdb。在数据库中设计 4 张数据表，分别是存储商品信息的 product，一级分类数据表 sort1，二级分类数据表 sort2 及三级分类数据表 sort3，效果图如图 9-3 所示。

存储商品信息的 product 表结构如图 9-4 所示，关键字为 pro _ id。为了构建一套良好商品分类代码设计，商品编号 pro _ id 设计为由一级号加二级分类号加三级分类号及商品的顺序号构成，即 sort1＋sort2＋sort3＋serial。假设大米的一级分类号为 2，东北大米二级分类号为 3，长粒东北大米的三级分类号为 4，则品牌为“好吃长粒大米”的商品号可定义为 234001。这也是本案例实现的难点所在。

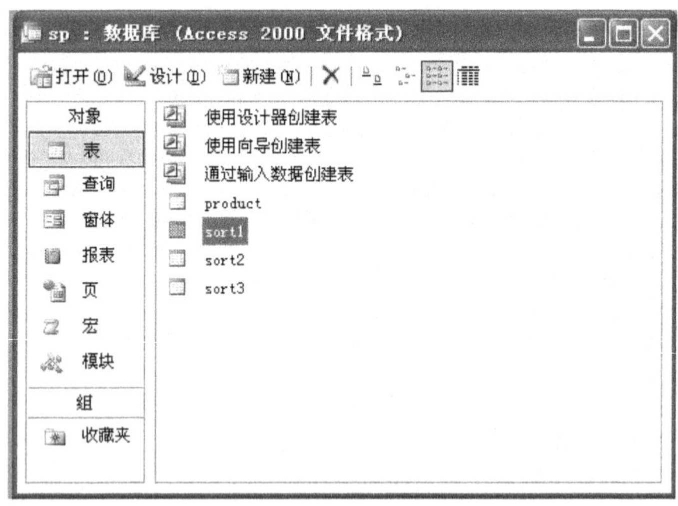

图 9-3　数据库设计

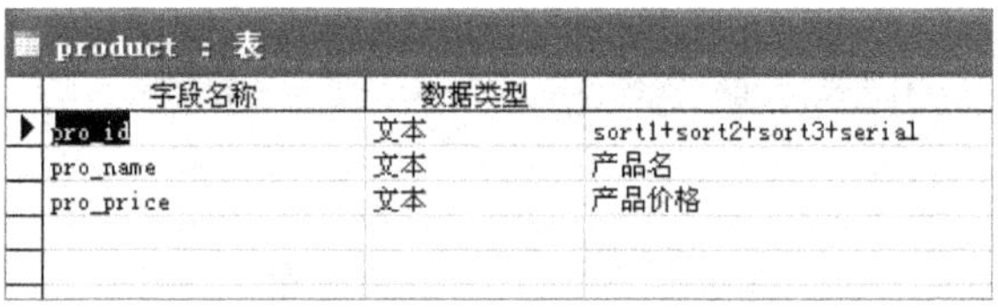

product : 表

字段名称	数据类型	
pro_id	文本	sort1+sort2+sort3+serial
pro_name	文本	产品名
pro_price	文本	产品价格

图 9-4　product 表结构设计

一级分类数据表结构如图 9-5 所示，分别有一级分类号 f _ id 和一级分类名称 f _ name 构成，其中 f _ id 由数据库系统自动编号。

二级分类数据表结构如图 9-6 所示，分别有二级分类号 s _ id 和二级分类名称s _ name 及一级分类号 f _ id 构成，其中 s _ id 由数据库系统自动编号。

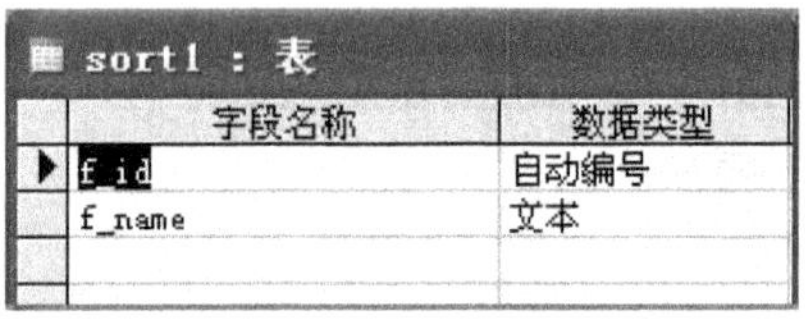

sort1 : 表

字段名称	数据类型
f_id	自动编号
f_name	文本

图 9-5　一级分类表结构设计

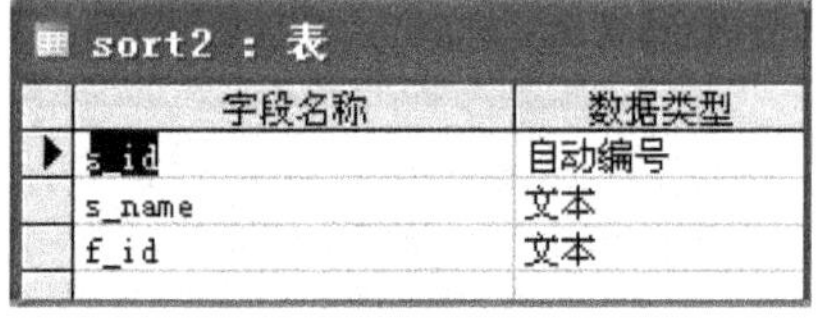

sort2 : 表

字段名称	数据类型
s_id	自动编号
s_name	文本
f_id	文本

图 9-6　二级分类表结构设计

三级分类数据表结构如图 9-7 所示，分别有三级分类号 t _ id 和三级分类名称 t _ name 及一级分类号 f _ id 二级分类号 s _ id 构成，其中 t _ id 由数据库系统自动编号。从数据表的结构设计上来看，各级分类都是层层深入的，通过分类号将各级分类紧密地联系在一起。

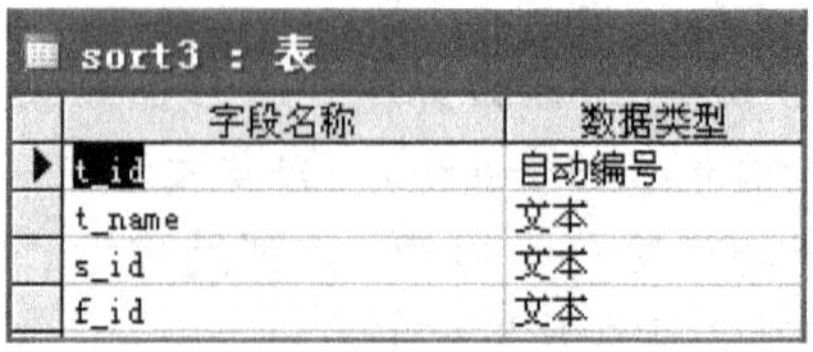

sort3 : 表

字段名称	数据类型
t_id	自动编号
t_name	文本
s_id	文本
f_id	文本

图 9-7　三级分类表结构设计

9.3 系统的实现

9.3.1 系统模块设计

1. 一级大类模块设计

主程序调用添加大类模块（first _ add），模块接口是从用户表单中接收 TEXT1 的值，算法描述如下：

①接收文本框 TEXT1 的值；

②判断 TEXT1 的值是否为空，如果为空，给出提示，文本框 TEXT1 获得输入焦点，退出过程；

③判断用户输入的内容即大类是否已存在。如果不存在，将用户输入的大类加入到记录中，产生一级分类 ID 号和一级分类名；更新二级分类表单中的一级分类下拉框，提示添加成功；反之给出提示，文本框 TEXT1 获得输入焦点，退出过程。

2. 新增二级分类模块设计

主程序调用添加二级分类模块，模块接口是从用户表单中接收 TEXT2 的值及公共变量 f _ id 的值。算法描述如下：

①产生一级分类 ID。用户选择了一级分类名后，对公共变量 f _ id 赋值；

②用户输入二级分类名称（text2）；

③调用二级分类模块（second _ add），模块接口为 f _ id，text2. text，产生二级分类。首先判断用户是否选择了一级分类且输入了二级分类名，没有则给出提示，文本框 TEXT2 获得焦点；接着判断用户输入的二级分类是否已存在，如果不存在，将用户输入的二级分类名和选择的一级分类 f _ id 添加到数据库中，更新表单三级分类中的二级分类选择下拉框，提示添加成功；反之给出提示，文本框 TEXT2 获得输入焦点，退出过程。

3. 模块设计程序清单

```
Public Conn As New ADODB.Connection '定义连接字符串,此处为公有变量,作用域为整个应用程序
Public f_id As String
Public s_id As String

~~~~~~~~~~~~~~~~~~~~~~~~~~~~~~~~~~~~~~~~~~~~~~~~~~~~~~~~~
'下面的模块是定义到数据库的连接,并打开到数据库的连接通道
~~~~~~~~~~~~~~~~~~~~~~~~~~~~~~~~~~~~~~~~~~~~~~~~~~~~~~~~~

Public Sub lianjie()
Dim mySQL As String
datapath = App.Path & "/sp.mdb"
    connstr = "Provider = Microsoft.Jet.OLEDB.4.0;"
    connstr = connstr + "Data Source = " & datapath
    Conn.Open connstr '打开连接
End Sub
```

```
'下面的模块是定义创建一级分类,模块接口是从用户表单中接收 TEXT1 的值

Sub add_first(first_name)
    Dim f_name
    f_name = first_name
    '以下代码用来判断用户是否输入了一级分类名
    If Trim(f_name) = "" Then
        MsgBox "一级分类名不能为空", vbOKOnly + vbExclamation, ""
        Exit Sub
    End If
    '以下代码用来判断用户是否输入的一级分类名是否已在数据库中
    Dim rs As New ADODB.Recordset
    Dim sql As String
    sql = "select * from sort1 where f_name = '" & f_name & "'"
    rs.Open sql,Conn, adOpenKeyset, adLockPessimistic
     If rs.EOF Then
        rs.AddNew
        rs("f_name") = f_name
        rs.Update
        MsgBox "添加一级分类成功!", vbOKOnly, ""
        rs.Close
        Call combo1_refresh
        Call combo2_refresh
     Else
        MsgBox "一级分类重复!请重新输入!", vbOKOnly + vbExclamation, ""
        rs.Close
        Exit Sub
        End If
End Sub
```

'下面的模块是定义创建二级分类,模块接口是从用户表单中接收 TEXT2 的值和上级模块传下来的一级分类名

```
Sub add_second(first_id, second_name)
    Dim s_name, s_f_id
    s_f_id = first_id
    s_name = second_name
    '以下代码用来判断用户是否输入了二级分类名和选择了一级分类
    If Trim(s_f_id) = "" Or s_name = "" Then
        MsgBox "一级分类没有选择或二级分类名没有输入", vbOKOnly + vbExclamation, ""
        Exit Sub
    End If
```

```
    '以下代码用来判断用户是否输入的二级分类名是否已在数据库中
    Dim rs As New ADODB.Recordset
    Dim sql As String
    sql = "select * from sort2 where s_name = '" & s_name & "'"
    rs.Open sql,Conn, adOpenKeyset, adLockPessimistic
        If rs.EOF Then
        rs.AddNew
        rs("s_name") = s_name
        rs("f_id") = s_f_id
        rs.Update
        MsgBox "添加二级分类成功!", vbOKOnly, ""
        rs.Close
     Else
        MsgBox "二级分类重复!请重新输入!", vbOKOnly + vbExclamation, ""
        rs.Close
        Exit Sub
        End If
End Sub
'~~~~~~~~~刷新一级分类下拉框 COMBO1
Sub combo1_refresh()
Dim rs_1 As New ADODB.Recordset
Dim sql As String
sql = "select * from sort1"
rs_1.Open sql,Conn, adOpenKeyset, adLockReadOnly
If Not rs_1.EOF Then
   Do While Not rs_1.EOF
      Form1.Combo1.AddItem rs_1("f_name")
      rs_1.MoveNext
   Loop
End If
rs_1.Close
End Sub
'~~~~~~~~刷新一级分类下拉框 COMBO2
Sub combo2_refresh()
Dim rs_1 As New ADODB.Recordset
Dim sql As String
sql = "select * from sort1"
rs_1.Open sql,Conn, adOpenKeyset, adLockReadOnly
If Not rs_1.EOF Then
   Do While Not rs_1.EOF
      Form1.Combo2.AddItem rs_1("f_name")
      rs_1.MoveNext
   Loop
End If
```

```
rs_1.Close
End Sub
Function combo1_selected(f_name)'一级分类选择函数
'显示一级分类列表内容
Dim rs_1 As New ADODB.Recordset
Dim rs_2 As New ADODB.Recordset
Dim sql As String
    sql="select * from sort1 where f_name='" & f_name & "'"
    rs_1.Open sql,Conn, adOpenKeyset, adLockReadOnly
    s_f_id=rs_1("f_id")
    combo1_selected=s_f_id '用函数名接收函数值,并返回值到主窗体
    rs_1.Close
End Function
Sub combo2_selected(f_name) '三级分类中选择一级分类
    Dim rs_3 As New ADODB.Recordset
    sql="select * from sort1 where f_name='" & f_name & "'"
    rs_3.Open sql,Conn, adOpenKeyset, adLockReadOnly
    If rs_3.EOF Then
    MsgBox "该大类无二级分类"
    Exit Sub
    Else
    combo2_f_id=rs_3("f_id")
    End If
    rs_3.Close
一级分类显示后,刷新二级分类选择框
    Form1.Combo3.Clear
    Dim rs_2 As New ADODB.Recordset
    sql="select * from sort2 where f_id='" & combo2_f_id & "'"
    rs_2.Open sql,Conn, adOpenKeyset, adLockReadOnly
    If Not rs_2.EOF Then
       Do While Not rs_2.EOF
          Form1.Combo3.AddItem rs_2("s_name")
          rs_2.MoveNext
       Loop
    End If
    rs_2.Close
End Sub
Function combo3_selected(s_name)'二级分类选择函数
    '显示一级分类列表内容
    Dim rs_1 As New ADODB.Recordset
    Dim rs_2 As New ADODB.Recordset
    Dim sql As String
    sql="select * from sort2 where s_name='" & s_name & "'"
    rs_1.Open sql,Conn, adOpenKeyset, adLockReadOnly
```

```
    s_s_id = rs_1("s_id")
    f_id = rs_1("f_id")
    combo3_selected = s_s_id '用函数名接收函数值,并返回值到主窗体
    rs_1.Close
End Function
Sub add_third(t_f_id, t_s_id, t_name)
     If Trim(t_s_id) = "" Or t_name = "" Then
            MsgBox "二级分类没有选择或三级分类名没有输入", vbOKOnly + vbExclamation, ""
            Exit Sub
        End If
        '以下代码用来判断用户是否输入的二级分类名是否已在数据库中
        Dim rs As New ADODB.Recordset
        Dim sql As String
        sql = "select * from sort3 where t_name = '" & t_name & "'"
        rs.Open sql, Conn, adOpenKeyset, adLockPessimistic
            If rs.EOF Then
            rs.AddNew
            rs("t_name") = t_name
            rs("f_id") = t_f_id
            rs("s_id") = t_s_id
            rs.Update
            MsgBox "添加三级分类成功!", vbOKOnly, ""
            rs.Close
         Else
            MsgBox "三级分类重复!请重新输入!", vbOKOnly + vbExclamation, ""
            rs.Close
            Exit Sub
            End If
End Sub
```

9.3.2 系统主界面上程序清单

系统主界面上程序清单如下。

```
Private Sub Combo3_click()
s_id = combo3_selected(Combo3.Text)  '接收函数 combo3_selected 返回的值
End Sub

Private Sub Command1_Click()
Call add_first(Text1.Text)  '添加一级分类
End Sub

Private Sub Command2_Click()
Call add_second(f_id, Text2.Text)  '添加二级分类
End Sub
```

```
Private Sub Command3_Click()
Call add_third(f_id, s_id, Text3.Text)'调用添加三级分类模块,f_id 为三级分类所属的一级分类,
s_id 为三级所属的二级分类,text3.text 为三级分类名
End Sub

Private Sub Command4_Click()
Form2.Show
End Sub

Private Sub Form_Load()
'窗体启动后,主动建立到数据库的连接
Call lianjie
Dim rs_1 As New ADODB.Recordset
'Dim rs_2 As New ADODB.Recordset
Dim sql As String
sql = "select * from sort1"
rs_1.Open sql,Conn, adOpenKeyset, adLockPessimistic
If Not rs_1.EOF Then
   Do While Not rs_1.EOF
       Combo1.AddItem rs_1("f_name")
       rs_1.MoveNext
   Loop
End If
rs_1.Close
~~~~~~~~~~~~~~~~~~~~~~~~~~~~~~~~~~~~~~~~~刷新添加三级分前要选择的一级分类下拉框
'显示一/二级分类列表内容
Dim rs_2 As New ADODB.Recordset
sql = "select * from sort1"
rs_2.Open sql,Conn, adOpenKeyset, adLockPessimistic
If Not rs_2.EOF Then
   Do While Not rs_2.EOF
       Combo2.AddItem rs_2("f_name")
       rs_2.MoveNext
   Loop
End If
rs_2.Close
End Sub
~~~~~~添加商品
Dim id1, id2, id3
Private Sub Combo3_click()

   Dim rs_1 As New ADODB.Recordset
     Dim sql As String
```

```
    sql = "select * from sort3 where t_name = '" & Combo3.Text & "'"
    rs_1.Open sql,Conn, adOpenKeyset, adLockReadOnly
    id1 = rs_1("f_id")
    id2 = rs_1("s_id")
    id3 = rs_1("t_id")
    rs_1.Close
    'MsgBox CStr(id1) & CStr(id2) & CStr(id3) & sql
End Sub

Private Sub Command1_Click()
Dim rs As New ADODB.Recordset
Dim sql As String
sql = "select * from product"
rs.Open sql,Conn, adOpenKeyset, adLockPessimistic
last_pro = rs.RecordCount + 1
rs.AddNew
rs("pro_id") = CStr(id1) & CStr(id2) & CStr(id3) & last_pro
rs("pro_name") = Text1.Text
rs("pro_price") = Text2.Text
rs.Update
rs.Close
MsgBox "添加商品成功!"
End Sub

Private Sub Form_Load()
Dim rs_3 As New ADODB.Recordset
Dim sql3 As String
sql3 = "select * from sort3"
rs_3.Open sql3,Conn, adOpenKeyset, adLockReadOnly
If Not rs_3.EOF Then
   Do While Not rs_3.EOF
    Combo3.AddItem rs_3("t_name")
       rs_3.MoveNext
   Loop
End If
rs_3.Close
End Sub
```

9.3.3 系统实现效果

添加商品分类实现效果如图 9-8 所示，商品数据库存储结果如图 9-9 所示。

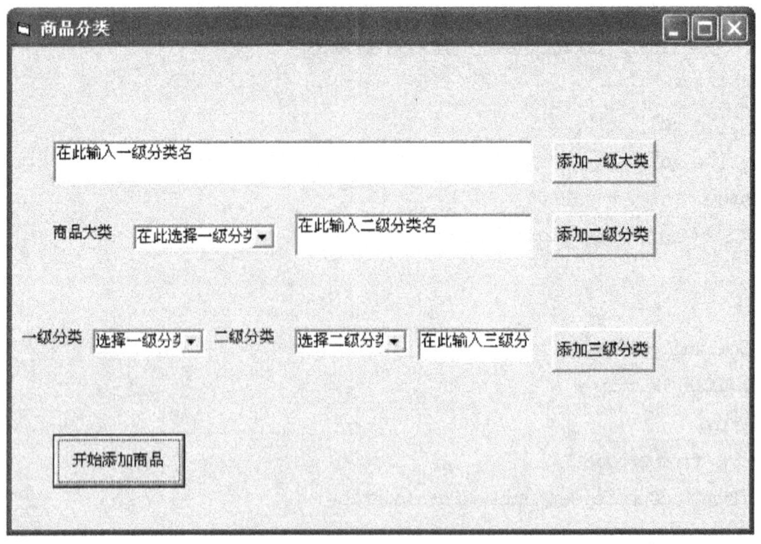

图 9-8 添加商品分类实现效果

product : 表

pro_id	pro_name	pro_price
10422	东北大米1号	40
10423	东北大米1号	40
10423	东北大米1号	40
10424	东北大米1号	40
10425	东北大米1号	40
10426	东北大米1号	40
10427	东北大米1号	40
10428	东北大米1号	40

图 9-9 商品数据库存储结果

第 10 章　管理信息系统的发布

本章要点：

- ■ InstallShield 介绍
- ■软件安装体系结构
- ■创建快捷方式
- ■卸载功能的制作
- ■编译安装程序

当管理信息系统开发完成后，下一步的工作就是要进行发布工作，管理信息系统的发布根据管理信息系统的架构不同而采用的方式也不相同。如果管理信息系统是运行在用户计算机上的单机或 C/S 结构系统，那可采用开发软件自带环境的发布工具或第三方工具（如 InstallShield），如果管理信息系统采用的是 B/S 结构的模式，那么只需将系统发布成网站，然后在因特网上购买主机或用户自己架设 Web 服务器来发布系统。

本章主要介绍当前主流发布第三方工具 InstallShield 来发布第 9 章开发的商品分类管理系统。通过本章的学习，读者要掌握以下几方面的内容：

- 掌握 InstallShield 发布应用软件的一般过程；
- 学会发布应用程序快捷方式；
- 学会利用 InstallShield 制作卸载程序。

10.1　InstallShield 介绍

InstallShield 是一个强大和易于使用，用于解决 Windows 软件安装包开发的制作工具。用它可以以传统 MSI 方式和虚拟格式，自动化地封装、捆绑和包装产品。InstallShield支持 Windows（客户版本及服务器版本）、Web 服务和移动设备。

本章使用的是 InstallShield X Express v10.0 SP2 特别版。软件相应信息请大家访问网址：http//www. InstallShield. com。InstallShield X Express v10.0 SP2 可以非常容易地制作出专业级的 Windows 安装程序（MSI），安装脚本和跨平台的安装程序。它使用直观的向导和专门的视图为 Windows、跨平台和手持设备开发人员在任意平台、操作系统和设备上提供完整的安装控制等。InstallShield X Express v10.0 SP2 启动主界面如图 10-1 所示。

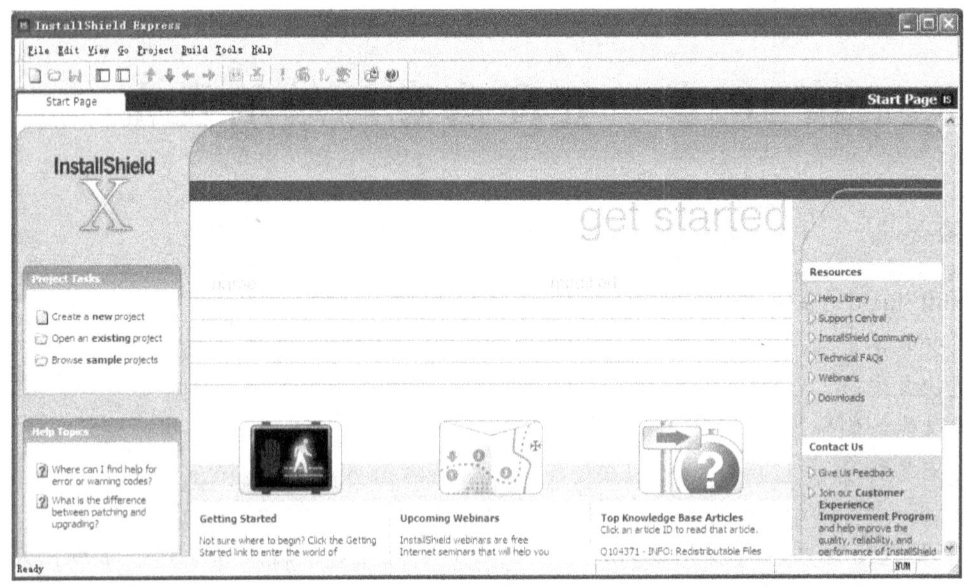

图 10-1　InstallShield X Express v10.0 SP2 启动主界面

10.2　发布前的准备工作

读者可将要发布的管理信息系统所有文件都放在一个文件夹中，并对源文件进行编译，生成一个.exe 格式主文件，如图 10-2 所示。

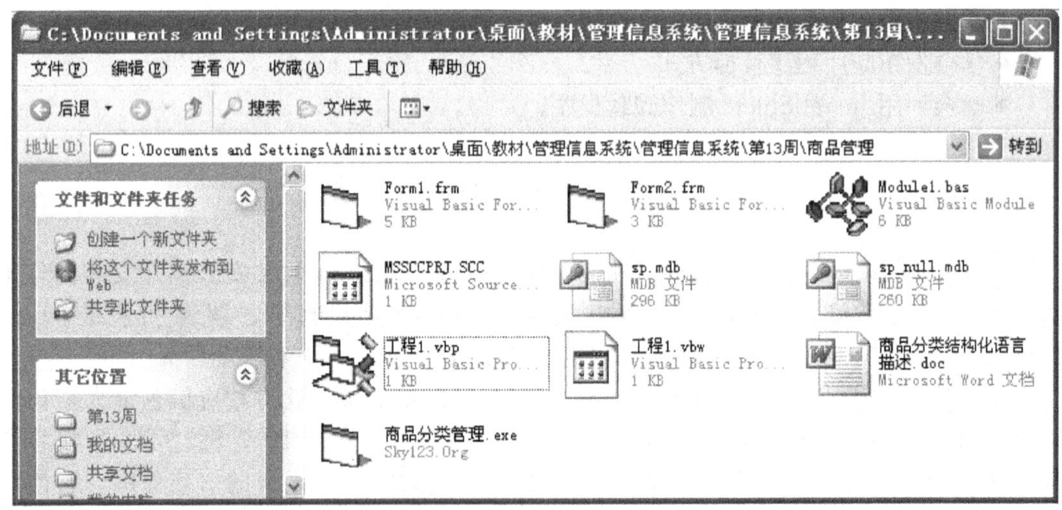

图 10-2　源程序和生成的可执行文件

10.3　新建发布项目

在 InstallShield 的主界面下，选中 Create a new project，即创建一新项目，如图 10-3 所示，完成后，弹出“New Project”（新项目）对话框，如图 10-4 所示。

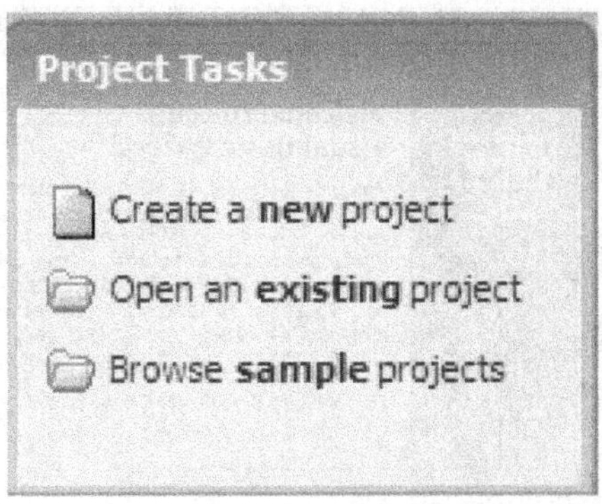

图 10-3　创建新项目

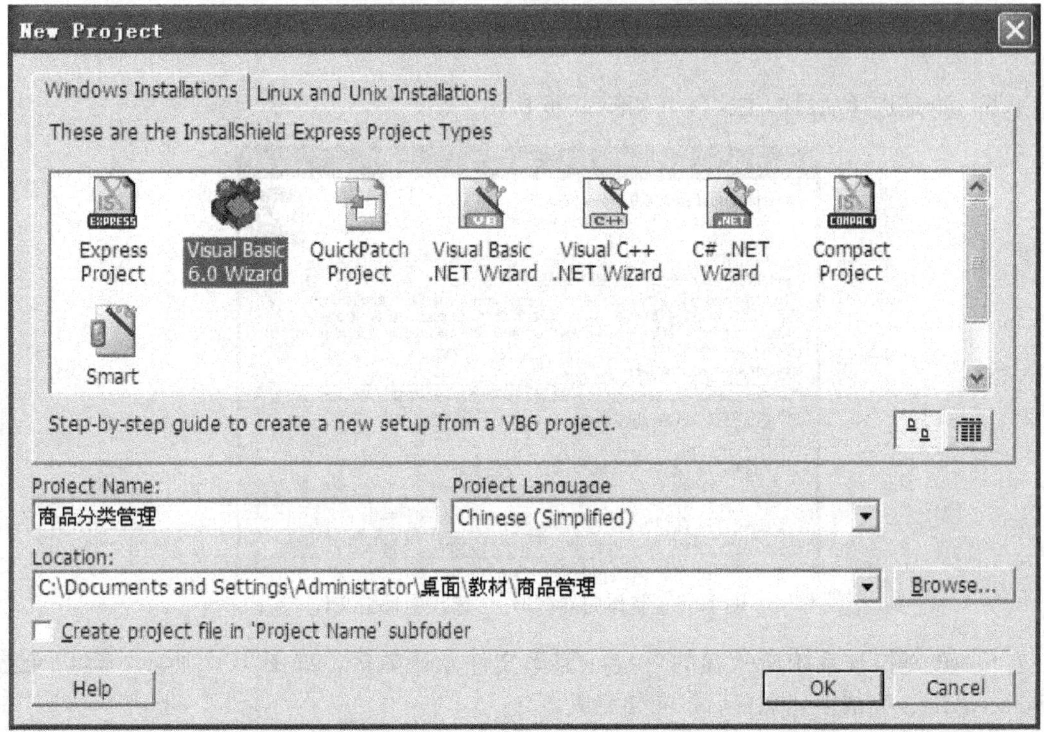

图 10-4　“New Project”对话框

从图 10-4 中，可以看出 InstallShield 可以制作基于 Windows 平台的安装程序，也可制作 Linux 和 UNIX 平台下的安装程序。另外，根据不同的开发语言，可以选择 VB6 的应用程序或 Visual C++的程序。由于我们的软件是用 VB 开发的，所以图 10-4 中选择第二项，即 Visual Basic 6. 0 Wizard，另外还要配置项目名称（Project Name），项目语言选择简体中文（Chinese (Simplified)），还要确定好源程序所在的位置。

完成上述配置后，进行系统向导阶段，如图 10-5 所示，单击“下一步”按钮。

图 10-5　制作向导（1）

下一步是选择项目的主文件，如图 10-6 所示。

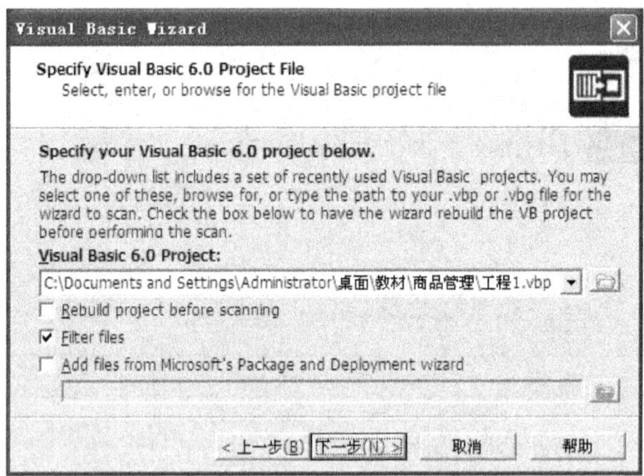

图 10-6　制作向导（2）—选择项目主文件

下一步是扫描系统所依赖的一些外部库文件及函数等，如图 10-7 所示，建议全选(Select All)。完成上述配置后，向导完成。

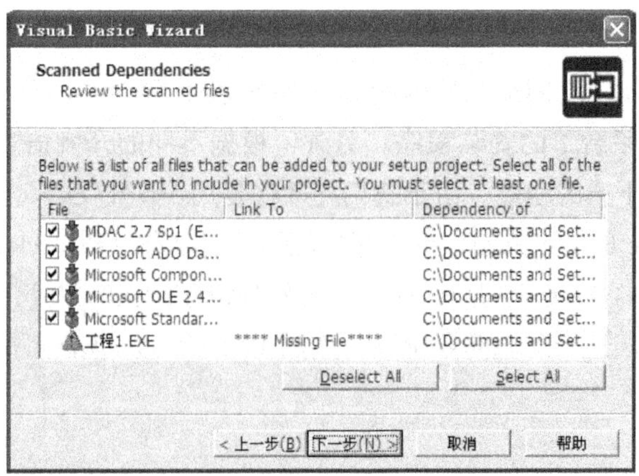

图 10-7　选择应用程序所依赖的外部文件

10.4　发布的配置

向导完成后，就正式进入发布配置过程，配置的主要操作如图 10-8 所示，分别是应用程序基本信息配置（Application Information）、安装需求配置（Installation Requrement）、安装体系结构（Installation Architecture）、应用程序文件（Application Files）、快捷方式（Application shortcuts）、应用程序注册（Installation Interview）、安装预览和编译安装程序（Build Installation）。

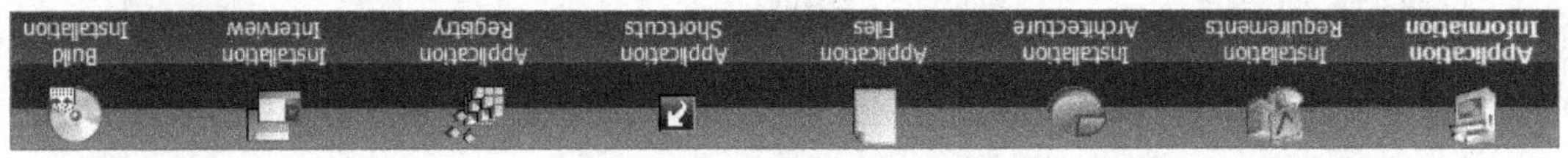

图 10-8　发布的配置选项

1. 应用程序基本信息配置

应用程序基本信息配置包括公司名称、软件名称、软件版本等信息，如图 10-9 所示。

The Application Information page assists you in requesting general information about your application. This information is used from within the installation as well as from the Add or Remove Programs in the Windows Control Panel.

Specify your company name:

公司名称

Specify your application name:

商品分类管理

Specify your application version:

1.00.0000

Specify your company web address:

Would you like to automatically notify your end users when you create updates to your

Yes　No

Select the icon to display with your application in Add or Remove Programs.

<ISProductFolder>\redist\Language Independent\OS Independent\setupicon.ico

Browse...

图 10-9　应用程序信息配置

2. 安装需求配置

安装需求配置是指安装某系统所需要软件环境，如操作系统版本、其他应用程序等，如图 10-10 所示。

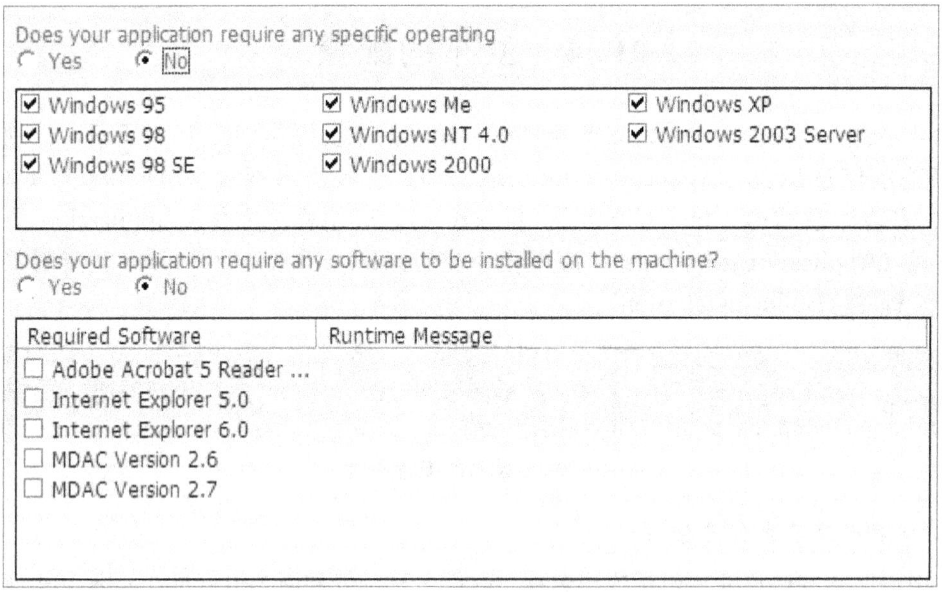

图 10-10　安装需求配置说明

3. 安装体系结构

用户可采用默认体系结构，也可自己定义安装的体系结构，如图 10-11 所示。

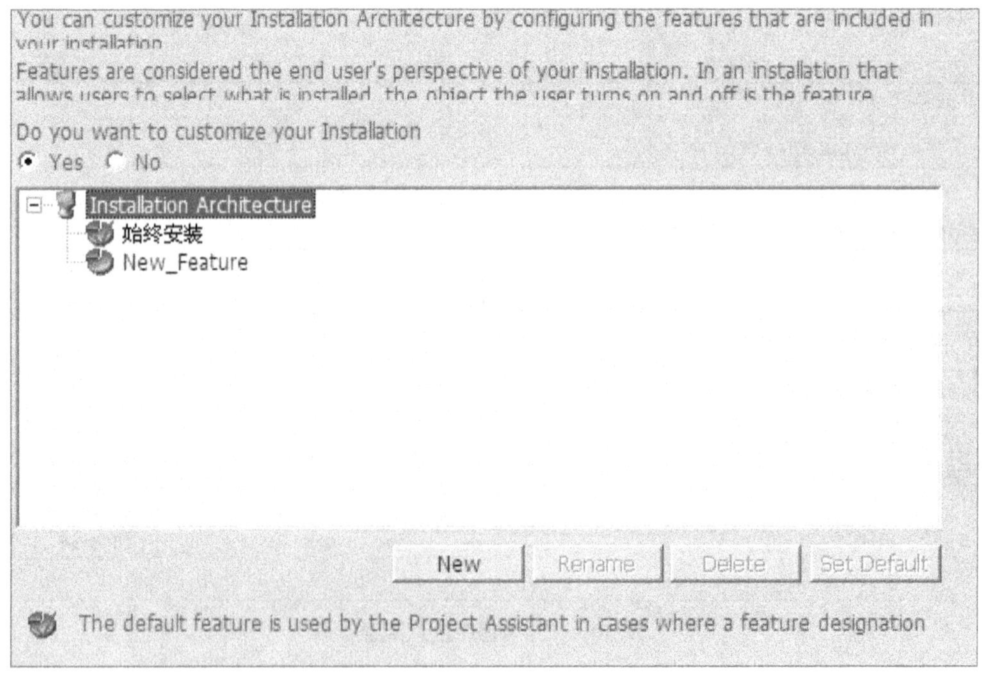

图 10-11　软件安装体系配置

4. 应用程序文件

每个管理信息系统都会有一个程序入口，即启动系统的应用程序，应用程序文件的配置如图 10-12 所示，可通过添加文件的方法，将应用程序添加到安装包中。

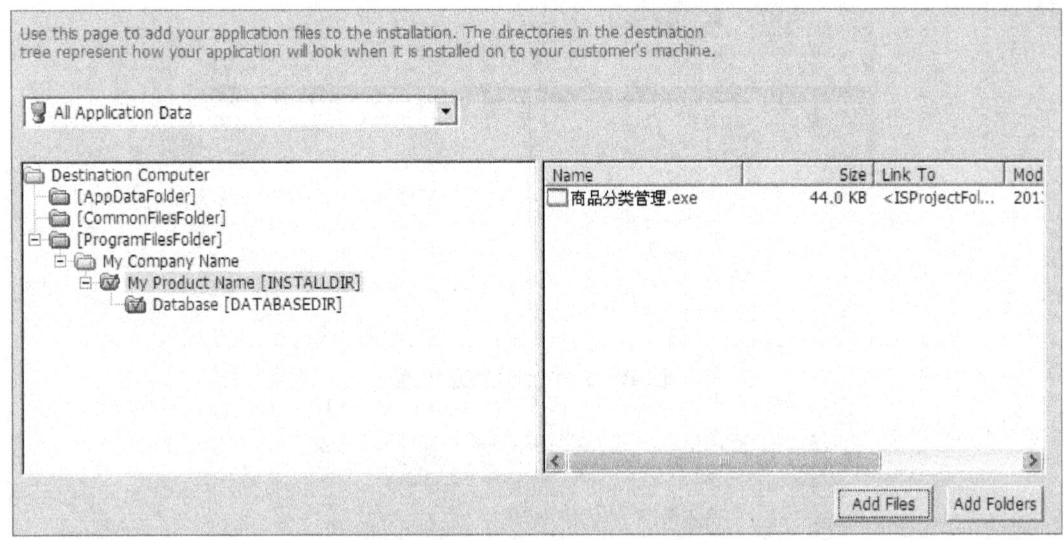

图 10-12　应用程序文件的配置

5. 快捷方式

为管理信息系统在用户桌面和开始菜单中添加快捷方式，如图 10-13 所示，用户可配置快捷方式名称及类型。

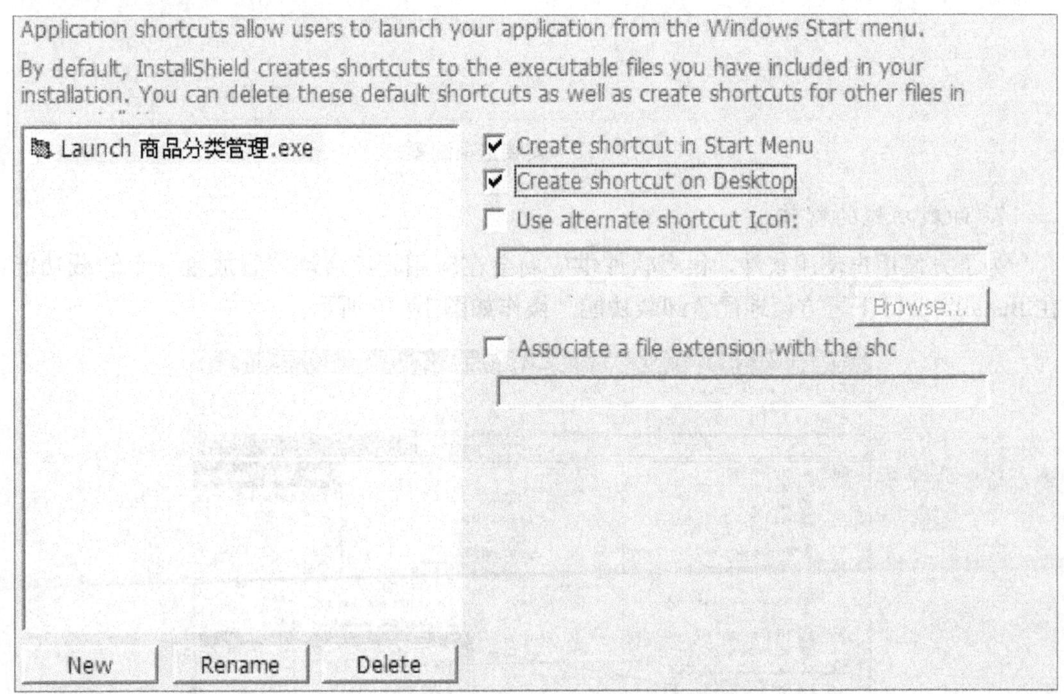

图 10-13　管理信息系统的快捷方式配置

6. 其他信息配置

用户还可以配置应用系统的注册信息和安装时的其他选项，如版权说明、公司名称、用户名称等，如图 10-14 和图 10-15 所示。

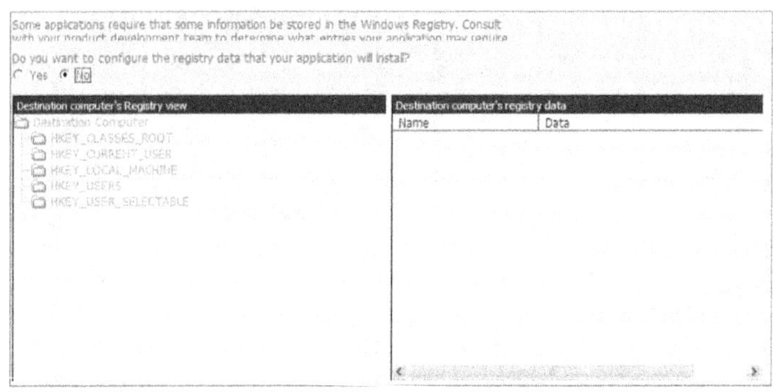

图 10-14　注册表信息配置

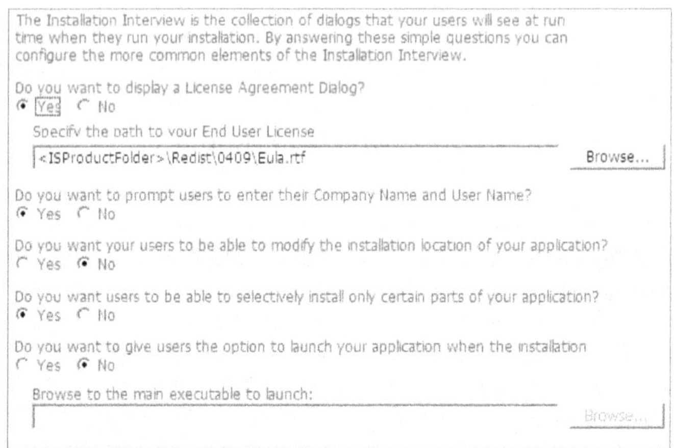

图 10-15　安装选项配置

7. 卸载功能的制作

为了方便用户使用软件，很多软件供应商会在应用程序启动位置放置一个卸载功能，在 InstallShield 下可方便地配置卸载功能。操作如图 10-16 所示。

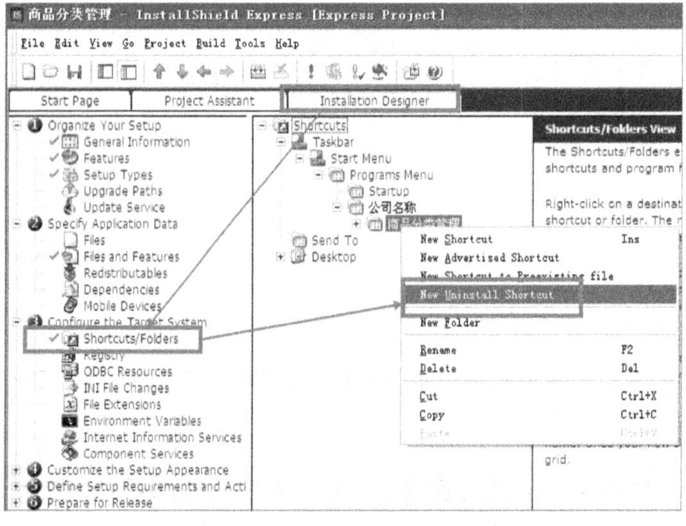

图 10-16　卸载功能配置

8. 编译安装程序

完成了基本信息配置后，就可以编译和生成安装程序了，如图 10-17 所示，单击 Build Installations 按钮完成编译。

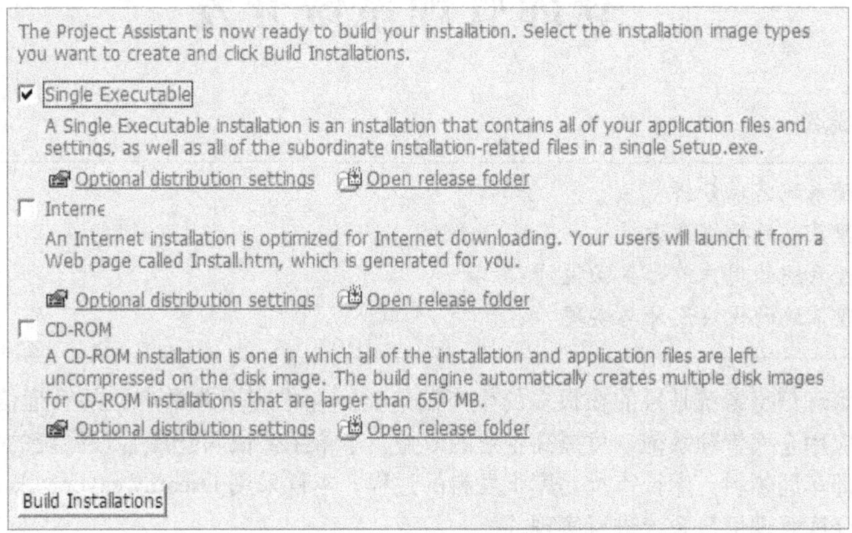

图 10-17　单片机应用程序编译

编译成功的结果提示如图 10-18 上部分所示。编译完成的安装程序如图 10-18 下部分所示，用户可根据提示的路径去找到安装程序。

```
Building CAB files...
Data1.cab built
Files built
Media table successfully built
Performing Upgrading and Patching Validation
Setup.exe created
Automatic update notification enabled
Express\SingleImage - 0 error(s), 0 warning(s)
```

Log file has been created: C:\Documents and Settings\Administrator\桌面\教材\商品管理\商品分类管理\Express\SingleImage\LogFiles\7 - 16 - 2013 01 - 14 - 54 下午.txt

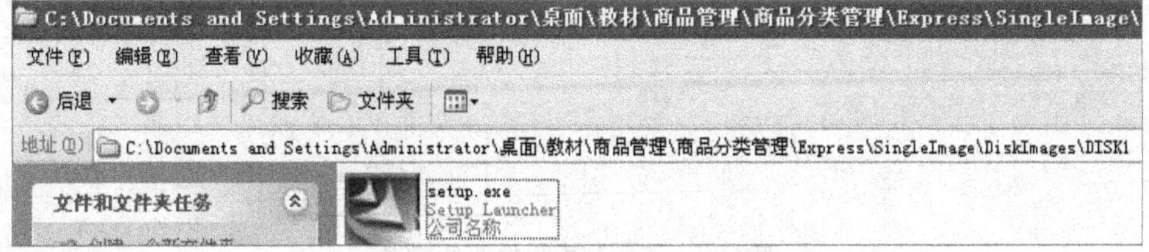

图 10-18　制作好的安装包

第 11 章　简单的基于 B/S 模式的仓库管理系统开发

本章要点：

- 仓库管理系统需求分析
- 仓库管理系统的数据库设计
- 仓库管理系统的用户前台界面设计
- 仓库管理系统的模块设计与实现

仓库管理信息系统是目前在很多的生产制造类企业中应用非常广泛的管理信息系统。企业通过应用仓库管理系统，可提高企业的效益。本章主要说明仓库管理系统的核心功能的实现，即车间领料，库长审批，库工发料的过程。本章采用 Dreamweaver＋Access 开发平台，对仓库管理信息系统进行实现。

11.1　系统需求分析

某生产企业的仓库管理流程如下：车间填写领料单到仓库领料，库长根据用料计划审批领料单，未批准的退回车间。库工收到已批准的领料单后，首先查阅库存账，若有货，则通知车间前来领取所需物料，并登记用料流水账。车间与库长的业务流程如图 11-1 所示。

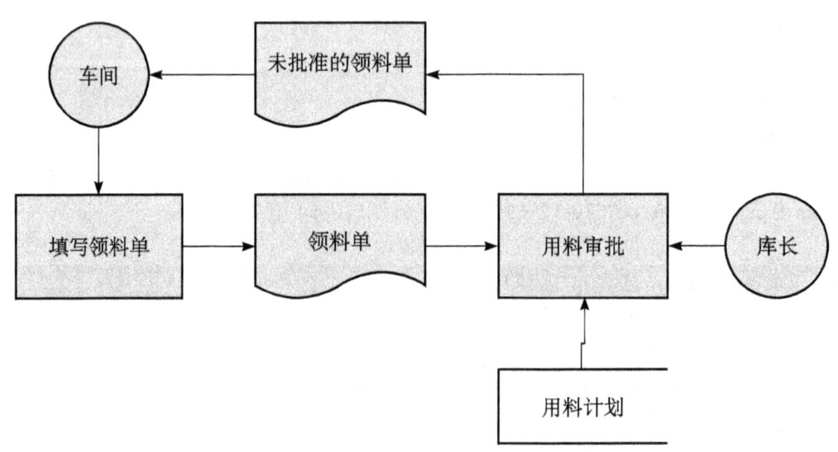

图 11-1　车间与库长的业务流程

库长与库工之间的业务流程图如图 11-2 所示。

库工与车间的业务流程图如图 11-3 所示。

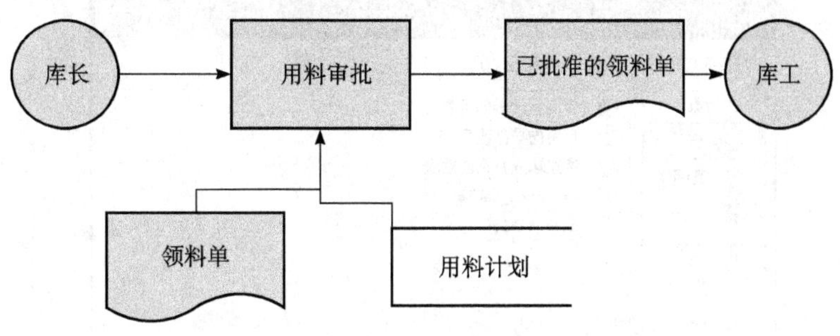

图 11-2　库长与库工之间的业务流程图

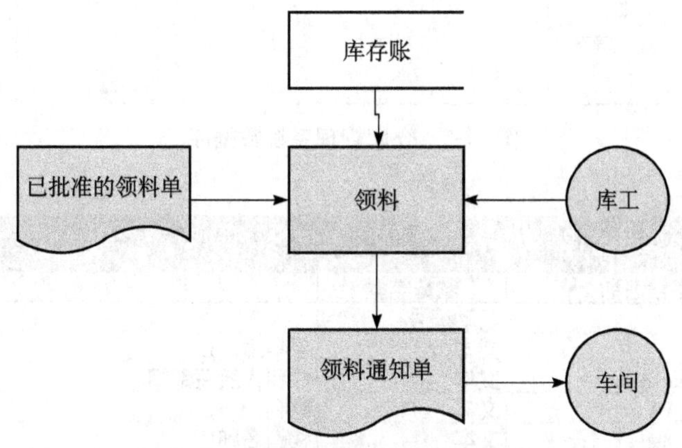

图 11-3　库工与车间的业务流程图

系统功能需求图如图 11-4 所示，不同的用户角色登录后程序界面应该是不一样的，车间登录后显示领料界面，库长登录后显示用料审批界面，而库工登录后，显示发料的界面。

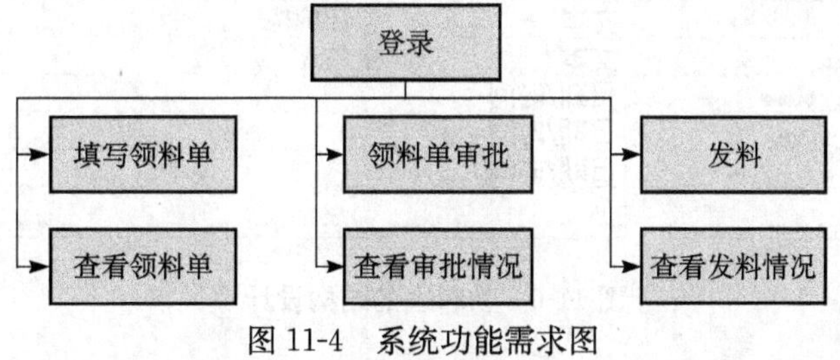

图 11-4　系统功能需求图

11.2　数据库的设计

本章主要介绍领料和发料的仓库管理核心过程，数据库采用简单的 Access，仓库管理系统的数据名称为 CK. MDB，内部有两张数据表，分别是物料表（material _ table）和用户表（user _ table），如图 11-5 所示。物料表的结构设计如图 11-6 所示，用户表的结构设计如图 11-7 所示。在用户表中，有一字段名为 jibie，该字段用来描述登录的用户权限，如果为员工，则没有审批权限，如果是部门领导，则具有审批权限。

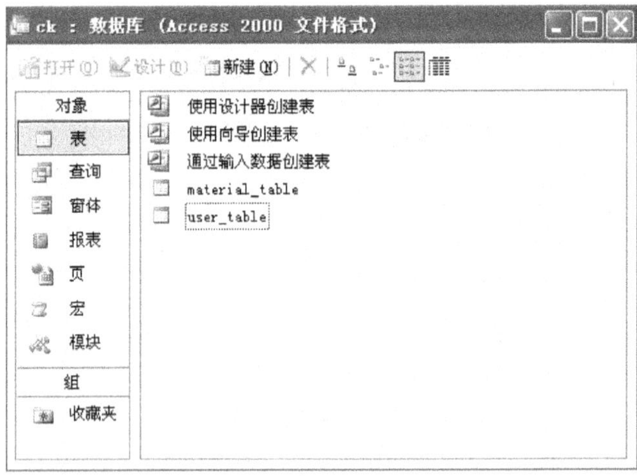

图 11-5 仓库管理系统数据库

material_table : 表

字段名称	数据类型	
id	自动编号	
user_id	文本	领料用户ID
user_department	文本	领料人所在部门
material_id	文本	物料id
material_name	文本	物料名称
material_count	文本	物料数量
sheng_pi	文本	是否审批，1表是审批，0表示没有审批
sheng_pi_ren	文本	审批人
shi_fa_shu	文本	实发数量
dan_jia	文本	单价
he_ji	文本	合计价格
fa_huo_ren	文本	发放人
shen_qing_time	日期/时间	
sheng_pi_time	日期/时间	
fa_huo_time	日期/时间	

图 11-6 物料表的结构设计

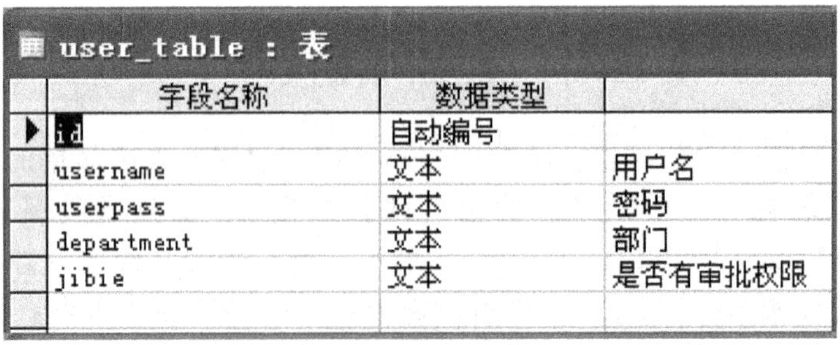

user_table : 表

字段名称	数据类型	
id	自动编号	
username	文本	用户名
userpass	文本	密码
department	文本	部门
jibie	文本	是否有审批权限

图 11-7 用户表的结构设计

11.3　用户前台界面的设计

读者可在 Dreamweaver 等网页设计软件下设计用户界面和编写程序，用户的登录界面设计如图 11-8 所示。

仓库管理信息系统用户登录

用户名

密　码

登录

图 11-8　用户的登录界面设计

用户登录后，根据不同的用户权限，显示不同的用户界面，这些界面都做在同一个文件下，如图 11-9 所示。

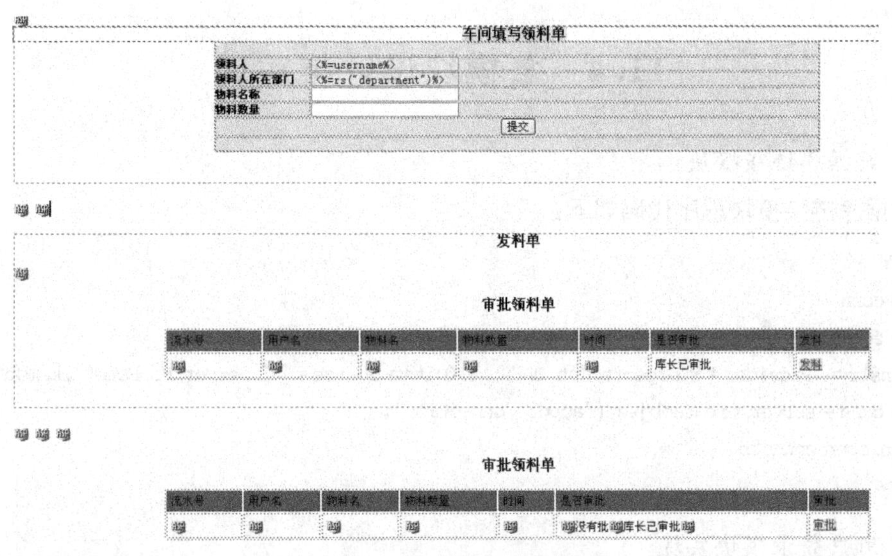

图 11-9　前台用户操作界面

其中车间填写领料单的界面如图 11-10 所示，发料操作界面如图 11-11 所示，库长审批领料单的界面如图 11-12 所示。

车间填写领料单

领料人　张车间

领料人所在部门　车间

物料名称　鞋底

物料数量　11

提交

图 11-10　车间填写领料单界面

发料单

流水号	用户名	物料名	物料数量	时间	是否审批	发料
7		鞋底40	100	2011-5-10 下午 11:11:35	库长已审批	发料
8	张车间	鞋底	400	2011-5-10 下午 11:14:32	库长已审批	发料
9	张车间	笔筒	1000	2011-5-11 上午 12:03:31	库长已审批	发料

图 11-11 发料操作界面

审批领料单

流水号	用户名	物料名	物料数量	时间	是否审批	审批
10	张车间	鞋底	11	2013-7-16 下午 02:19:58	没有批	审批
9	张车间	笔筒	1000	2011-5-11 上午 12:03:31	库长已审批	审批
8	张车间	鞋底	400	2011-5-10 下午 11:14:32	库长已审批	审批
7		鞋底40	100	2011-5-10 下午 11:11:35	库长已审批	审批
6		鞋底40	100	2011-5-10 下午 11:06:44	没有批	审批
5		鞋底40	100	2011-5-10 下午 11:05:57	没有批	审批
4		鞋底40	100	2011-5-10 下午 11:05:53	没有批	审批

图 11-12 库长审批领料单界面

11.4 各模块设计与实现

1. 数据库链接模块

数据库链接模块程序代码如下：

```
<%
dim conn
dim connstr
connstr = "Provider = Microsoft.Jet.OLEDB.4.0;Data Source = " & Server.MapPath("ck.mdb")
set conn = server.createobject("adodb.Connection")
conn.open connstr
%>
```

2. 用户登录模块实现

用户登录模块实现程序代码如下：

```
<% @LANGUAGE = "VBSCRIPT" CODEPAGE = "936" %>
<!--#include file = "conn.asp"-->
<%
username = request("username")
userpass = request("userpass")
set rs = server.createobject("adodb.recordset")
sql = "select * from user_table where username = '" & username & "' and userpass = '" & userpass & "'"
'response.write sql
'response.end
rs.open sql,conn,1,1
if rs.eof then
response.write "非法用户<a href = index.html>请返回</a>"
```

```
response.end
end if
if rs("department") = "车间" then call lingliao
if (rs("department") = "仓库" and rs("jibie") = "主任") then call shengpi
if (rs("department") = "仓库" and rs("jibie") = "员工") then call faliao
%>
```

3. 领料模块实现

领料模块实现程序代码如下：

```
<% sub lingliao %>
<form id = "form1" name = "form1" method = "post" action = "txlld.asp?username = <% = user-
name %>&department = <% = rs("department") %>>
  <p align = "center" class = "STYLE2">
  <div align = "center">车间填写领料单
    </p>
  </div>
  <table width = "60 %" border = "0" align = "center" cellpadding = "0" cellspacing = "0">
    <tr>
      <td><table width = "100 %" border = "0" cellspacing = "1" cellpadding = "0">
        <tr>
          <td colspan = "2" bgcolor = "#0099FF"> </td>
        </tr>
        <tr>
          <td width = "16 %" bgcolor = "#F3F3F3"><span class = "STYLE1">领料人</span></td>
          <td width = "84 %" bgcolor = "#F3F3F3"><input name = "username" type = "text" id
            = "username" value = "<% = username %>"disabled = "disabled" /></td>
        </tr>
        <tr>
          <td bgcolor = "#F3F3F3"><span class = "STYLE1">领料人所在部门</span></td>
          <td bgcolor = "#F3F3F3"><input name = "department" type = "text" id = "depart-
            ment" disabled = "disabled" value = "<% = rs("department") %>"/></td>
        </tr>
        <tr>
          <td bgcolor = "#F3F3F3"><span class = "STYLE1">物料名称</span></td>
          <td bgcolor = "#F3F3F3"><input name = "m_name" type = "text" id = "m_name" /></td>
        </tr>
        <tr>
          <td bgcolor = "#F3F3F3"><span class = "STYLE1">物料数量</span></td>
          <td bgcolor = "#F3F3F3"><input name = "m_count" type = "text" id = "m_count" /></td>
        </tr>
        <tr>
          <td colspan = "2" bgcolor = "#F3F3F3"><div align = "center">
            <input type = "submit" name = "Submit" value = "提交" />
```

```
            </div></td>
          </tr>
          <tr>
            <td colspan="2" bgcolor="#009AFF"> </td>
          </tr>
        </table></td>
      </tr>
    </table>
    <p>   </p>
  </form>
  <% end sub %>
  <% sub faliao %>
  <form id="form1" name="form1" method="post" action="">
    <p align="center" class="STYLE2">发料单</p>
    <%
  set rs2=server.createobject("adodb.recordset")
  sql2="select * from material_table where sheng_pi='1'"
  rs2.open sql2,conn,1,1
  if rs2.eof then
  response.write"<font color=red>记录为空!</font>"
  end if
  %>
    <p align="center" class="STYLE2">审批领料单</p>
    <table width="70%" border="0" align="center" cellpadding="5" cellspacing="2" class="bk">
    <tr bgcolor="#FF0000">
      <td bgcolor="#0066FF"><span class="style2 STYLE3 STYLE5"><span class="style2
        STYLE3 STYLE4"><span class="style2 STYLE3 ">流水号</span></span></span></
        td>
      <td bgcolor="#0066FF"><span class="style2 STYLE3 STYLE4"><span class="style2
        STYLE3 STYLE5"><span class="style2 STYLE3 STYLE4"><span class="style2 STYLE3">
        用户名</span></span></span></span></td>
      <td bgcolor="#0066FF"><span class="style2 STYLE3 STYLE4"><span class="style2
        STYLE3 STYLE5"><span class="style2 STYLE3 STYLE4"><span class="style2 STYLE3">
        物料名</span></span></span></span></td>
      <td bgcolor="#0066FF"><span class="style2 STYLE3 STYLE4"><span class="style2
        STYLE3 STYLE5"><span class="style2 STYLE3 STYLE4"><span class="style2 STYLE3">
        物料数量</span></span></span></span></td>
      <td bgcolor="#0066FF"><span class="style2 STYLE3 STYLE4"><span class="style2
        STYLE3 STYLE5"><span class="style2 STYLE3 STYLE4"><span class="style2 STYLE3">
        时间</span></span></span></span></td>
      <td bgcolor="#0066FF"><span class="style2 STYLE3 STYLE4"><span class="style2
        STYLE3 STYLE5"><span class="style2 STYLE3 STYLE4"><span class="style2 STYLE3">
        是否审批</span></span></span></span></td>
  <td bgcolor="#0066FF"><span class="style2 STYLE3 STYLE4"><span class="style2 STYLE3
```

```
    STYLE5"><span class = "style2 STYLE3 STYLE4"><span class = "style2 STYLE3">发料</span
    ></span></span></span></td>
    </tr>
    <% do while not rs2.eof %>
    <tr bgcolor = "#00CCFF">
      <td bgcolor = "#FFFFFF" class = "bk STYLE5"><% = rs2(0) %></td>
      <td bgcolor = "#FFFFFF" class = "bk STYLE5"><% = rs2(1) %></td>
      <td bgcolor = "#FFFFFF" class = "bk STYLE5"><% = rs2(4) %></td>
      <td bgcolor = "#FFFFFF" class = "bk STYLE5"><% = rs2(5) %></td>
      <td bgcolor = "#FFFFFF" class = "bk STYLE5"><% = rs2(12) %></td>
      <td bgcolor = "#FFFFFF" class = "bk">库长已审批</td>
  <td bgcolor = "#FFFFFF" class = "bk STYLE5"> <a href = faliao.asp?id = <% = rs2(0) %>
&username = <% = username %>>发料</a></td>
    </tr>
    <%
  rs2.movenext
  loop
  %>
  </table>
    <p>  </p>
  </form>
  <% end sub %>
  <% sub shengpi %>
  <%
  set rs1 = server.createobject("adodb.recordset")
  sql1 = "select * from material_table order by id desc"
  rs1.open sql1,conn,1,1
  if rs1.eof then
  response.write"<font color = red>记录为空!</font>"
  end if
  %>
    <p align = "center" class = "STYLE2">审批领料单</p>
    <table width = "70%" border = "0" align = "center" cellpadding = "5" cellspacing = "2" class = "bk">
    <tr bgcolor = "#FF0000">
      <td bgcolor = "#0066FF"><span class = "style2 STYLE3 STYLE5"><span class = "style2
        STYLE3 STYLE4"><span class = "style2 STYLE3 ">流水号</span></span></span></
        td>
      <td bgcolor = "#0066FF"><span class = "style2 STYLE3 STYLE4"><span class = "style2
        STYLE3 STYLE5"><span class = "style2 STYLE3 STYLE4"><span class = "style2 STYLE3">
        用户名</span></span></span></span></td>
      <td bgcolor = "#0066FF"><span class = "style2 STYLE3 STYLE4"><span class = "style2
        STYLE3 STYLE5"><span class = "style2 STYLE3 STYLE4"><span class = "style2 STYLE3">
        物料名</span></span></span></span></td>
      <td bgcolor = "#0066FF"><span class = "style2 STYLE3 STYLE4"><span class = "style2
```

```
        STYLE3 STYLE5"><span class = "style2 STYLE3 STYLE4"><span class = "style2 STYLE3">
        物料数量</span></span></span></span></td>
      <td bgcolor = "#0066FF"><span class = "style2 STYLE3 STYLE4"><span class = "style2
        STYLE3 STYLE5"><span class = "style2 STYLE3 STYLE4"><span class = "style2 STYLE3">
        时间</span></span></span></span></td>
      <td bgcolor = "#0066FF"><span class = "style2 STYLE3 STYLE4"><span class = "style2
        STYLE3 STYLE5"><span class = "style2 STYLE3 STYLE4"><span class = "style2 STYLE3">
        是否审批</span></span></span></span></td>
  <td bgcolor = "#0066FF"><span class = "style2 STYLE3 STYLE4"><span class = "style2 STYLE3
    STYLE5"><span class = "style2 STYLE3 STYLE4"><span class = "style2 STYLE3">审批</span
    ></span></span></span></td>
    </tr>
    <% do while not rs1.eof %>
    <tr bgcolor = "#00CCFF">
      <td bgcolor = "#FFFFFF" class = "bk STYLE5"><% = rs1(0) %></td>
      <td bgcolor = "#FFFFFF" class = "bk STYLE5"><% = rs1(1) %></td>
      <td bgcolor = "#FFFFFF" class = "bk STYLE5"><% = rs1(4) %></td>
      <td bgcolor = "#FFFFFF" class = "bk STYLE5"><% = rs1(5) %></td>
      <td bgcolor = "#FFFFFF" class = "bk STYLE5"><% = rs1(12) %></td>
      <td bgcolor = "#FFFFFF" class = "bk"><% if rs1(6) = 0 then %>没有批<% else %>库长
        已审批<% end if %></td>
  <td bgcolor = "#FFFFFF" class = "bk STYLE5"> <a href = shengpi.asp? id = <% = rs1(0) %>
&username = <% = username %>>审批</a></td>
    </tr>
    <%
  rs1.movenext
  loop
  %>
  </table>
    <p>   </p>
  <% end sub %>
  </body>
  </html>
```

4. 填写领料单

填写领料单模块程序代码如下：

```
<! - - #include file = "conn.asp" - - >
<%
username = request("username")
department = request("department")
set rs = server.createobject("adodb.recordset")
sql = "select * from material_table"
rs.open sql,conn,1,3
```

```
rs.addnew
rs("user_id") = username
rs("user_department") = department
rs("material_name") = request("m_name")
rs("material_count") = request("m_count")
rs.update
response.write username&"您好,你填写的领料单已发到库长等待审批,流水号是:"&rs("id")&"<a href = display.asp>查看页面</a>"
rs.close
%>
```

5. 领料单审批模块

领料单审批模块程序代码如下：

```
<!--#include file = "conn.asp"-->
<%
id = request("id")
username = request("username")
set rs = server.createobject("adodb.recordset")
sql = "select * from material_table where id = "&id
rs.open sql,conn,1,3
rs("sheng_pi") = 1
rs("sheng_pi_ren") = username
rs.update
rs.close
response.Redirect"userlogin.asp?username = "&username&"&userpass = 111"
%>
```

6. 领料结果显示模块

领料结果显示模块程序代码如下：

```
<!--#include file = "conn.asp"-->
<%
set rs = server.createobject("adodb.recordset")
sql = "select * from material_table order by id desc"
rs.open sql,conn,1,1
if rs.eof then
response.write"<font color = red>记录为空!</font>"
end if
%>
<!DOCTYPE html PUBLIC "-//W3C//DTD XHTML 1.0 Transitional//EN" "http://www.w3.org/TR/xhtml1/DTD/xhtml1-transitional.dtd">
<html xmlns = "http://www.w3.org/1999/xhtml">
<head>
<meta http-equiv = "Content-Type" content = "text/html; charset = gb2312" />
<title>领料单查看</title>
```

```
<style type="text/css">
<!--
.style1 {font-size: 24px}
.style2 {color: #FFFF00}
-->
</style>
<link href="123.css" rel="stylesheet" type="text/css" />
<style type="text/css">
<!--
.STYLE3 {color: #FFFFFF}
-->
</style>
<link href="../123.css" rel="stylesheet" type="text/css" />
<style type="text/css">
<!--
.STYLE4 {font-size: 12}
.STYLE5 {font-size: 12px}
-->
</style>
</head>
<body>
<p align="center" class="style1">领料单查看</p>
<table width="70%" border="0" align="center" cellpadding="5" cellspacing="2" class="
bk">
  <tr bgcolor="#FF0000">
    <td bgcolor="#0066FF"><span class="style2 STYLE3 STYLE5"><span class="style2
      STYLE3 STYLE4"><span class="style2 STYLE3 ">流水号</span></span></span></
      td>
    <td bgcolor="#0066FF"><span class="style2 STYLE3 STYLE4"><span class="style2
      STYLE3 STYLE5"><span class="style2 STYLE3 STYLE4"><span class="style2 STYLE3">
      用户名</span></span></span></span></td>
    <td bgcolor="#0066FF"><span class="style2 STYLE3 STYLE4"><span class="style2
      STYLE3 STYLE5"><span class="style2 STYLE3 STYLE4"><span class="style2 STYLE3">
      物料名</span></span></span></span></td>
    <td bgcolor="#0066FF"><span class="style2 STYLE3 STYLE4"><span class="style2
      STYLE3 STYLE5"><span class="style2 STYLE3 STYLE4"><span class="style2 STYLE3">
      物料数量</span></span></span></span></td>
    <td bgcolor="#0066FF"><span class="style2 STYLE3 STYLE4"><span class="style2
      STYLE3 STYLE5"><span class="style2 STYLE3 STYLE4"><span class="style2 STYLE3">
      时间</span></span></span></span></td>
    <td bgcolor="#0066FF"><span class="style2 STYLE3 STYLE4"><span class="style2
      STYLE3 STYLE5"><span class="style2 STYLE3 STYLE4"><span class="style2 STYLE3">
      是否审批</span></span></span></span></td>
```

```
  </tr>
  <% do while not rs.eof %>
  <tr bgcolor="#00CCFF">
    <td bgcolor="#FFFFFF" class="bk STYLE5"><%=rs(0)%></td>
    <td bgcolor="#FFFFFF" class="bk STYLE5"><%=rs(1)%></td>
    <td bgcolor="#FFFFFF" class="bk STYLE5"><%=rs(4)%></td>
    <td bgcolor="#FFFFFF" class="bk STYLE5"><%=rs(5)%></td>
    <td bgcolor="#FFFFFF" class="bk STYLE5"><%=rs(12)%></td>
    <td bgcolor="#FFFFFF" class="bk"><% if rs(6)=0 then%>没有批<%else%>库长已
      审批<%end if%></td>
  </tr>
  <%
rs.movenext
loop
%>
</table>
<p> </p>
</body>
</html>
```

7. 发料模块

发料模块的程序代码如下：

```
<!--#include file="conn.asp"-->
<%
username=request("username")
id=request("id")
set rs=server.createobject("adodb.recordset")
sql="select * from material_table where id="&id
rs.open sql,conn,1,3
%>

<style type="text/css">
<!--
.STYLE1 {font-size: 12px}
.STYLE2 {font-size: 16px;
    font-weight: bold;
}
-->
</style>
<form id="form1" name="form1" method="post" action="">
  <p align="center" class="STYLE2">发料单</p>
  <table width="60%" border="0" align="center" cellpadding="0" cellspacing="0">
    <tr>
      <td><table width="100%" border="0" cellspacing="1" cellpadding="0">
```

```
          <tr>
            <td colspan="4" bgcolor="#0099FF"> </td>
          </tr>
          <tr>
            <td width="20%" bgcolor="#F3F3F3"><span class="STYLE1">领料人</span>
              </td>
            <td width="27%" bgcolor="#F3F3F3"><%=rs("user_id")%></td>
            <td width="21%" bgcolor="#F3F3F3"><span class="STYLE1">发料人</span>
              </td>
            <td width="32%" bgcolor="#F3F3F3"><input type="text" name="textfield"
              value=<%=username%>/></td>
          </tr>
          <tr>
            <td bgcolor="#F3F3F3"><span class="STYLE1">领料人所在部门</span></td>
            <td bgcolor="#F3F3F3"><%=rs("user_department")%></td>
            <td bgcolor="#F3F3F3"><span class="STYLE1">发料人所在部门</span></td>
            <td bgcolor="#F3F3F3"><input type="text" name="textfield2" value="仓库
              部"/></td>
          </tr>
          <tr>
            <td bgcolor="#F3F3F3"><span class="STYLE1">物料名称</span></td>
            <td bgcolor="#F3F3F3"><%=rs("material_name")%></td>
            <td bgcolor="#F3F3F3"><span class="STYLE1">物料名称</span></td>
            <td bgcolor="#F3F3F3"><input type="text" name="textfield3" value=<%=rs
              ("material_name")%>/></td>
          </tr>
          <tr>
            <td bgcolor="#F3F3F3"><span class="STYLE1">物料数量</span></td>
            <td bgcolor="#F3F3F3"><%=rs("material_count")%></td>
            <td bgcolor="#F3F3F3"><span class="STYLE1">实发数量</span></td>
            <td bgcolor="#F3F3F3"><input type="text" name="textfield4" /></td>
          </tr>
          <tr>
            <td colspan="4" bgcolor="#F3F3F3"><div align="center">
              <input type="submit" name="Submit" value="发料" />
            </div></td>
          </tr>
          <tr>
            <td colspan="4" bgcolor="#009AFF"> </td>
          </tr>
        </table></td>
      </tr>
    </table>
    <p>  </p>
  </form>
```

第 12 章　人力资源管理信息系统的应用

本章要点：

- ■ 人力资源管理信息系统概述
- ■ 人力资源管理信息系统的操作
- ■ 人力资源管理信息系统的分析
- ■ 人力资源管理信息系统的测试
- ■ 人力资源管理信息系统的维护工作

12.1　人力资源管理信息系统概述

12.1.1　人力资源管理信息系统的概念

人力资源管理信息系统（Human Resources Management Information System，HRMIS），是指组织或社会团体运用系统学理论方法，对企业的人力资源管理方方面面进行分析、规划、实施、调整，提高企业人力资源管理水平，使人力资源更有效地服务于组织或团体目标。

人力资源管理系统所提供的信息主要包括以下一些特点：

（1）时效性。这种信息必须是最新的信息，而且要在需要的前提下及时提供给管理者和人力资源计划者。

（2）准确性。这种信息必须是真实可靠的准确信息，主要包括信息来源要真实可靠，信息处理要真实准确，信息提供要符合要求。

（3）全面性。这种信息不能只是片面和部分的信息，应该是全面的完整的信息。

（4）相关性。这种相关性主要表现在信息要互相关联、相互印证、信息提供要符合管理者的需要等。

人力资源管理信息系统的基本职能具体可细分为以下几个方面：

（1）存储和提供常规信息。组织中的常规信息主要是按时间进度汇总的数据资料。一般来说，每周和月度的人力资源信息数据要送达中层管理人员，而季度的数据可能要送达最高管理层。

（2）存储和提供例外信息。这种例外信息主要是指非常规的人力资源信息，包括组织外部环境、内部条件的变化对企业人力资源工作提出的新的要求，是否需要招聘和选拔新员工，是否需要对员工进行新的培训等。

（3）存储和提供所需信息。有时，组织的管理者有自己的特殊需要，要求有关方面提供特殊的人力信息。比如，管理者需要了解具有五年以上工作经验能熟练使用英语交流的工程师的数量，这时人力资源管理信息系统能及时提供这样的报表。

（4）进行人力资源预测。单位的人力资源预测主要由人力资源计划者来完成，但是有一些人力资源预测任务也可以由人力资源管理信息系统来完成，人力资源管理信息系统可以根据企业产品的市场需求来预测所需员工的数量、质量和类型等。

12.1.2 人力资源管理信息系统应用状况分析

随着企业改革的不断深入及企业的不断发展，企业人力资源管理的信息化建设越来越显现出不足及强化的必要性。近年来，企业的经营规模呈迅猛发展的态势，对人力资源的需求已经成为制约企业进一步发展的瓶颈。人力资源的匮乏，首先是人力资源信息的匮乏。如何满足企业对人才的渴求，如何更加合理地配置人力资源，如何开发现有人力资源的潜能成为人力资源管理工作者经常研究的问题。实现信息化管理，为解决上述问题提供了强有力的工具。

实现人力资源信息化管理，标志着人力资源管理水平的总体提升。借助信息化管理软件，可以规范业务流程，避免人为的疏漏；可以在统一的数据库平台上加强人力资源的共享与流动，也可以及时为人才的配置、考核、开发、奖惩提供真实的信息。

随着制度的改革、法制的健全，企业在用人方式上开始多样化，即正式职工、聘用人员、临时工等多种形式并存，这些都为人事管理提出了新课题。在科学技术迅速发展的今天，人事信息工作应更好地为选拔人才、加速人才培养、合理配置人力资源服好务，应强化一个管理体制，处理好各种关系，实现有利转变，开发多种利用方式。

12.2 人力资源管理信息系统的操作

任务 12-1：人力资源管理信息系统的应用

［**任务描述**］

本节内容所需要的软件及相关技术资料是我院计算机信息管理专业的校企合作单位温州恒诺信息科技有限公司提供，软件名称是《新动力通用人力资源管理系统 V5》，在此向该公司表示感谢，该软件下载地址为 http：//www.etosoft.com。

该人力资源管理系统是一个小型的综合的管理系统，它包括招聘信息管理、培训信息管理、绩效信息管理、工资信息管理、档案信息管理 5 个子系统，每个子系统又包括多方面的功能，如招聘信息管理包括职位查询、职位增加、职位删除、职位更新。工资信息管理包括基本工资查询、工资统计。

本系统针对公司的具体情况对人力资源管理方面的信息提供添加、修改、查询等功能，使公司能够合理存储员工的各方面信息，方便查询和修改，提高工作效率，实现管理高效率、实时性、安全性、一致性、科学化和现代化。系统的数据由人力资源部通过计算机键盘输入，各部门就可以共享信息资源，及时提供有效的信息。同时，对系统安全和一致性方面也提出了明确而严格的信息要求。

［具体操作］

1. 系统登录

运行软件“新动力通用人事工资管理系统”，用户名选管理员，密码是“111111”，如图 12-1 所示，正确登录后出现软件的主界面，如图 12-2 所示。

图 12-1　人力资源管理系统登录

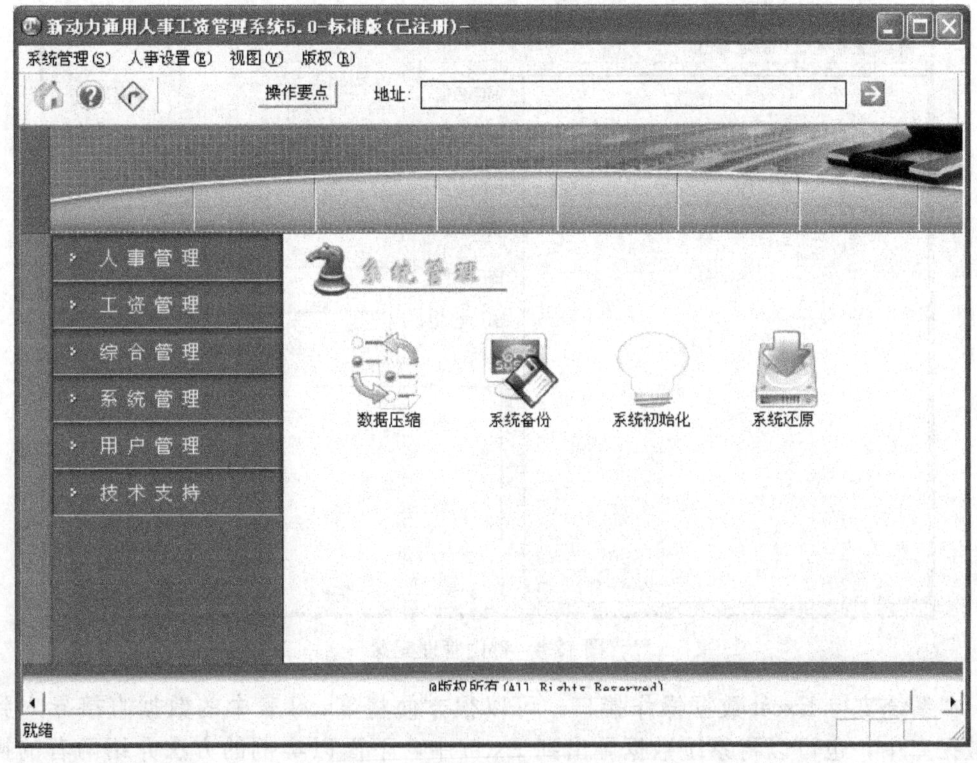

图 12-2　人力资源管理系统主界面

2. 人力资源管理信息系统的基础数据配置

人力资源管理信息系统的基础数据配置包括单位信息配置、部门配置、员工基本信息配置等，在系统主界面下，分别可在“人事设置→单位信息，人事设置→部门管理，人事设置→基本资料管理”菜单中进行操作。相关操作如图 12-3～图 12-5 所示。

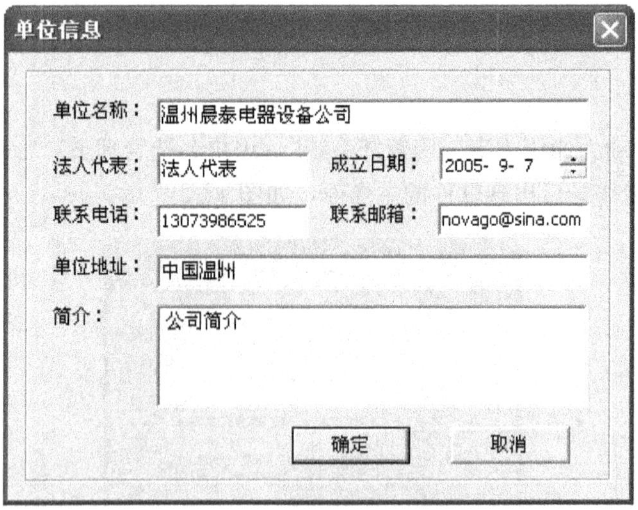

图 12-3 单位信息配置

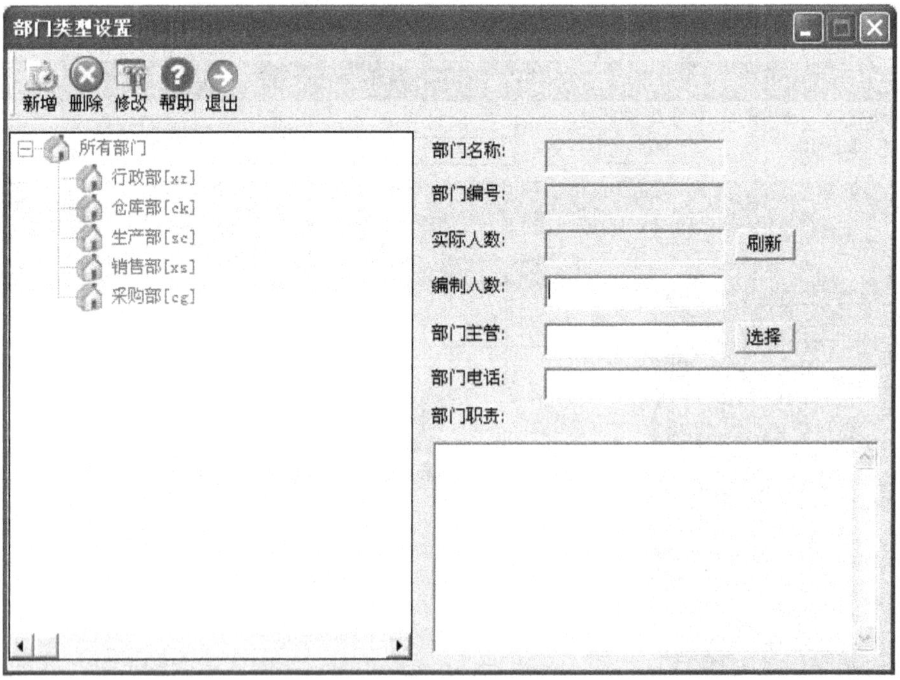

图 12-4 部门管理配置

本系统支持 Excel 数据操作接口，可以很方便将 Excel 表中的数据直接导入到系统数据库中，也可以将系统数据导出到 Excel 中，下面以实例的方法介绍两者的操作过程。

首先设定描述一个员工信息的基本字段，即人事基本资料设置，如图 12-6 所示，在图中可以增加字段或删除不需要的字段。

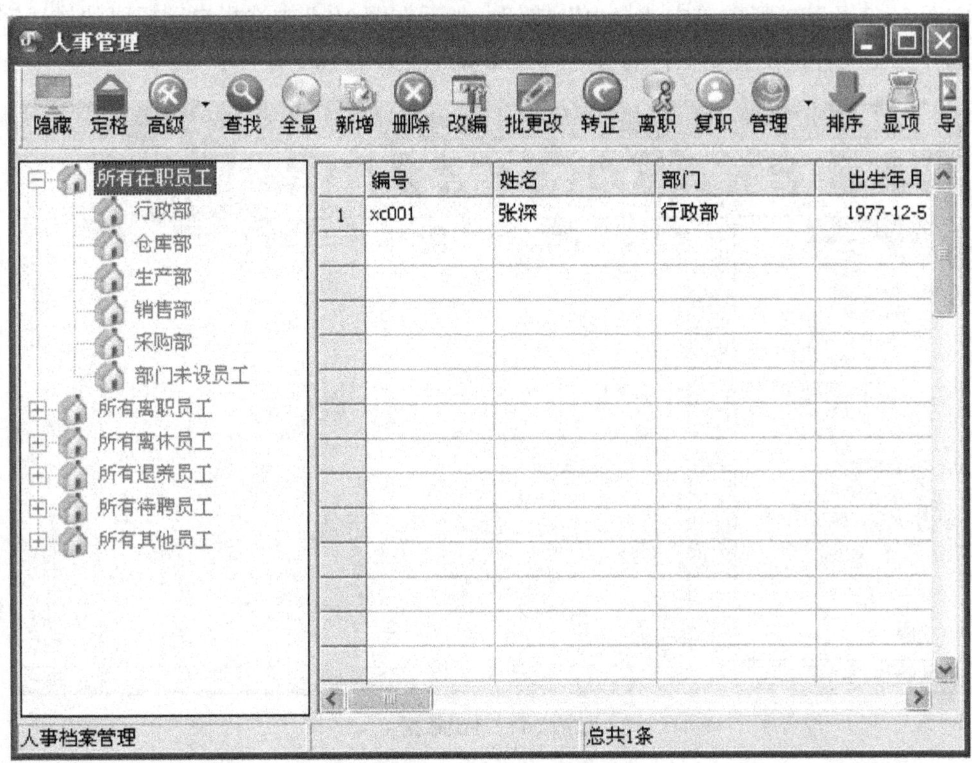

图 12-5 员工基本信息配置

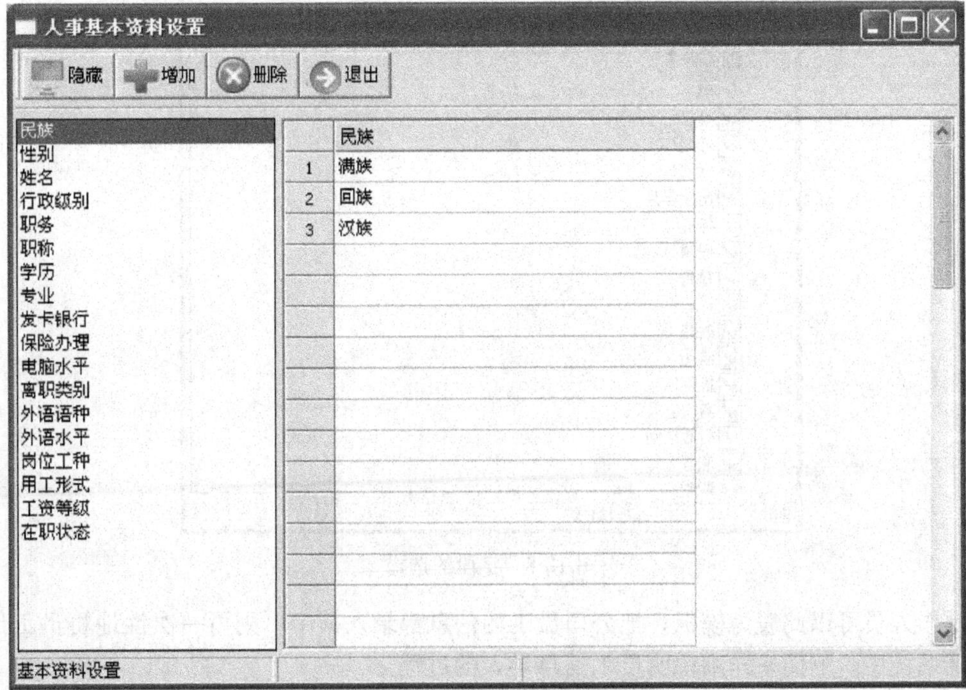

图 12-6 人事基本资料设置

在图 12-7 的菜单栏中单击“导出”按钮，然后在图 12-8 中选择自己想要的描述字段，最后选择导出文件的位置及文件名称，导出 Excel 表如图 12-9 所示。

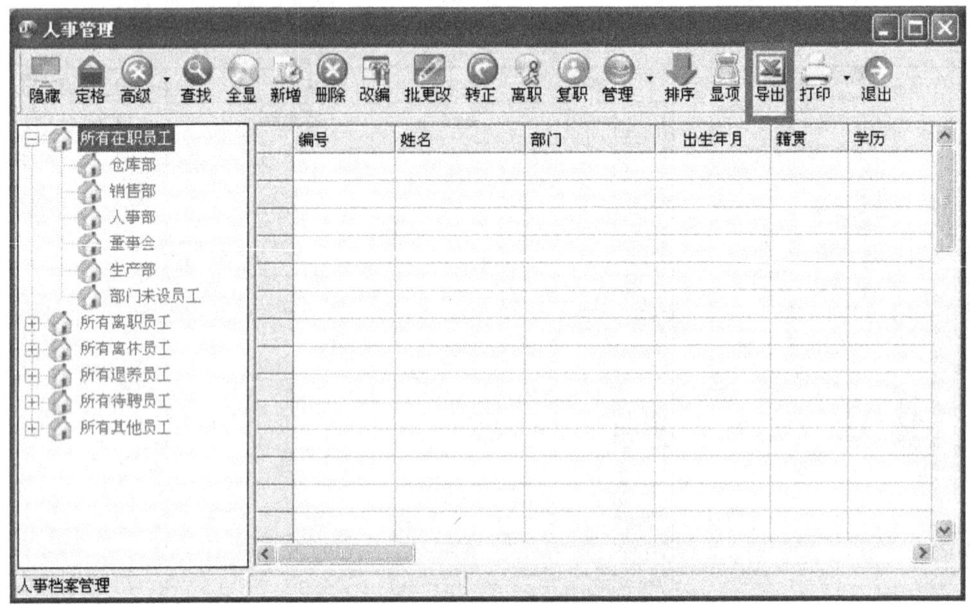

图 12-7 导出数据

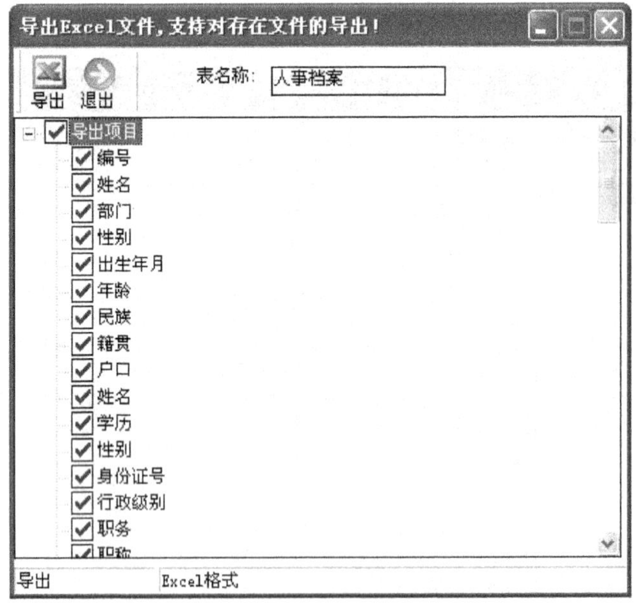

图 12-8 字段的选择

操作人员可以此表为模板，把公司员工的信息都录入其中，则可一次性地将员工信息导入到系统中。下面来详细说明员工信息导入的过程。

首先将员工信息录入到 Excel 模板中，如图 12-10 所示。然后进入到人力资源管理系统，执行“人事设置”→“人事数据导入”命令，如图 12-11 所示。

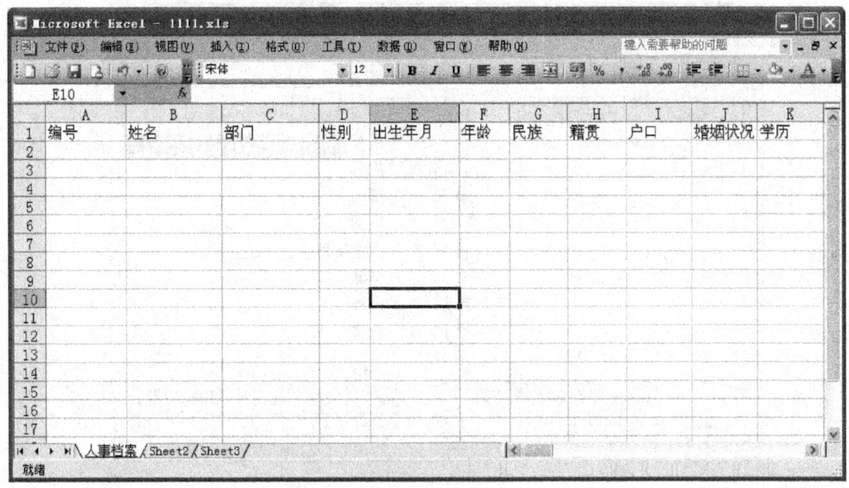

图 12-9　导出的 Excel 表格

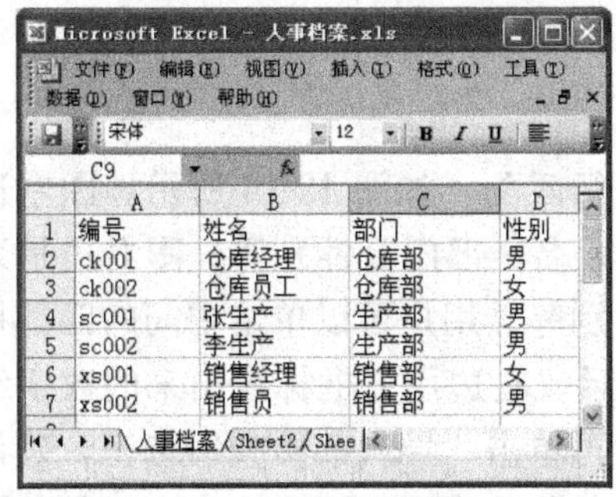

图 12-10　员工基本信息表

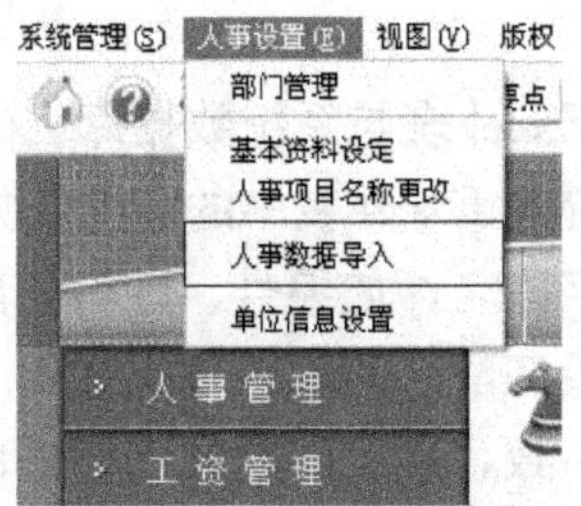

图 12-11　人事数据导入

弹出“Excel 文件导入”对话框，如图 12-12 所示。在该对话框中选择所要打开的文件，如图 12-13 所示。

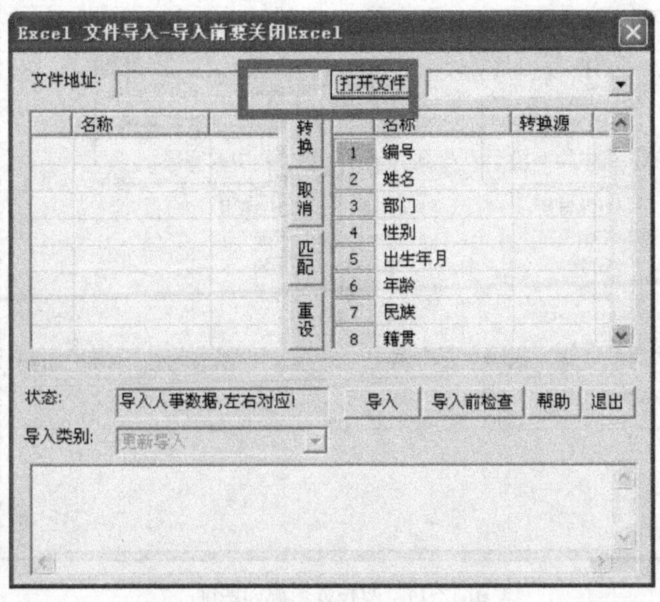

图 12-12　“Excel 文件导入”对话框

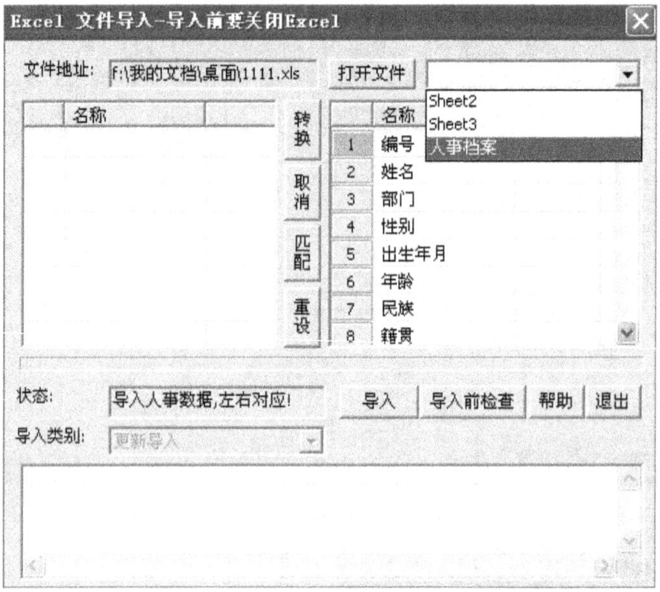

图 12-13 打开 Excel 文件

然后对 Excel 表与系统数据库表的字段进行匹配，如图 12-14 所示。图左边显示的是要导入到系统的 Excel 表中的字段，如编号、姓名、部门及性别等。图右边是系统数据库对应的数据字段名，如编号、姓名、部门及性别等。用户可以单击中间的匹配按钮进行左右两边的字段匹配，匹配的效果如图 12-15 所示。右边用方框标注出来的数字编号与左边的数字编号一致，表示匹配成功。完成匹配后再单击“导入前检查”按钮，确认无误后再单击“导入”按钮。这样左边 Excel 中的数据会批量地导入到系统之中，避免了在系统中一条一条信息的录入，减轻了用户的工作量。

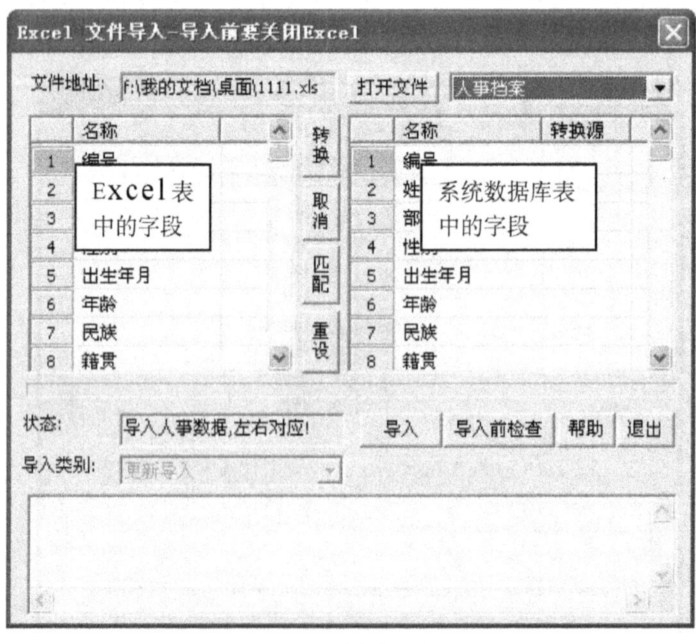

图 12-14 两种数据源的匹配

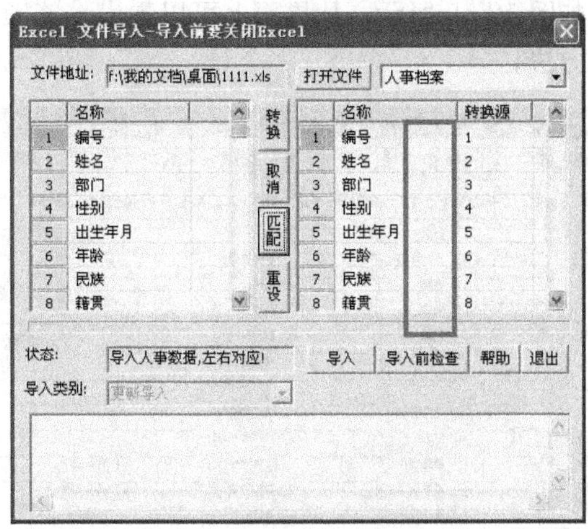

图 12-15　数据的匹配效果

单击“确定”按钮后，效果如图 12-16 所示。

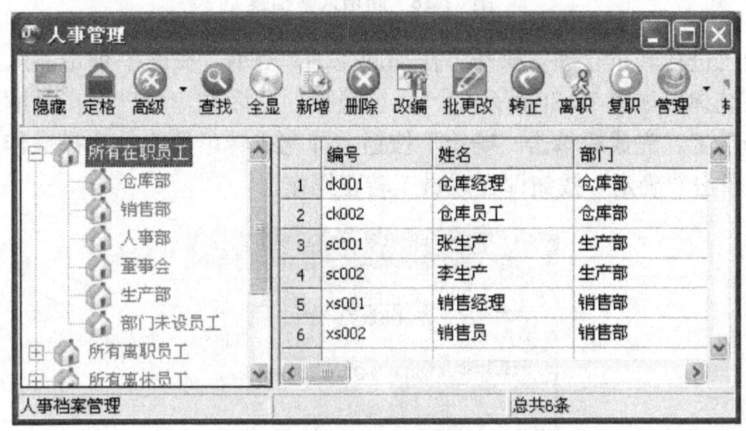

图 12-16　员工基本信息导入效果图

3. 人事档案管理的应用

本系统的人事档案管理的主要操作包括新增、查找、改编、转正、离职、复职、导出及打印等。相关的操作按钮如图 12-17 所示。

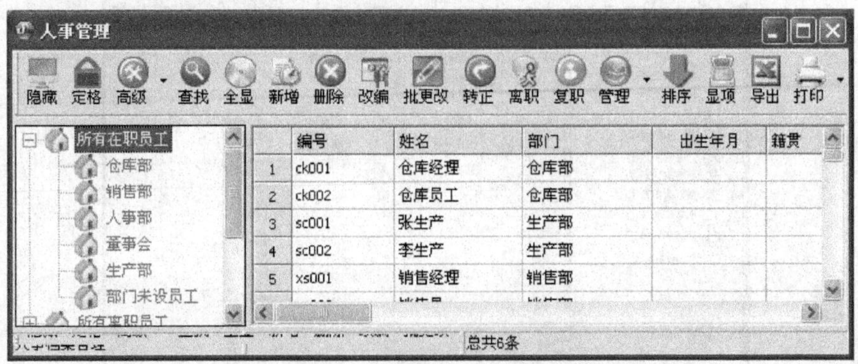

图 12-17　人事档案管理主界面

新增人事档案操作如图 12-18 所示，从界面上可以看出，该操作比较麻烦，故最简单的方法还是采用导入的方法。

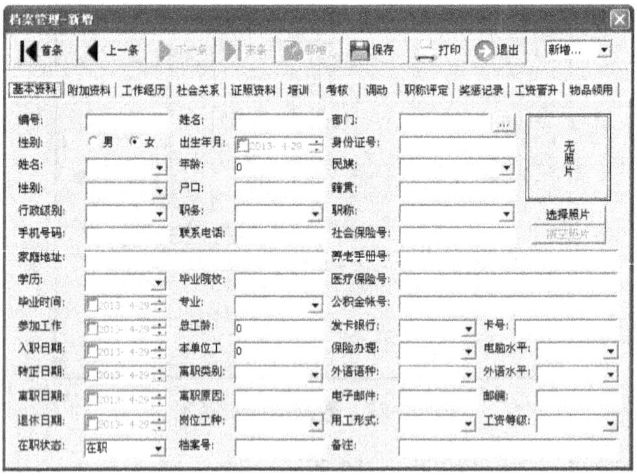

图 12-18 新增人事档案

若要对员工进行转正管理，操作方法如图 12-19 所示。在图中单击“人员选择”选项右边的…，系统弹出如图 12-20 所示的“人员选择”对话框。用户可在仓库部、销售部等部门进行选择员工，完成后单击“确定”按钮，即完成转正员工的选择操作。选择完成后在图 12-19 中单击“确定”按钮即完成员工转正操作。

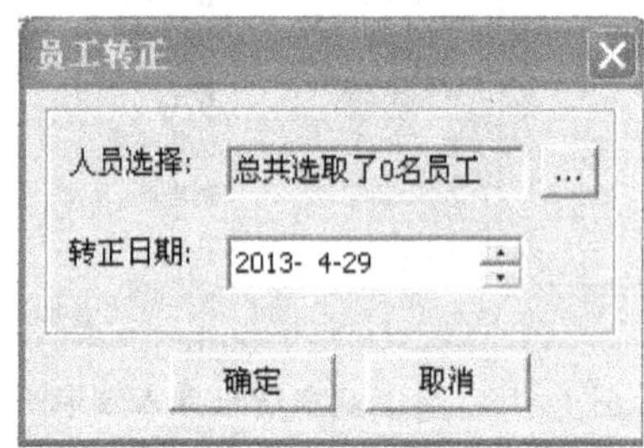

图 12-19 员工转正操作

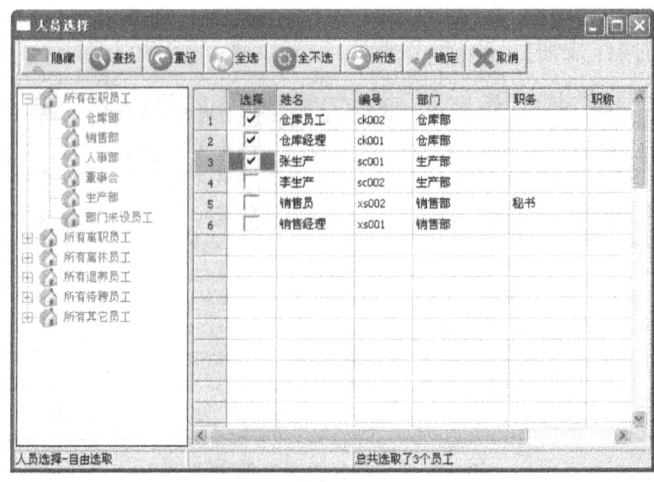

图 12-20 “人员选择”对话框

员工的基本信息打印输出操作如图 12-21 所示。员工档案表将会以报表的格式输出，此界面还可对员工的输出信息进行报表形式浏览。

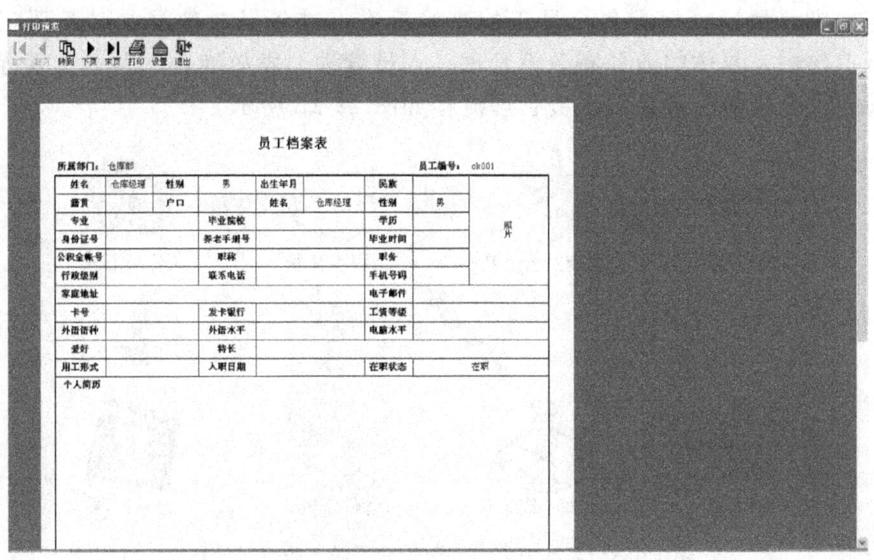

图 12-21　员工信息输出

员工的考勤信息管理的操作类似于员工基本信息操作，需要将员工考勤信息事先做在一张 Excel 表中然后导入。员工考勤表如图 12-22 所示。

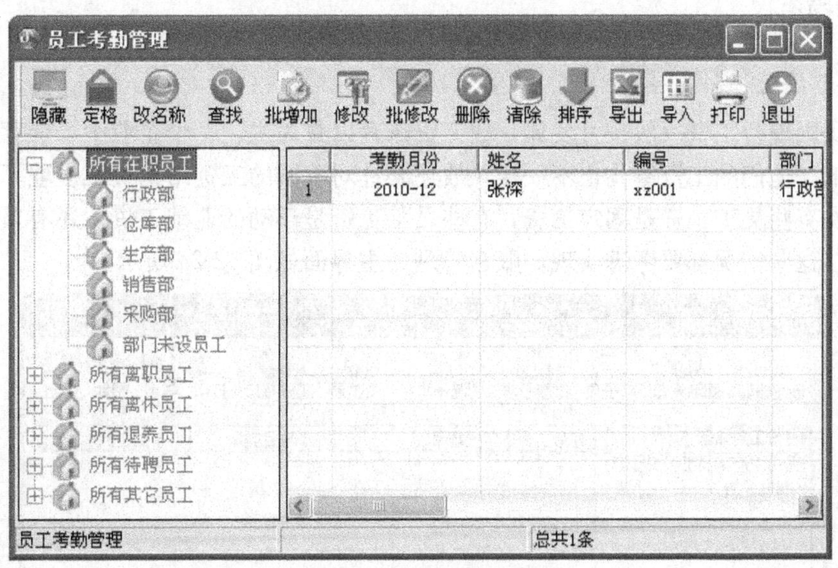

图 12-22　员工考勤管理

任务 12-2：工资管理的应用

［**任务描述**］

工资管理中，首先，要依据社会环境、企业性质、管理方法、支付对象等诸多因素，确定工资构成。其次，要依据职务职位、工作岗位、工龄长短、工作时间、工作绩效等多种因素确定工资标准。再次，根据员工的实际情况，对照上述标准，确定员工的享受标准。最后，根据各个员工的享受标准，准备发放数据、财务部门兑现发放。实际工作中，具体的业务有政策管理、人员管理、发放准备、财务兑现等 4 个方面。新动力人力资源管理系统工资管理流程如图 12-23 所示。

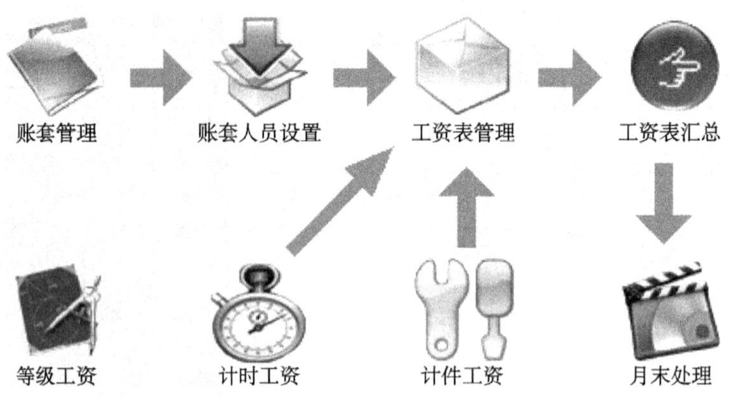

图 12-23 新动力人力资源管理系统工资管理流程

新动力人力资源管理系统中，可以很方便地对员工的基本工资进行管理，主要的流程包括账套设置、工资结构设置、税率设置、设置账套应用的人员及最后生成工资。

[**具体操作**]

1. 账套设置

由于我国现行工资一般按月发放，故工资账套以月为主。一个企业中可能存在着不同种类的员工，他们的工资结构也不一样，故还要针对不同的工资结构员工设置不同的月份账套。另外有些员工工资是固定工资，有些员工工资是浮动的业绩工资，还有员工工资是计件工资，这些情况都要考虑实现。账套管理的主界面如图 12-24 所示。

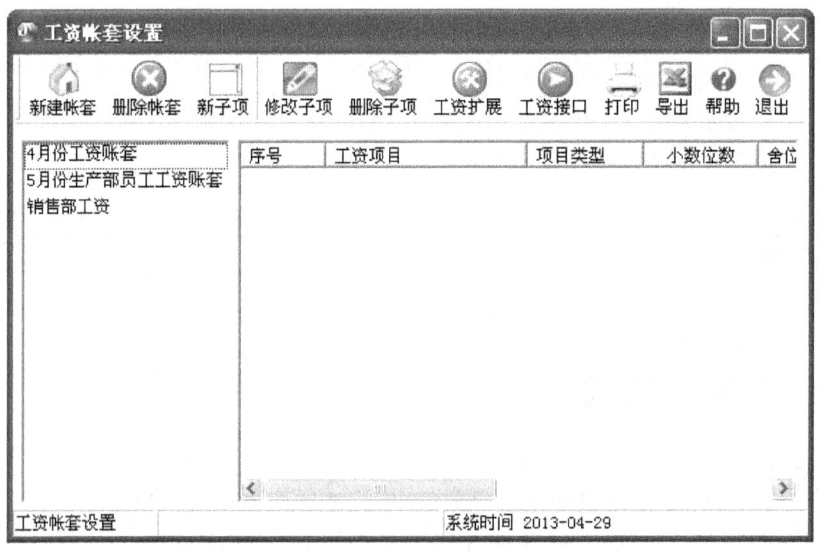

图 12-24 账套管理的主界面

（1）新建账套

在账套管理的主界面中单击“新建账套”，出现“新建工资账套”对话框如图 12-25 所示，需要确认账套编号及账套名称。

（2）新建账套工资的子项目

账套工资的子项目是指工资是由哪几个项目组成的，如工资由基本工资加奖金组成，则基本工资和奖金就是工资的子项目，在新建账套工资的子项目对话框（见图 12-26）中，用户需要对各个子项目进行编号、确定工资子项目的名称、项目的类型，项目的类型由计算项、输入项和所得税项构成，输入项是固定值，所得税项要根据国家的个人所得税税率来计算，计算项则是根据不同工资计算规则来生成的，是个变化的值，后面会详细介绍。

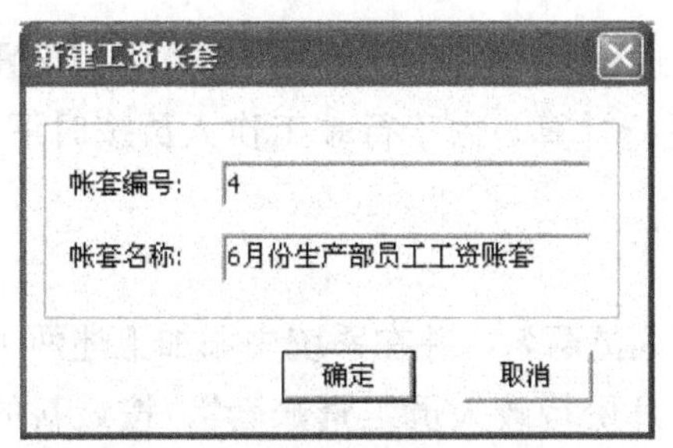

图 12-25　“新建工资账套”对话框

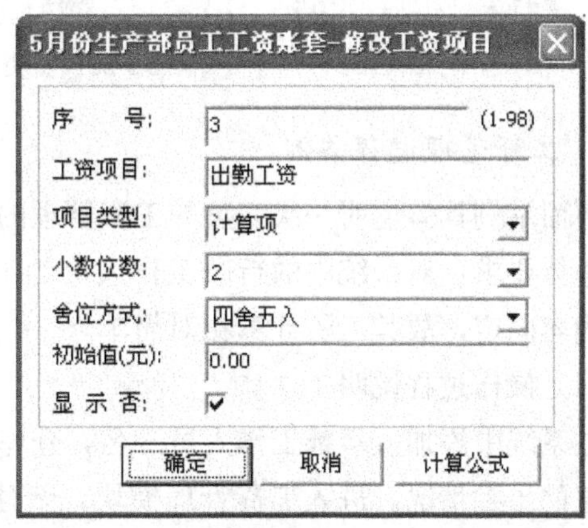

图 12-26　“账套工资的子项目”对话框

（3）子项目的计算公式设置

为了完成复杂的工资计算，系统提供了子项目的计算公式设置，相关操作如图 12-27 所示。

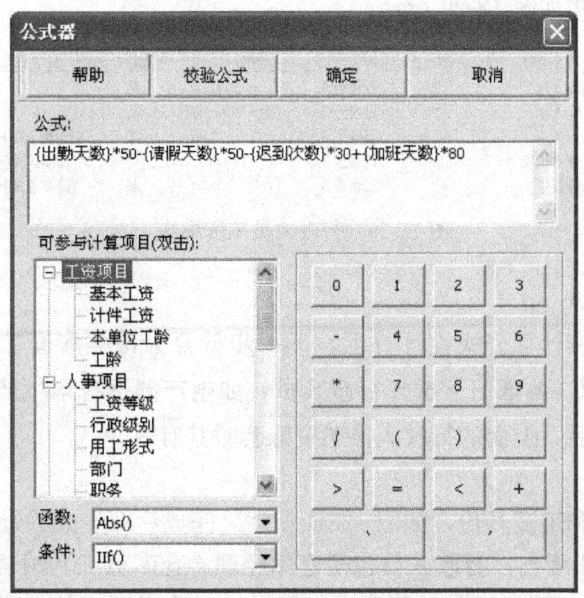

图 12-27　工资计算公式设计

（4）完成的工资账套

通过上述的工资结构设置后，系统会对某一账套工资结构自动生成，如图 12-28 所示为一个完整工资计算公式设计。从图中可以看出，该类账套工资由基本工资、考勤工资、社保、税、奖励工资、惩罚工资和实发工资构成，其中基本工资、奖励工资和惩罚工资是输入项目，而社保、考勤工资、税及实发工资都需要经过系统设定的计算公式自动计算完成。

序号	工资项目	项目类型	小数位数	舍位方式	初始值(元)	显示否	计算公式
1	基本工资	输入项	2	四舍五入	2500.00	是	
2	考勤工资	计算项	2	四舍五入	0.00	是	{出勤天数}*20+{加班天数}*20-{请假天...
3	社保	计算项	2	四舍五入	0.00	是	[基本工资]*0.5
4	税	所得税项	2	四舍五入	0.00	是	[基本工资]->按所得税计算
5	奖励工资	输入项	2	四舍五入	0.00	是	
6	惩罚工资	输入项	2	四舍五入	0.00	是	
7	实发工资	计算项	2	四舍五入	0.00	是	[基本工资]+[考勤工资]+[奖励工资]-[社保...

图 12-28 工资计算公式设计

2. 工资管理过程举例

下面举例具体说明一次完整的工资管理的操作过程。先以固定工资的计算为例设置账套。总体要求：对系统中的行政工作人员的工资进行计算。由于行政工作人员按时下班，工作内容固定，故其工资计算相对简单。

（1）操作过程说明

在系统中添加人事部工作人员一名，仓库管理人员两名，并在系统中添加上述两个部门员工的出勤情况。进入工资管理模块，新建“5 月份行政人员工资账套”，按最新的国家个人所得税表，计算个人所得税，再计算出行政人员的工资。

（2）设置行政人员工资计算公式

行政人员的工资计算公式的设置方法和上述工资计算公式过程一样，在此不再详细说明。行政人员工资结构如图 12-29 所示。

序号	工资项目	项目类型	小数位数	舍位方式	初始值(元)	显示否	计算公式
1	基本工资	输入项	2	四舍五入	2500.00	是	
2	奖金	输入项	2	四舍五入	1000.00	是	
3	考勤工资	计算项	2	四舍五入	0.00	是	{出勤天数}*50-{请假天数}*50-{迟到次数...
4	个税	所得税项	2	四舍五入	0.00	是	[基本工资]->按所得税计算
98	实发工资	计算项	2	四舍五入	0.00	是	[基本工资]+[奖金]+[考勤工资]-[个税]

图 12-29 行政人员工资结构

（3）设置账套人员

当行政人员的工资计算公式设计好后，下一步就要为该类账套工资选择人员，如图 12-30 所示。用户可以在各部门下选择行政人员，如生产部下有李生产，假如他是行政系列人员，那么选中他后，上面的行政人员工资账套对其有效。

（4）工资表生成

先选择工资账套和工资月份，如图 12-31 所示，完成后即生成工资表。

从图 12-32 中可以看出，行政人员包括仓库经理、仓库员工、销售经理和销售员。他们的基本工资都是 2500 元，这是前面账套工资设计时确定下来的，考勤工资根据相关人员出勤情况算出的，社保也是系统自动计算的。由于工资没有达到当前国家规定的 3500

元起征点，所以没有税，最后实发工资是根据“基本工资＋考勤工资＋奖励工资－社保－惩罚工资”这一公式计算出来的。

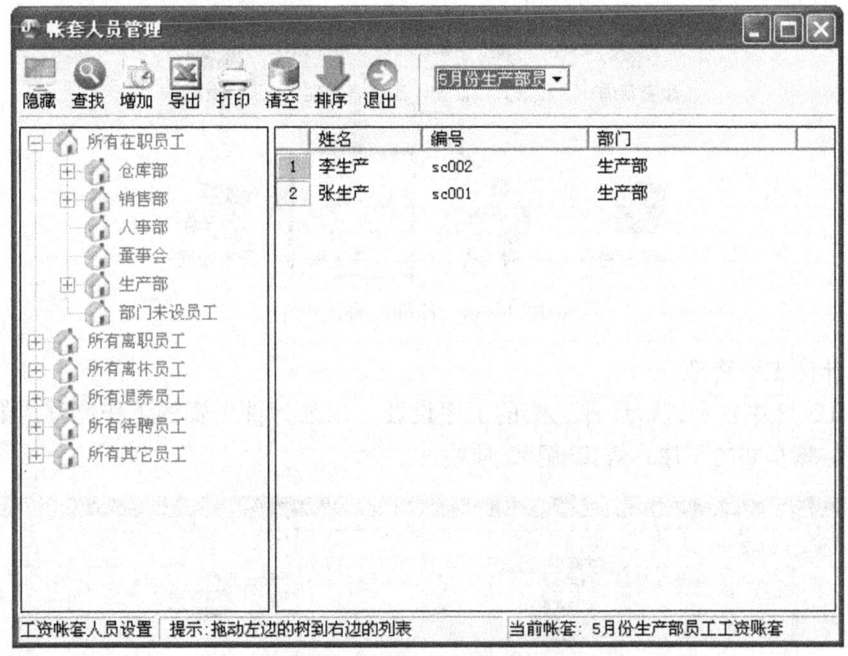

图 12-30　设置账套人员

图 12-31　选择工资账套和工资月份

	编号	姓名	部门	基本工资	考勤工资	社保	税	奖励工资	惩罚工资	实发工资
1	ck001	仓库经理	仓库部	2500.00	580.00	1250.00	0.00	0.00	0.00	1830.00
2	ck002	仓库员工	仓库部	2500.00	560.00	1250.00	0.00	1000.00	0.00	2810.00
3	xs001	销售经理	销售部	2500.00	440.00	1250.00	0.00	0.00	0.00	1690.00
4	xs002	销售员	董事会	2500.00	520.00	1250.00	0.00	100.00	0.00	1870.00
	合计			10000.00	2100.00	5000.00	0.00	1100.00	0.00	8200.00

图 12-32　行政人员工资计算结果

［**练习**］

生产计件工资的操作，总体要求如下：为生产部添加员工若干名；添加生产部员工的出勤情况；计件工资设置。

(1) 计件工资设置

进入工资管理，选择计件工资，如图 12-33 所示，进入到计件工资管理界面。

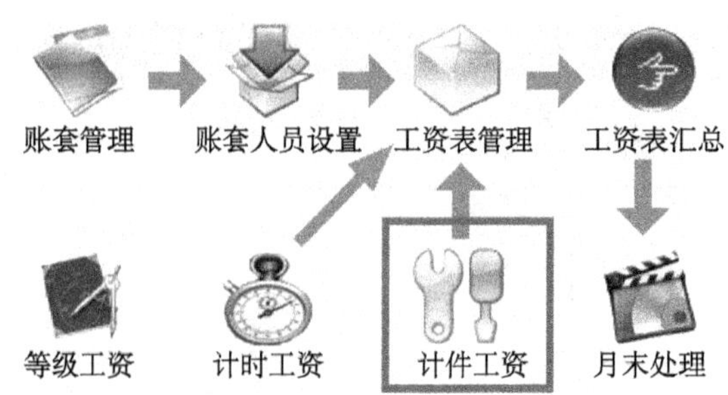

图 12-33 计件工资入口

(2) 计件工资管理

在图 12-33 中首先进行计件工资的工序设置，添加计件工资的工作流程。如图 12-34 所示显示组织车间的工序：焊接-组装-质检。

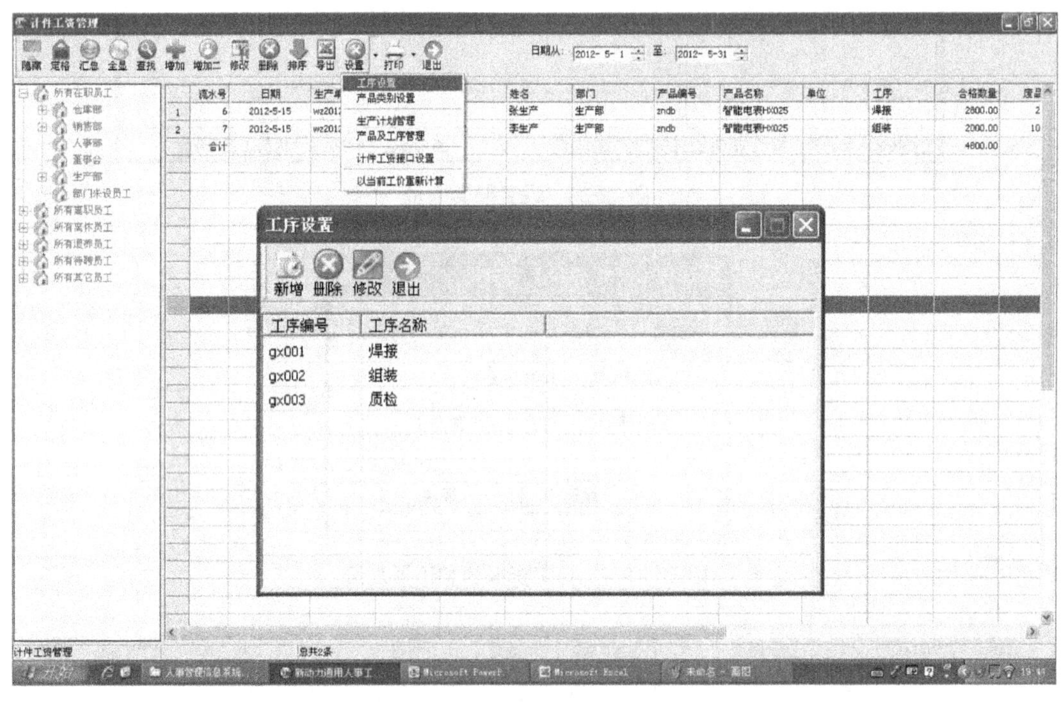

图 12-34 计件管理

(3) 设置计件产品类别

在图 12-34 中单击“设置”，再选择“产品类别设置”命令，出现如图 12-35 所示界面。在该图中设置产品的类别，如智能电表。

(4) 产品工艺设置

产品的工艺是指一件产品生产出来要经过哪几道工艺过程。图 12-36 为前面添加的智能电表产品设置了三道工序，即焊接-质检-组装。

(5) 生产计划设置

生产计划是指为某一用户的需求而制订的产品生产计划。图 12-37 中可以通过新增按钮来添加新的生产计划。

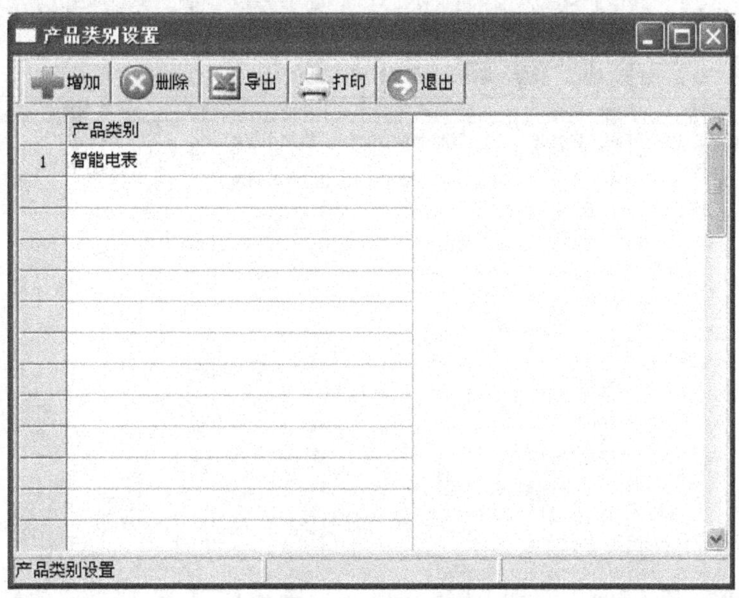

图 12-35　计件产品类别

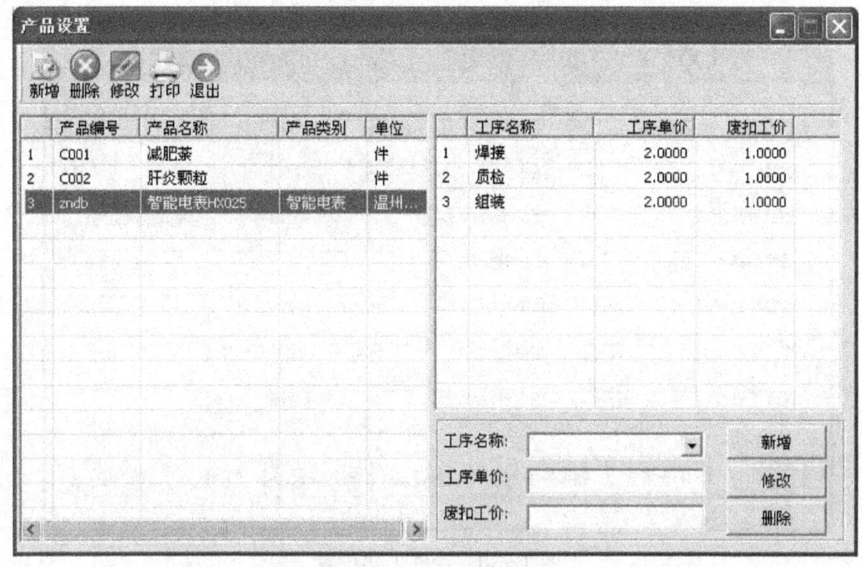

图 12-36　产品工艺设置

(6) 计件工票设置

在图 12-38 中为焊接工序添加工序单价及工序过程的总数及总价格，组装与质检工序也要做同样的设置。

(7) 计件工资账套设置

在某一账套工资中设定计件工资子项，为计件工资计算做好准备，如图 12-39 所示。

(8) 计件工资接口设置

在图 12-39 中单击“工资接口”，出现如图 12-40 所示对话框，并按图示的方法设定计件工资接口。

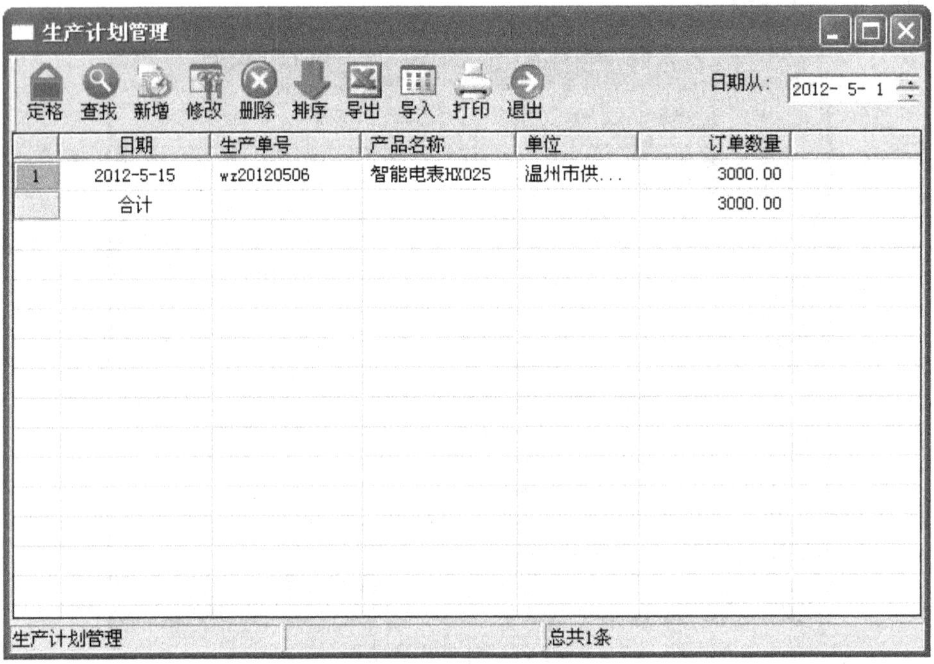

图 12-37 生产计划设置

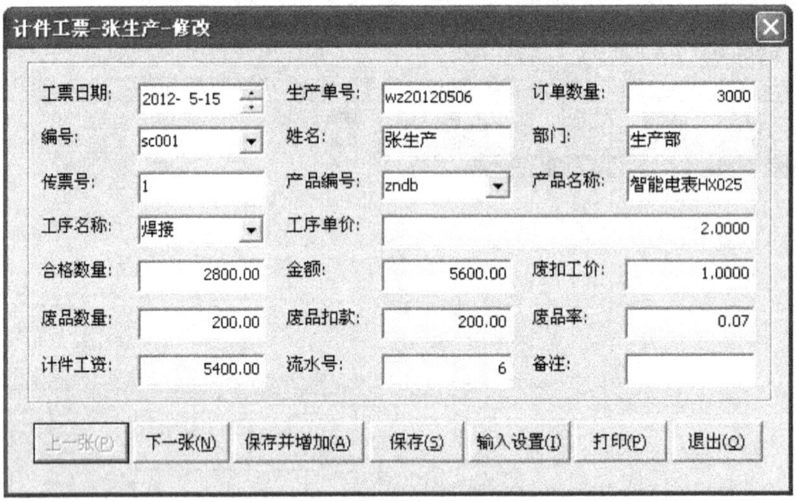

图 12-38 计件工票设置

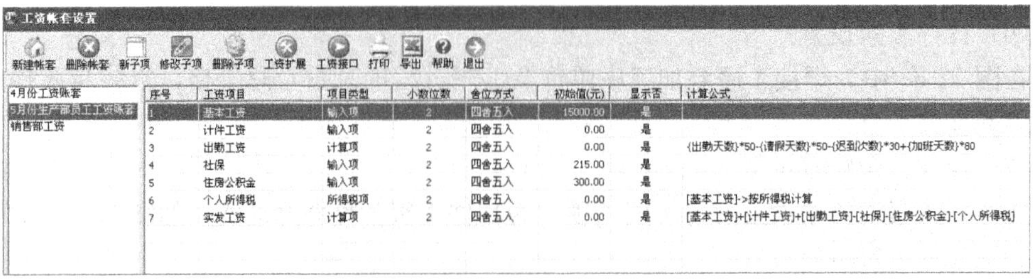

图 12-39 计件工资账套设置

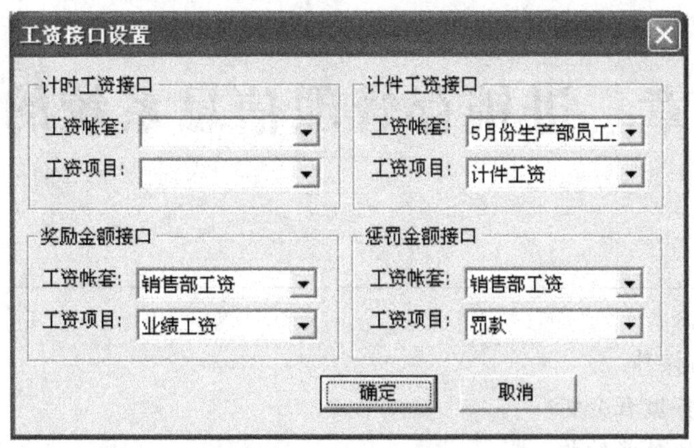

图 12-40　计件工资接口设置

(9) 计件工资账套人员管理

图 12-41 所示为设置计件工资账套下的人员，通常情况下，计件工资对生产部的员工有效，而行政人员不需用该计件工资。

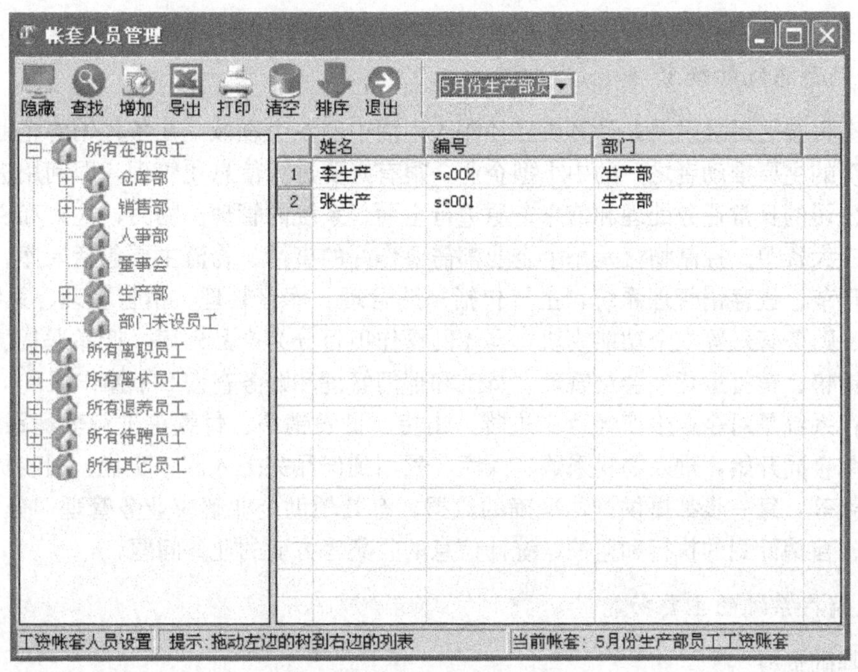

图 12-41　计件工资账套人员管理

(10) 计件工资表生成

完成上面所有的计件工资配置后，就可以生成计件工资账套下的员工工资了，如图 12-42 所示。计件工资是通过前面配置的计件工资接口自动导入进来的。

	编号	姓名	部门	基本工资	计件工资	出勤工资	社保	住房公积金	个人所得税	实发工资
1	sc001	张生产	生产部	15000.00	5400.00	1820.00	215.00	300.00	1925.00	19780.00
2	sc002	李生产	生产部	15000.00	3000.00	1800.00	215.00	300.00	1925.00	17360.00
	合计			30000.00	8400.00	3620.00	430.00	600.00	3850.00	37140.00

图 12-42　计件工资表生成

第 13 章　进销存管理信息系统的应用

本章要点：

- 进销存系统的概念
- E8 进销存系统的操作
- 进销存系统的业务流程分析
- 通用进销存系统的功能结构
- 进销存系统的运行与维护

13.1　进销存系统概述

1. 进销存系统的概念

随着高科技的迅猛发展，计算机已经深入生活中的各个领域。在各种销售企业中，作为国家经济的主要推动者之一的中小型企业，很有必要进行信息化管理，即利用进销存管理系统对公司的日常业务处理和信息资源进行全面、系统的管理。物力、人力和资金并称为企业的三大资源。控制物流是每个企业都需要作好的事情。物流主要包括入库、库存和出库三大环节。进存销管理系统，主要包括采购管理、库存管理、销售管理、系统设置、客户管理、财务管理等 6 个功能模块；具体的操作项目分为产品入库、产品退货、库存查询、产品销售、销售退货、会员管理、员工和部门管理和账务查询 8 个操作项目。

进销存系统是对企业生产经营中进货、出货、批发销售、付款等进行全程跟踪管理，从接获订单合同开始，进入物料采购、入库、领用到产品完工入库、交货、回收货款、支付原材料款等，每一步都提供详尽准确的数据。有效辅助企业解决业务管理、分销管理、存货管理、营销计划的执行和监控、统计信息的收集等方面的业务问题。

2. 进销存系统的主要功能

（1）基础资料

进销存系统的基础资料是整个系统数据处理与加工的基础。系统的基础资料主要包括单位信息、货品信息、员工基本信息、仓库信息、计量单位等，用户可以快速、直观地查询所需要的数据资料。

（2）系统管理

进销存系统的管理主要包括操作员管理、系统设置、数据初始化等。系统管理是整个系统的门户，在系统的安全性上起到了不可估量的作用，各种信息要求尽量全面详细，才会使管理变得更轻松更有效。

（3）采购管理

进销存系统的采购管理功能主要包括新增采购订单、采购订单查询、新增采购单、采购单查询、采购退货、采购明细表、货品采购汇总表、供应商采购汇总表、采购订单完成情况等。

（4）销售管理

进销存系统的销售管理功能主要包括新增销售订单、销售订单查询、新增销售单、销售单查询、销售退货、销售明细表、货品销售汇总表、客户销售汇总表、销售订单完成情况。

（5）库存管理

进销存系统的库存管理功能包括新增入库单、新增出库单、仓库调拨、库存盘点等。期末业务处理提供了货品盘点、货品调价以及业务审核等功能。业务期末结算为财务期末结算做了必要的铺垫作用。

（6）财务管理

进销存系统的财务管理功能包括付款单、收款单、其他收入、其他支出、账户查询、应付账款表-单据、应付账款表-往来单位、应收账款表-单据、应收账款表-往来单位等。

13.2　E8 进销存系统及其操作流程

E8 进销存软件是包含进销存三位一体化的软件，特别为中小企业设计，它的功能范围包括进货管理、销货管理、退换货管理、应收应付款的管理、库存管理，并配备有功能完整、全面的经营报告系统（收支明细表、进货明细表、销货明细表、库存一览表、货品进销一览表、货品销售排行榜、经营状况表等），具有超强穿透力的查询功能，使用户可以追溯到（发）生过的任何一笔业务，安装后马上可以开始使用，是一款即装即用的软件。它的功能覆盖了中小型企业财务管理和货品进销存管理的方方面面，是一款非常实用的软件。同时该软件具有最低销售限价功能、客户最大欠款限制机制、负数出库与非负数出库自动切换、出库入库价格跟踪、定义商品自动打折时间及折扣的功能。独特地通过普通宽带（如 ADSL）链接远程数据库，轻松实现广域网（互联网）上数据共享操作，为用户节省宽带租用费用。该软件下载地址为 http：//www. easyko. com。

E8 进销存系统的操作的一般流程如下。

1. 网络环境及操作用户的设置

E8 进销存系统在使用前需设置系统运行主机的 IP 地址。完成网络 IP 地址配置后再进行操作用户及用户权限分配的设置。

2. 系统基础数据的配置

系统的基础数据配置主要包括供应商信息录入、客户信息录入、员工信息录入、设置供应商分类、设置客户分类、设置商品分类、设置收付款账户、设置主营业务外的其他类收入类别、设置日常的开支类别、设置其他出入库分类、设置货物存放的仓库、设置自动生成会计凭证对应科目、设置会计科目、凭证摘要设置。

3. 初始化数据设置

（1）进销存初始化数据录入

包括库存商品设置、应收账款设置、应付账款设置、现金银行设置等设置。

（2）账务初始化数据录入

主要录入目前财务数据，以供开启账套后进行使用。

4. 审核初始化数据设置

因为当开启账套后，期初录入数据将不允许再进行改动，所以该步骤非常关键。如果初始化数据审核不仔细，导致初始化数据不准确，就得删除该初始化过的数据库，重新建立数据库，以前的工作就前功尽弃了。

5. 开启账套

当初始化数据审核无误后，就可以开启账套了。

6. 日常业务操作

开启账套后，就可以进行正常的日常操作了，如果没有开启账套，正常的日常操作是受限制的。

任务 13-1：进销存系统的基础数据配置

[**任务描述**]

基础数据配置是系统使用的基础，基础数据信息一定要配置完整，否则系统在后期使用过程中会出现很多问题。进销存系统的基础数据配置任务主要包括供应商信息管理、客户信息录入、商品信息的录入、现金银行的配置等。

[**具体操作**]

1. 供应商信息管理

单击“供应商信息录入”，出现如图 13-1 所示界面。

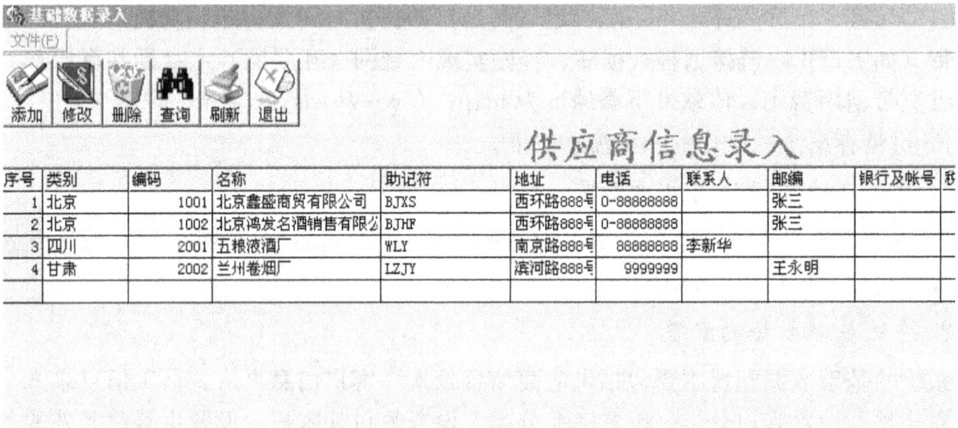

基础数据录入
文件(F)
添加 修改 删除 查询 刷新 退出
供应商信息录入

序号	类别	编码	名称	助记符	地址	电话	联系人	邮编	银行及帐号
1	北京	1001	北京鑫盛商贸有限公司	BJXS	西环路888号	0-88888888		张三	
2	北京	1002	北京鸿发名酒销售有限公	BJHF	西环路888号	0-88888888		张三	
3	四川	2001	五粮液酒厂	WLY	南京路888号	88888888	李新华		
4	甘肃	2002	兰州卷烟厂	LZJY	滨河路888号	9999999		王永明	

图 13-1 供应商信息表界面

再单击工具栏上的“添加”按钮，弹出“供应商基础信息”对话框如图 13-2 所示，填写相关信息后单击“保存”按钮即可。注意：在设置单位编码时可根据单位编码识别单位的地域类别及单位代码，如 1001 可用第一个 1 代表甘肃省，紧接的 0 代表兰州地区，后面的 01 代表兰州地区的单位代码。

在供应商信息列表中选中需要修改的供应商，例如选中“北京鑫盛商贸有限公司”，再单击工具栏上的“修改”按钮（或双击列表中的要修改的供应商），如图 13-3 所示，填写需要修改的信息然后保存即可。

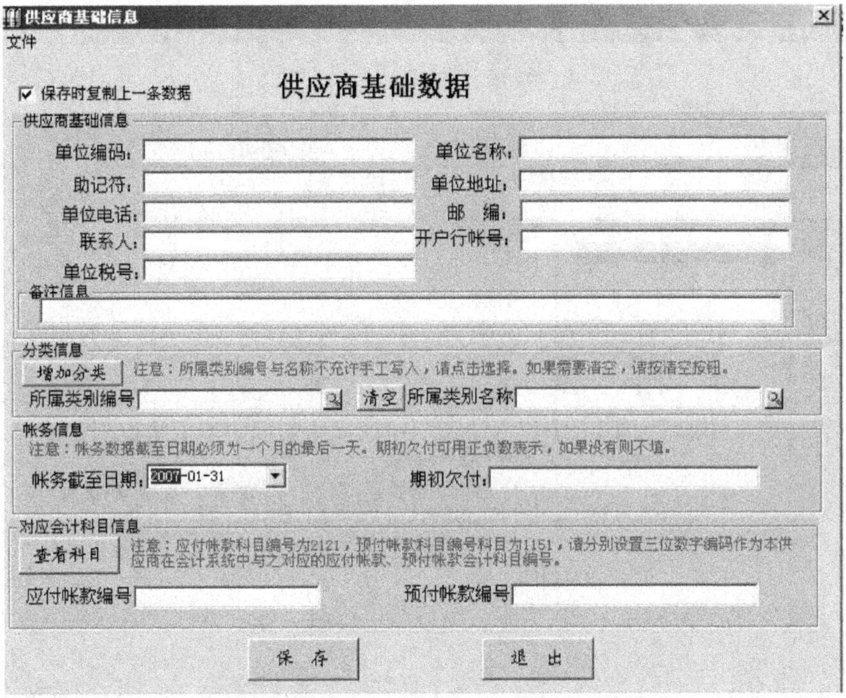

图 13-2　“供应商基础信息”对话框

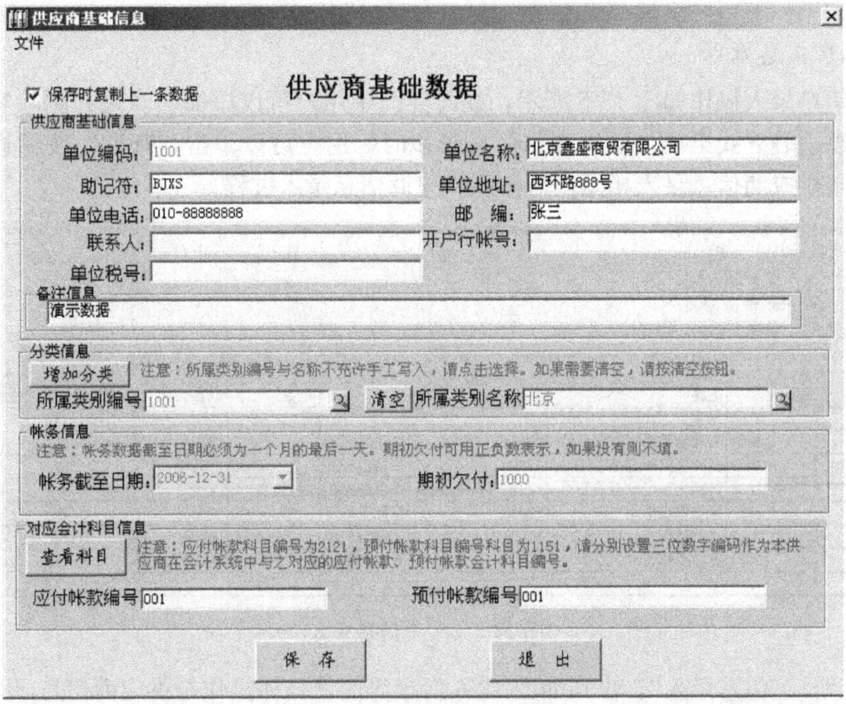

图 13-3　修改供应商

单击工具栏上的“查询”按钮，系统弹出“设置条件”对话框，如图 13-4 所示。设置好查询条件后单击“确定”按钮便可查得需要的数据。

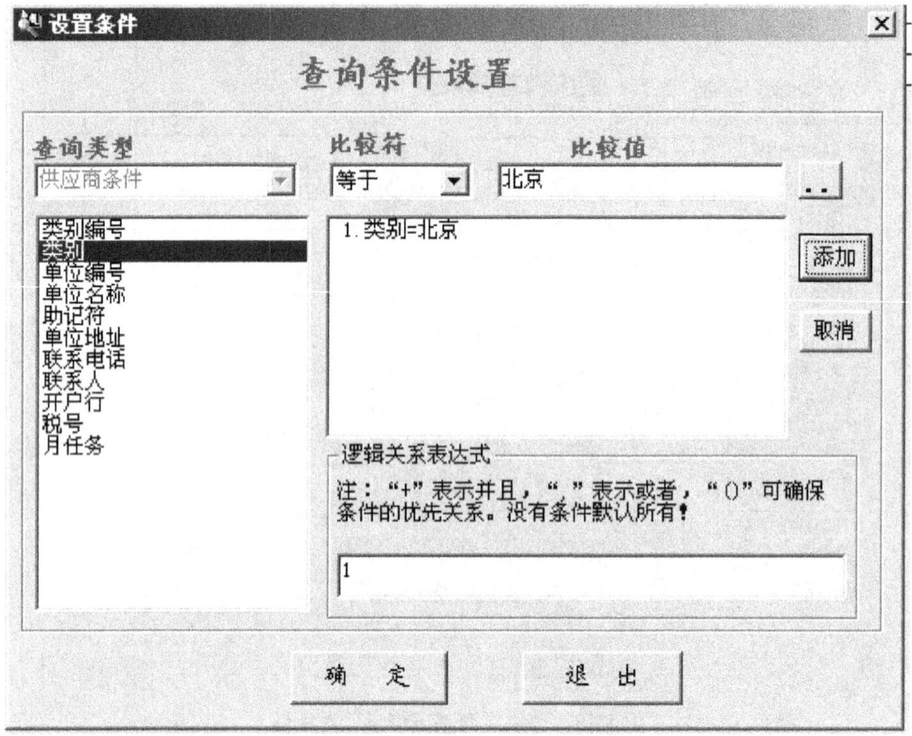

图 13-4 “设置条件”对话框

2. 客户信息录入

客户信息录入操作如图 13-5 所示，在此界面中用户可以添加、修改和删除客户信息，客户信息以列表方式出现。如果客户信息较多时，用户可以单击“查询”按钮进行查询，具体操作与供应商信息录入相同，请参照供应商信息录入过程。

文件(F)

添加 修改 删除 查询 刷新 退出

客户信息录入

序号	类别	编码	名称	助记符	地址	电话	联系人	月任务	年任务	欠款额
1		0000	零售	LS				0	0	
2	西北区	1001	青海新发商贸有限公司	QHXF	城湟路888号	888	唐向军	10000	100000	
3	西北区	1002	兰州江南春名酒经营有限	LZJNC	东岗路888号	888	乔桂梅	20000	200000	
4	西北区	1003	陇原名茶经营有限公司	LZJNC	平凉路888号	9999999	刘平义	15000	170000	
5	西北区	2001	瑞德尔超市	LZJNC	东岗东路路	9999999	刘平义	20000	200000	
6	西北区	2002	华联超市	HLCS	团结新村88	9999999	王沛有	20000	200000	
7	西北区	2003	家世界超市	JSJ	天水南路88	9999999	王建辉	20000	200000	

图 13-5 客户信息录入

单击“员工信息录入”，出现如图 13-6 所示界面，具体操作与供应商信息录入相同。

3. 商品信息录入

单击“商品信息录入”，出现如图 13-7 所示界面。

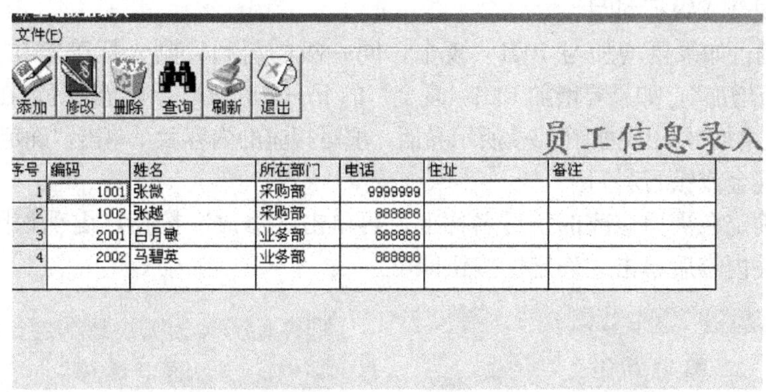

序号	编码	姓名	所在部门	电话	住址	备注
1	1001	张微	采购部	9999999		
2	1002	张越	采购部	888888		
3	2001	白月敏	业务部	888888		
4	2002	马碧英	业务部	888888		

图 13-6　员工信息录入

文件(F)

添加　修改　删除　查询　刷新　退出

商品信息录入

序号	类别	编号	名称	助记符	规格	单位	成本	预设价	最低售价	备注
1	烟类	2001	阿诗玛	ASM		条	50	100	80	
2	烟类	2002	黑兰州	HLZ		条	90	180	150	
3	烟类	2003	红兰州	HLZ		条	40	80	60	
4	酒类	1001	五粮液	WLY		瓶	300	400	350	
5	酒类	1002	陇南春	LNC		瓶	100	200	150	
6	酒类	1003	皇台酒	HT		瓶	200	300	250	
7	茶类	5001	普尔茶	BRC		斤	500	800	700	
8	茶类	5002	碧螺春茶	BLC		斤	400	600	500	
9	其他类	3001	包装盒	BZH		个	5	10	8	
10	其他类	4001	元旦礼包	YDLB		个	200	500	400	
11	其他类	4002	春节礼包	CJLB		个	500	1000	800	

图 13-7　商品信息录入

4. 现金银行设置

单击“现金银行设置”，出现如图 13-8 所示界面。

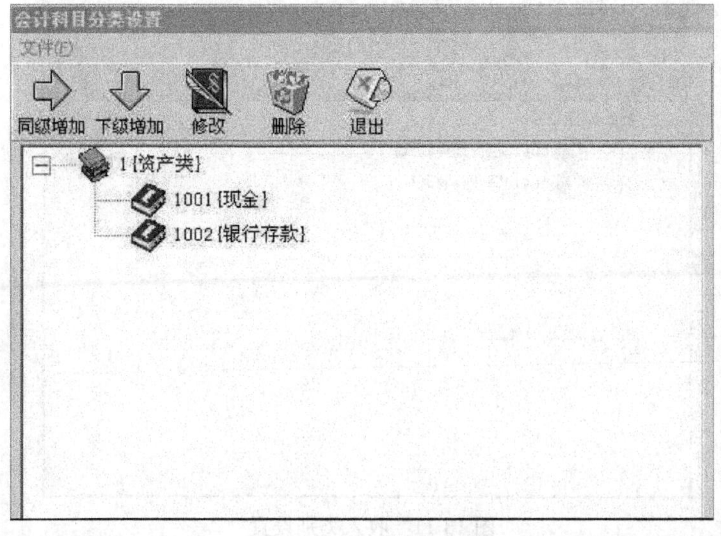

图 13-8　现金银行设置

（1）增加现金或银行科目

以现金为例，如果要增加与 1001｛现金｝同一级的科目，则光标确定在 1001｛现金｝上，单击“同级增加”；如果要增加 1001｛现金｝的下一级的科目，则光标确定在 1001｛现金｝上，单击“下级增加”，出现如图 13-9 所示界面，填写相应的内容后，单击“确定”按钮即可。

（2）修改现金或银行科目

首先光标确定在需要修改的科目名称上，再单击“修改”按钮，出现如图 13-10 所示界面。修改相关内容后单击“确定”按钮即可。

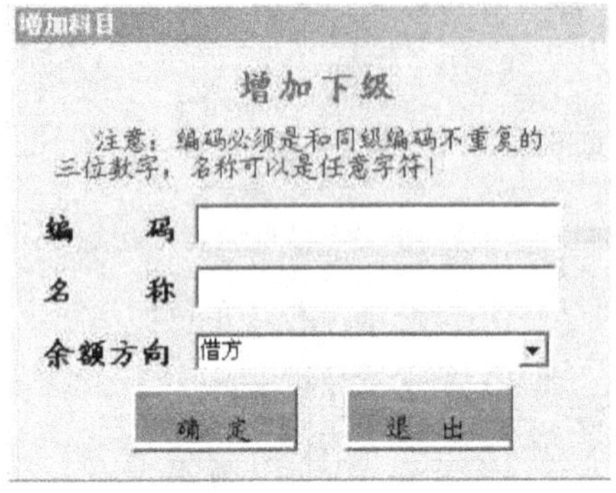

图 13-9　增加现金或银行科目

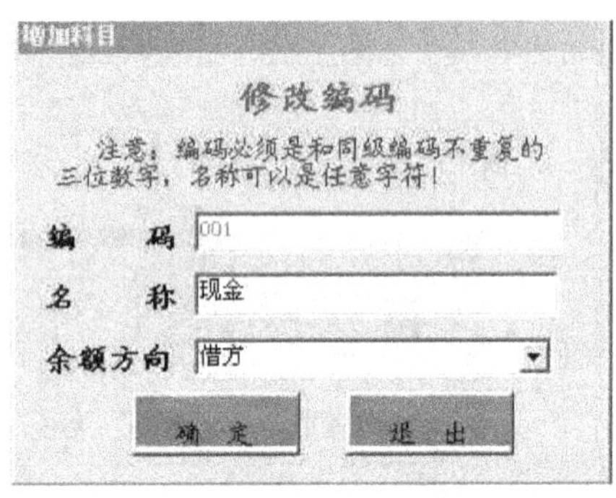

图 13-10　修改现金或银行科目

（3）删除现金或银行科目

首先将光标放在需要删除的科目名称上，再单击“删除”按钮即可。注意：对于系统默认的会计科目，系统不允许进行删除操作。另外在修改时只允许修改科目名称，不允许修改科目编码，如果要修改科目编码，必须先删除该科目，再重新增加。如果该科目已经发生账务数据则禁止删除该科目。

5. 收入类别设置

单击“收入类别设置”，出现如图 13-11 所示界面，具体操作方法同现金银行设置。

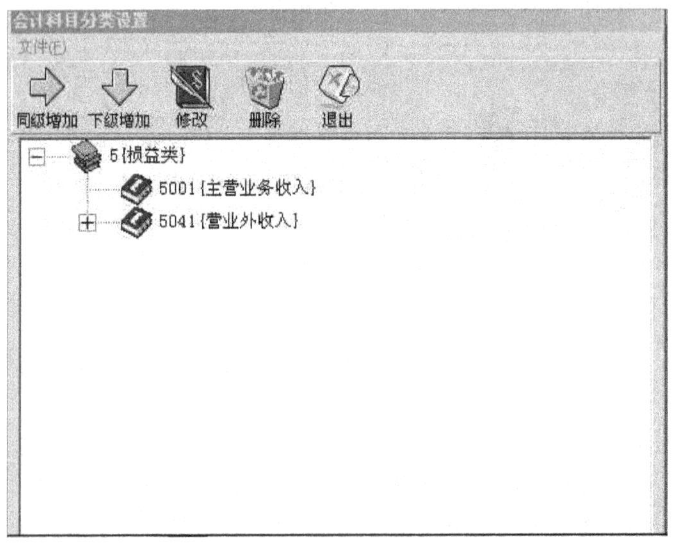

图 13-11　收入类别设置

6. 支出类别设置

单击“支出类别设置”，出现如图 13-12 所示界面，具体操作方法同现金银行设置。

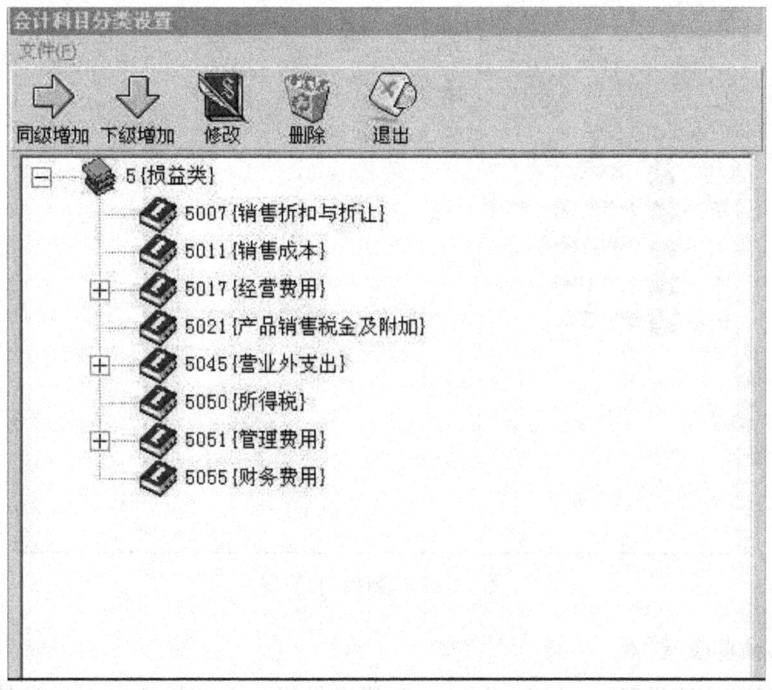

图 13-12 支出类别设置

7. 仓库分类设置

单击“仓库分类设置”，出现如图 13-13 所示界面，具体操作方法同现金银行设置。

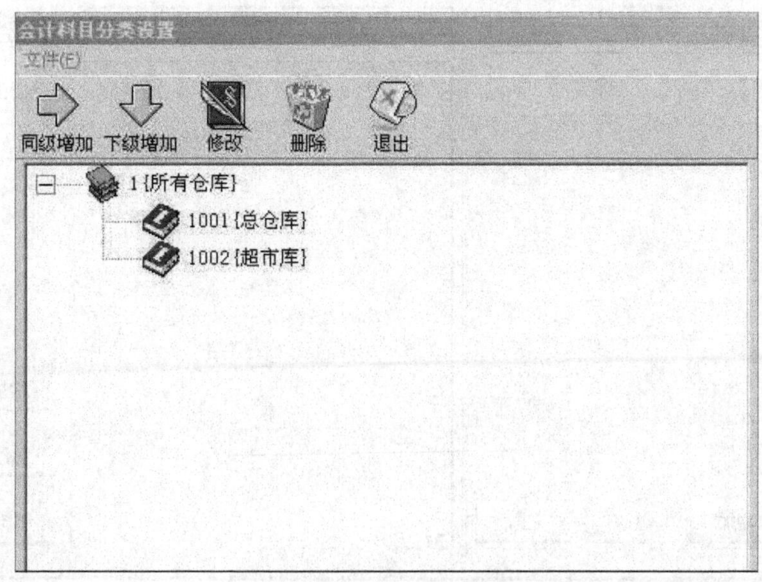

图 13-13 仓库分类设置

8．会计科目设置

单击“会计科目设置”，出现如图 13-14 所示界面，具体操作方法同现金银行设置。

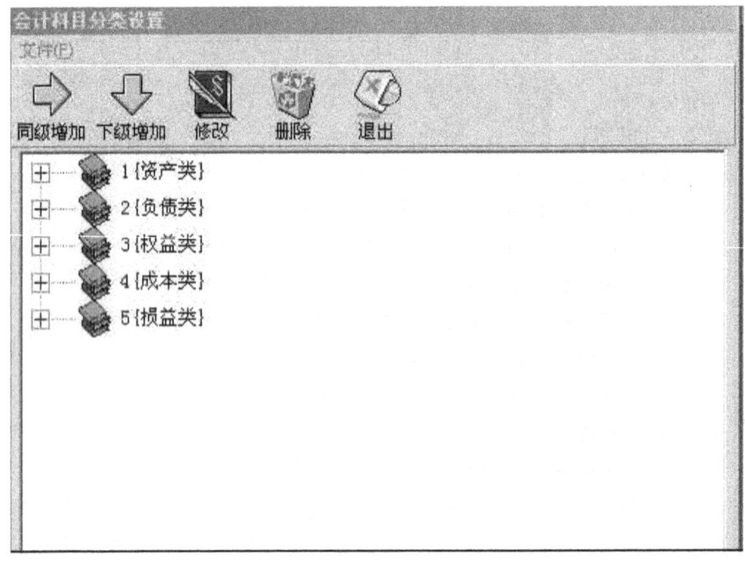

图 13-14 会计科目设置

9．凭证摘要设置

单击“凭证摘要设置”，出现如图 13-15 所示界面，在该界面可对凭证摘要类别及凭证摘要进行增加、修改、删除操作。

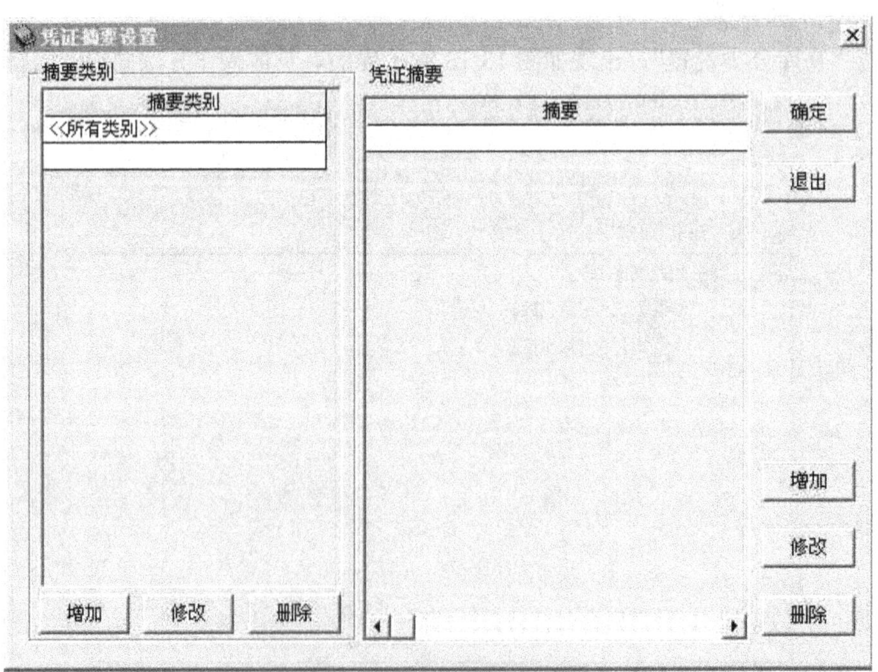

图 13-15 凭证摘要设置

10. 供应商分类设置

单击“供应商分类设置”，出现如图 13-16 所示界面，具体操作方法同现金银行设置。

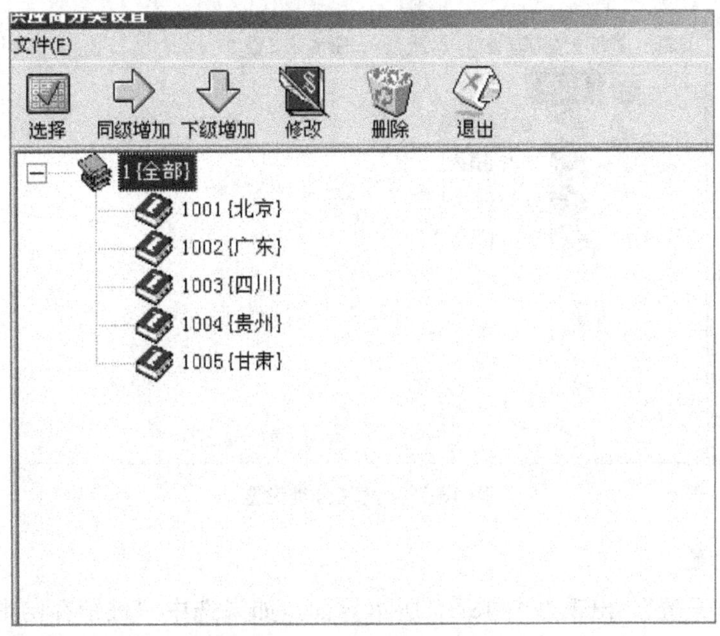

图 13-16　供应商分类设置

11. 客户分类设置

单击“客户分类设置”，出现如图 13-17 所示界面，具体操作方法同现金银行设置。

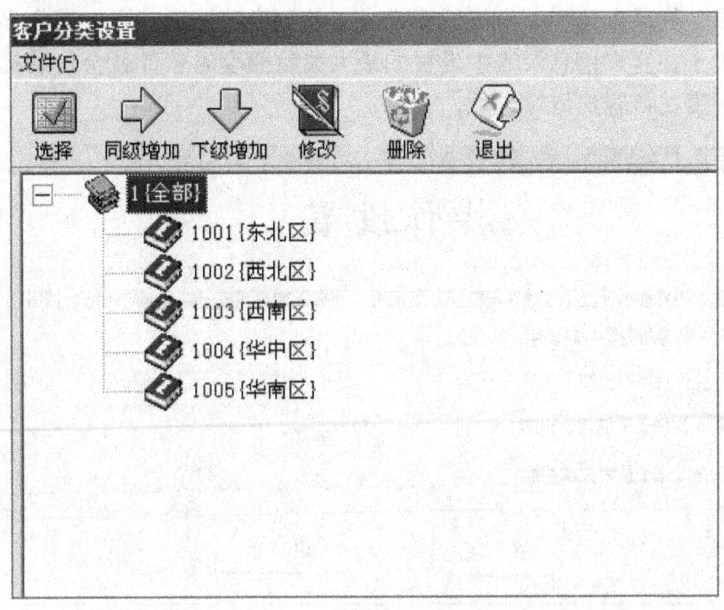

图 13-17　客户分类设置

12. 商品分类设置

单击“商品分类设置”，出现如图 13-18 所示界面，具体操作方法同现金银行设置。

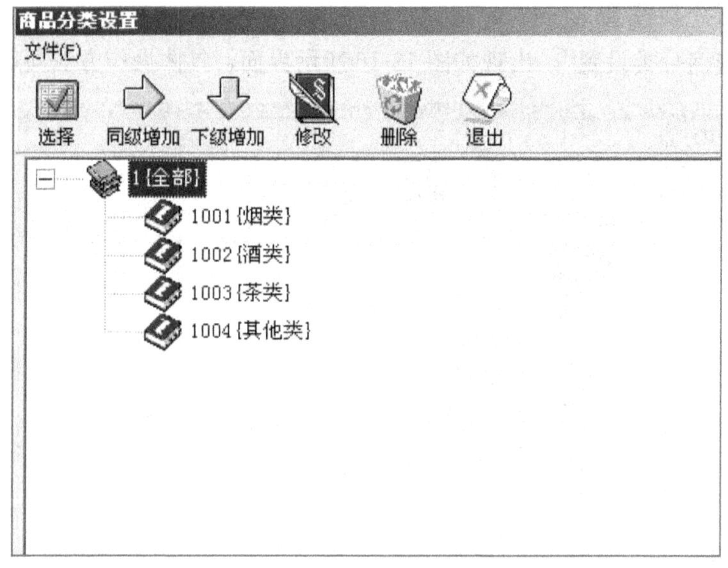

图 13-18 商品分类设置

13. 操作设置

单击“操作设置”，出现如图 13-19 所示界面。如果选中“进销存与财务分离使用”选项，就设置成了进销存与财务分离使用，也就是当保存进销存单据时不会自动生成会计凭证。如果未选中“允许负库存出库”选项，则出库商品库存小于零时软件就会自动提示，不允许以负数出库。如果未选中“允许低于最低售价出库”选项，则销售出库时商品的销售单价小于在商品信息录入时设置的最低售价时软件就会自动提示，不允许以低于最低售价销售出库。如果未选中“允许低于最大欠款额度”选项，则在销售出库时如果该客户的欠款额度大于在客户信息录入中设置的最大欠款额度时软件就会自动提示，不允许以低于最大欠款额度给该客户继续欠款。

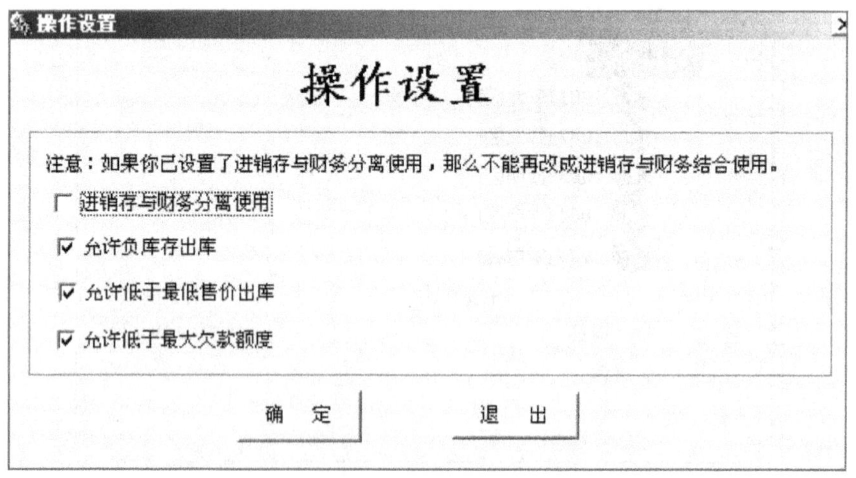

图 13-19 操作设置

14. 其他出入库类别设置

单击“其他出入库类别设置”，出现如图 13-20 所示界面，具体操作与供应商信息录入操作相同。

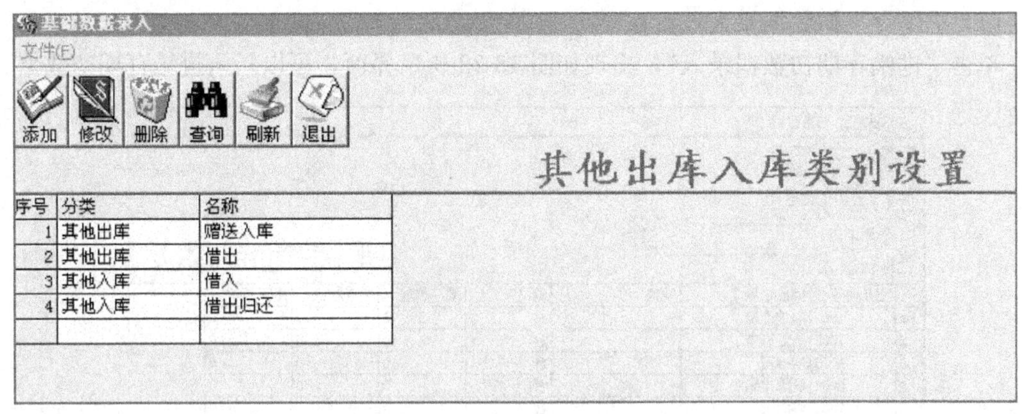

图 13-20　其他出入库类别设置

15. 自动生成会计凭证对应科目设置

单击“自动生成会计凭证对应科目设置”，出现如图 13-21 所示界面。通过单击“进销存单据”，可以选不同的单据，选好单据之后，按界面中的操作说明进行设置，设置好之后单击“保存”按钮即可。

进销存单据对应会计凭证科目设置

文件

进销存单据对应会计凭证科目设置

进销存单据　购买入库单

操作说明：点击列表中 是否需要设置 列对应行是需要的项目，修改后按确定按钮即可，科目名称与科目代码只允许选择增加，不允许手工录入。

项目名称　　借贷方向

科目编号　　科目名称

以负数(或红字)形式写凭证　　确　定

如果需要设置应付、预付科目时，只设置到应付、预付科目的二级科目上，不能设置到应付、预付科目的末级科目。

项目名称	方向	科目代码	科目名称	是否以负数形式	是否需要设置
现金付款	贷方	对应现金科	对应现金科目称		不需要
银行付款	贷方	对应银行科	对应银行科目		不需要
付款不足部分	贷方	对应应付帐	对应应付帐款科目		不需要
付款多余部分	借方	对应预付帐	对应预付帐款科目		不需要
购买商品金额	借方	1243	库存商品		需要
普通发票税额	借方	2171001001	进项税额		需要
增值税发票税额	借方	2171001001	进项税额		需要

保　存　　退　出

图 13-21　自动生成会计凭证对应科目设置

16. 期初数据录入

(1) 进销存期初数据录入

单击“进销存期初数据录入”，出现如图 13-22 所示界面，可以录入进销存期初数据。

类别(F) 打印(T)

保存 打印 退出

仓库名称：

期初日期 2005-05-31

库存商品设置

	商品编号	商品名称	规格	单位	库存数量	成本均价	库存总价
1	1001	康佳彩电		台	0	0	0
2	1002	长虹彩电		台	0	0	0
3	1003	电冰箱		台	0	0	0
4	2001	联想电脑		台	0	0	0
5	2002	碎纸机		台	0	0	0
6	2003	打印机		台	0	0	0
7	3001	彩电纸箱		个	0	0	0
8	4001	包装康佳彩电		台	0	0	0
	合计	---	---		0	---	0

图 13-22 进销存期初数据录入

仓库商品设置：单击，出现如图 13-23 所示界面。

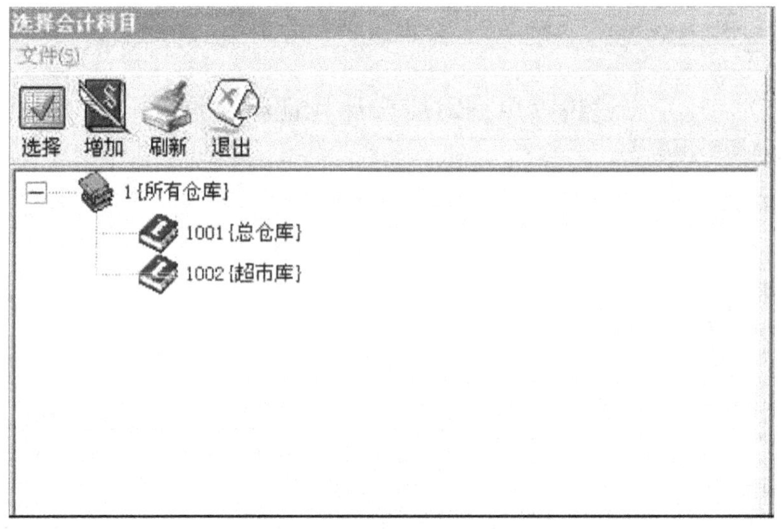

图 13-23 仓库商品设置

双击需要选择的仓库名称或光标确定在需要选择的仓库名称上，然后单击“选择”，出现如图 13-24 所示界面。

选择商品对应的“库存数量”或“成本均价”，出现红底色的输入框，输入相应的数据后按回车键即可。输入完所有数据后单击“保存”按钮。重复上面的工作，可对不同仓库里的期初数据进行录入。注意：当第一次进行期初数据录入时，在保存时一定要把期初日期设置正确，否则保存后，系统禁止再次修改期初日期。

应收账设置：单击菜单中的“类别”→“应收账设置”，即可进行应收账期初设置，如图 13-25 所示。输入相应的应收账数据后单击“保存”按钮即可。注意：其输入方法同仓库期初数据输入。

类别(F)　打印(T)

保存　打印　退出

仓库名称：总仓库

期初日期 2005-05-31

库存商品设

	商品编号	商品名称	规格	单位	库存数量	成本均价	库存总价
1	1001	康佳彩电		台	1	1000	1000
2	1002	长虹彩电		台	1	1000	1000
3	1003	电冰箱		台	1	1000	1000
4	2001	联想电脑		台	1	3000	3000
5	2002	碎纸机		台	1	100	100
6	2003	打印机		台	1	1000	1000
7	3001	彩电纸箱		个	1	10	10
8	4001	包装康佳彩电		台	0	0	0
	合计	---	---		7	---	7110

图 13-24　仓库商品设置

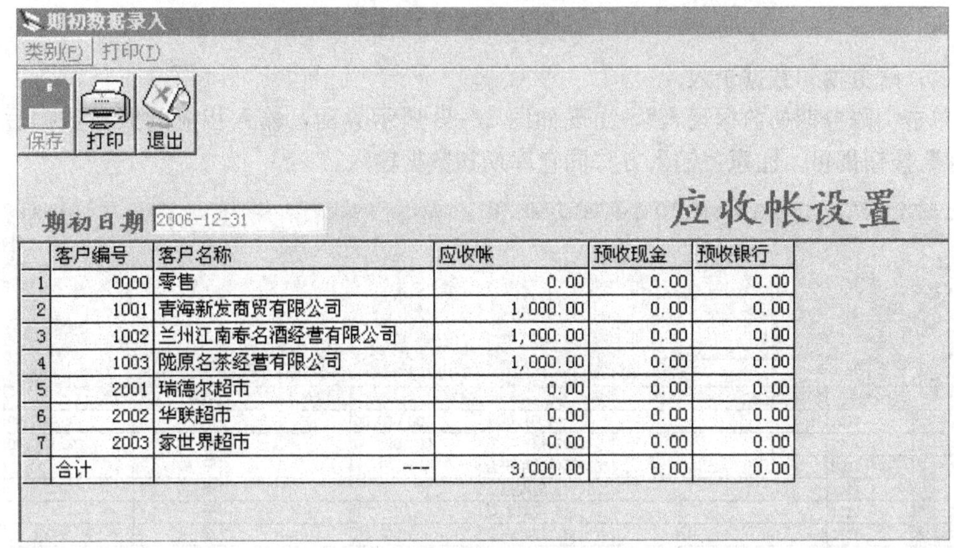

期初数据录入

类别(F)　打印(T)

保存　打印　退出

应收帐设置

期初日期 2006-12-31

	客户编号	客户名称	应收帐	预收现金	预收银行
1	0000	零售	0.00	0.00	0.00
2	1001	青海新发商贸有限公司	1,000.00	0.00	0.00
3	1002	兰州江南春名酒经营有限公司	1,000.00	0.00	0.00
4	1003	陇原名茶经营有限公司	1,000.00	0.00	0.00
5	2001	瑞德尔超市	0.00	0.00	0.00
6	2002	华联超市	0.00	0.00	0.00
7	2003	家世界超市	0.00	0.00	0.00
	合计	---	3,000.00	0.00	0.00

图 13-25　应收账设置

应付账设置：单击菜单中的“类别”→“应付账设置”，即可进行应付账期初设置，如图 13-26 所示。输入相应的应付账数据后单击“保存”按钮即可。注意：输入方法同仓库期初数据输入。

类别(F)　打印(T)

保存　打印　退出

期初日期 2006-12-31

应付帐设置

	供应商编号	供应商名称	应付帐	预付现金	预付银行
1	1001	北京鑫盛商贸有限公司	1,000.00	0.00	0.00
2	1002	北京鸿发名酒销售有限公司	1,000.00	0.00	0.00
3	2001	五粮液酒厂	1,000.00	0.00	0.00
4	2002	兰州卷烟厂	0.00	0.00	0.00
	合计	---	3,000.00	0.00	0.00

图 13-26　应付账设置

现金银行设置：单击菜单中的“类别”→“现金银行设置”，即可进行现金银行期初设置，如图 13-27 所示。输入相应的现金银行数据后单击“保存”按钮即可。注意：输入方法同仓库期初数据输入。

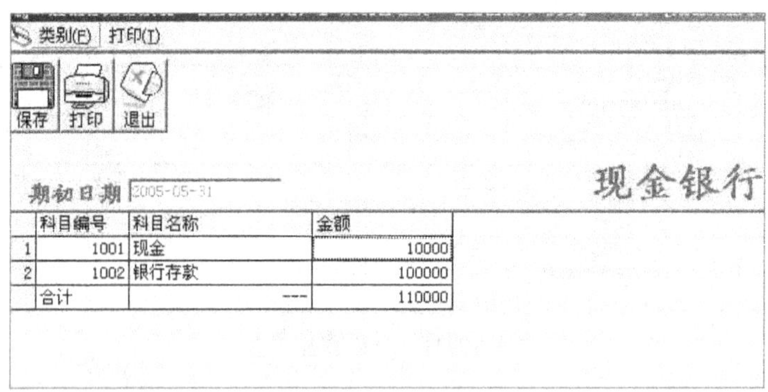

	科目编号	科目名称	金额
1	1001	现金	10000
2	1002	银行存款	100000
	合计	---	110000

图 13-27　现金银行设置

（2）账务期初数据录入

单击“账务期初数据录入”，出现如图 13-28 所示界面，输入相应的账务数据后单击“保存”按钮即可。注意：输入方法同仓库期初数据输入。

文件(F)　打印(T)

打印　退出

帐务数据初始化

截止日期 2006-12-31

	科目编号	科目名称	借方	贷方	方向	余额
1	1001	1001>现金	100,000.00		借	100,000.00
2	1002	1002>银行存款	200,000.00		借	200,000.00
3	1009	1009>其他货币资金			平	
4	1101	1101>短期投资			平	
5	1111	1111>应收票据			平	
6	1131	1131>应收帐款	3,000.00		借	3,000.00
7	1131001	1131001>应收帐款>青海新发商贸有限公司	1,000.00		借	1,000.00
8	1131002	1131002>应收帐款>兰州江南春名酒经营有限公司	1,000.00		借	1,000.00
9	1131003	1131003>应收帐款>陇原名茶经营有限公司	1,000.00		借	1,000.00
10	1131004	1131004>应收帐款>瑞德尔超市			平	
11	1131005	1131005>应收帐款>华联超市			平	
12	1131006	1131006>应收帐款>家世界超市			平	
13	1133	1133>其他应收款			平	
14	1141	1141>坏帐准备			平	
15	1151	1151>预付帐款			平	
16	1151001	1151001>预付帐款>北京鑫盛商贸有限公司			平	
17	1151002	1151002>预付帐款>北京鸿发名酒销售有限公司			平	
18	1151003	1151003>预付帐款>五粮液酒厂			平	
19	1151004	1151004>预付帐款>兰州卷烟厂			平	
20	1231	1231>低值易耗品			平	
21	1243	1243>库存商品	72,000.00		借	72,000.00
22	1301	1301>待摊费用			平	

图 13-28　账务数据初始化界面

17. 开启账套

当期初数据录入完成并审核无误后，即可开启账套，在菜单栏中单击“基础管理/开启账套”，出现如图 13-29 所示界面。单击“是”按钮，开启账套后，退出系统，重新登录即可。

图 13-29　开启账套

任务 13-2：进销存系统的采购应用

[任务描述]

采购是指当仓库货品处在安全库存点之下或出现紧急情况需向供货商发出采购订单的业务处理过程。进销存系统的采购应用需完成采购订单、采购入库、采购支付等业务过程。

[具体操作]

1. 购买入库

当商品要进行入库时，就必须进行购买入库操作，单击菜单上的“购买入库”或工具栏上的“购买”，出现如图 13-30 所示界面。

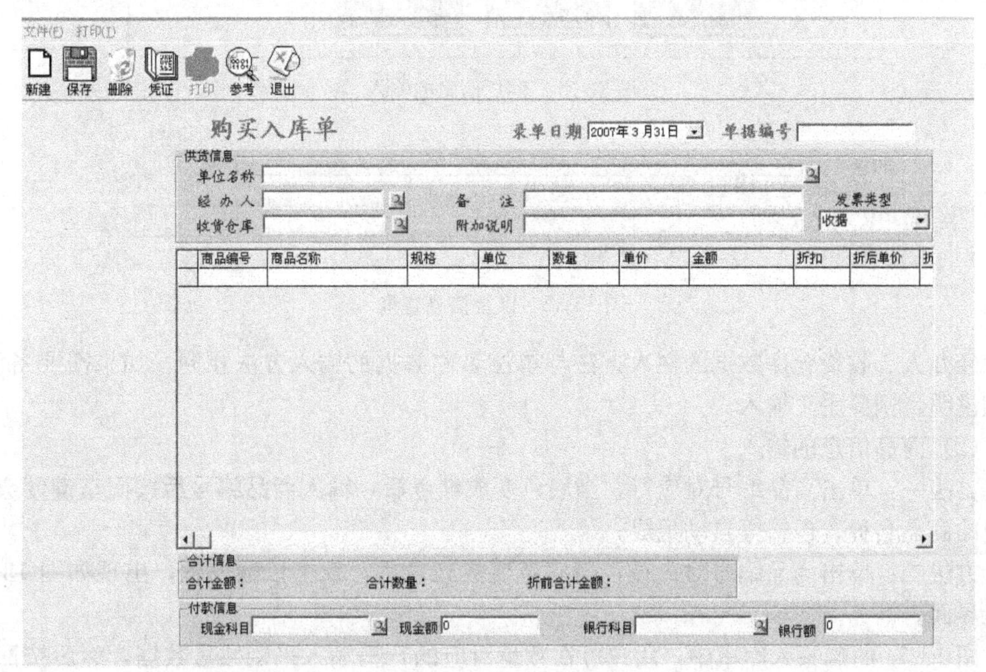

图 13-30　购买入库

(1) 供货信息的输入

在输入框后边有按钮的，均需要通过单击该按钮进行选择需要的数据。如“单位名称”输入框后边的按钮，出现如图 13-31 所示界面。

在助记符或编号或名称里输入相应的数据，然后按回车键确认，便可将需要的供应商数据查找出来，如图 13-32 所示。注意：输入助记符或编号或名称时均支持模糊查找，以助记符为例，如果输入 gys，则会找出以 gys 开头的所有数据。另外也可双击列表中的所需数据，同样可以达到选择的目的。选择后，数据会自动填写到入库单对应的输入框中，这样既保证了数据的统一性，同时也减少了手工输入的工作量。

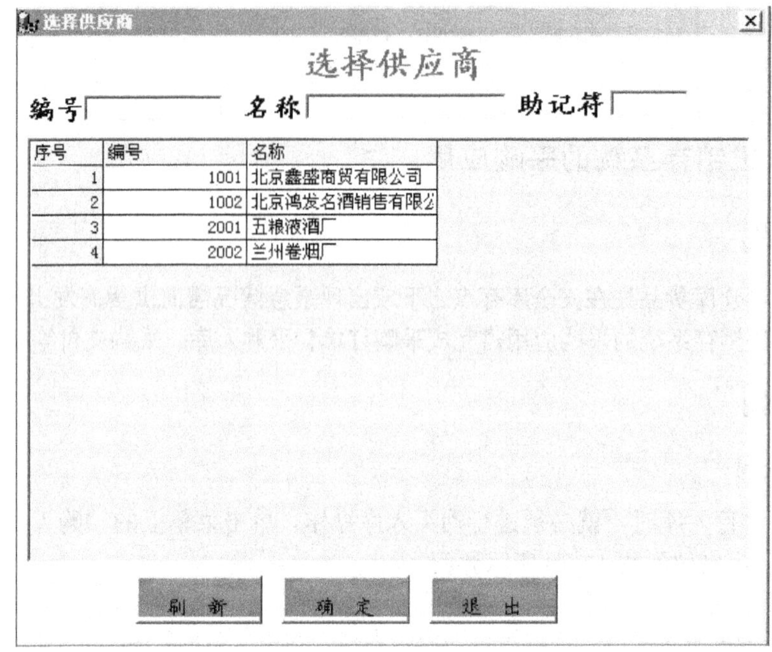

图 13-31 供货信息的输入

图 13-32 供货信息查询

经办人、收货仓库数据的输入方法与单位名称数据的输入方法相同。如果需要备注、附加说明，则要手工输入。

（2）商品信息的输入

方法一：单击商品编号对应行，当底色变成红色后，输入商品编号后按回车键便会把相应的商品名称、规格等自动生成；

方法二：单击商品编号对应行，当底色变成红色后，双击该输入框，出现如图 13-33 所示界面。

图 13-34 的购买入库单中，用户可在数量对应的行里输入采购数量数据，然后按回车键即可完成。单价默认为商品信息录入时输入的预售价，如果需改变单价，直接在单价对应的行里输入数据后回车即可，金额自动计算。在输入购买入库单过程中需注意两方面：第一，对商品数据输入时对应方向箭头键和回车键，即按不同的方向箭头键随光标向着不同的方向移动，如果没有显示输入框，则回车显示输入框，如果当前是输入框，输入数据后回车则赋值的同时隐藏输入框；第二，只有把发票类型设置成普通发票或增值税发票时

才可在列表中设置税率，否则不允许设置税率。

（3）合计信息

合计金额与合计数量是根据输入的数据自动生成的，不需要人工干涉。

图 13-33　选择商品用户界面

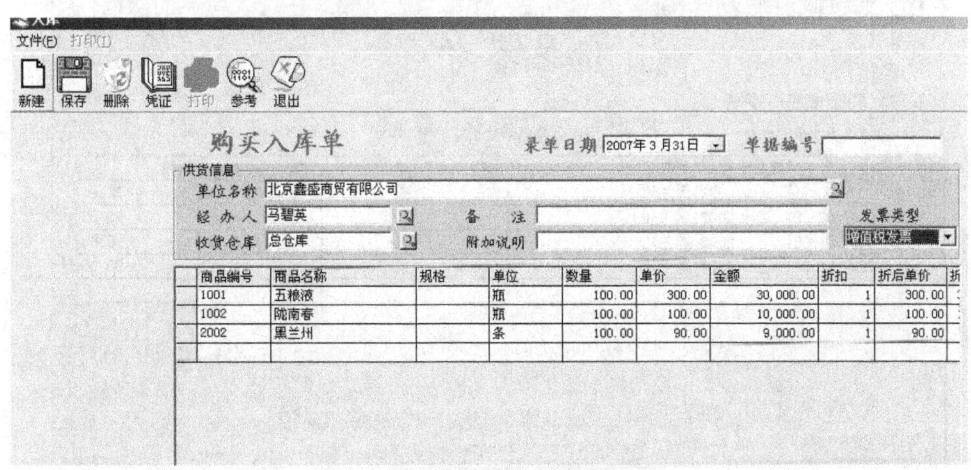

图 13-34　购买入库单

付款信息的输入：在付款时，如果全用现金支付，那么选择付款现金科目后，在现金额里输入金额数即可；如果全用银汇（即支票、承兑、电汇等）支付，那么选择付款银行科目后，在银行额里输入金额数即可；如果支付时既有现金也有银汇，那么选择付款现金科目后还要选择银行科目，同样在现金额和银行金额里分别输入相应金额数即可。

（4）保存录入的单据

当数据录入完成后，单击“保存”即可保存数据，数据保存后不允许再次修改。注意：单据编号是系统自动生成的，不要人工去干涉。只有当保存完数据后才能进行单据的打印。

单击工具栏上的“凭证”按钮，可查看当前进销存单据对应的会计凭证，如图 13-35 所示。

图 13-35 查看凭证

单击工具栏上的“删除”按钮，可将当前进销存单据删除掉。单击工具栏上的“参考”按钮，可查看商品的历史进价情况，如图 13-36 所示。

图 13-36 价格参考

如果本次也要应用列表中的哪个进价时，双击便可应用到购买进货单中。执行菜单“文件”→“打印设置”命令，可以设置当前单据的打印格式，如图 13-37 所示。

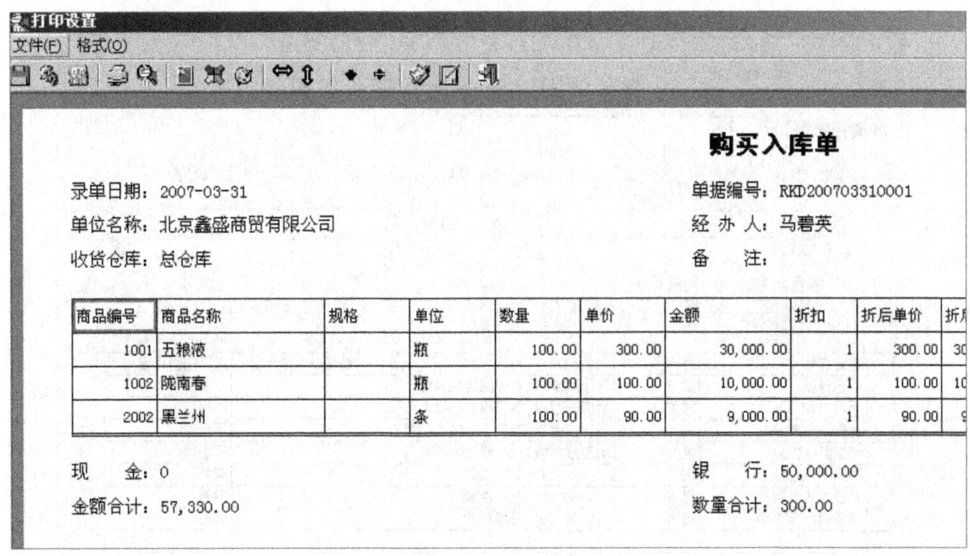

图 13-37　购买入库单打印格式设置效果

执行菜单“文件”→“界面列表格式设置”命令，可以设置当前单据的打印格式，如图 13-38 所示。

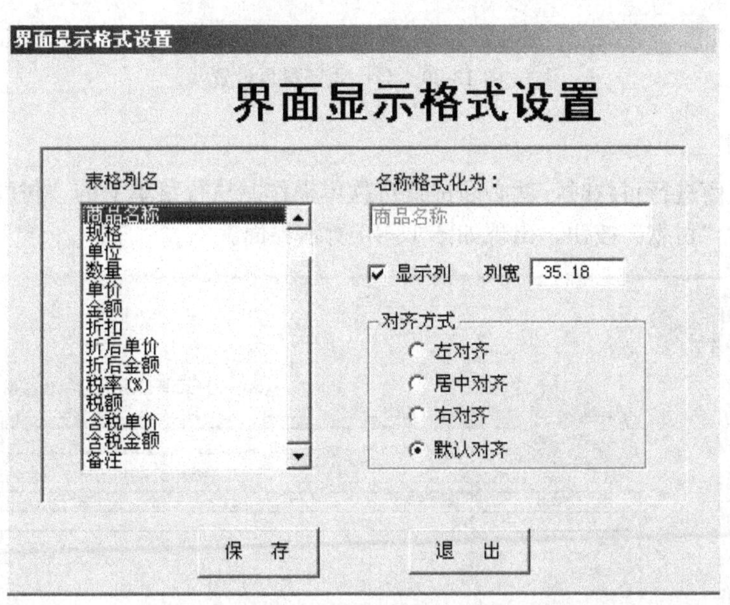

图 13-38　界面列表格式设置

先单击“表格列名”下的列名称，再设置右边的项目。如果把“显示列”前的钩去掉，那么在单据操作界面时该列就不会显示了。通过修改“列宽”数据，可改变单据操作界面中的对应列的显示宽度，设置好之后，单击“保存”，系统就会把设置的单据的界面格式保存下来，以后再进入单据界面时则会按设置的格式显示。

执行菜单“文件”→“删除界面列表格式设置”命令，可以把设置的格式删除掉，按系统默认的格式显示。执行菜单“文件”→“自动生成会计凭证对应科目设置”命令，可以设置当前单据保存时自动生成会计凭证需要对应的科目，如图 13-39 所示。

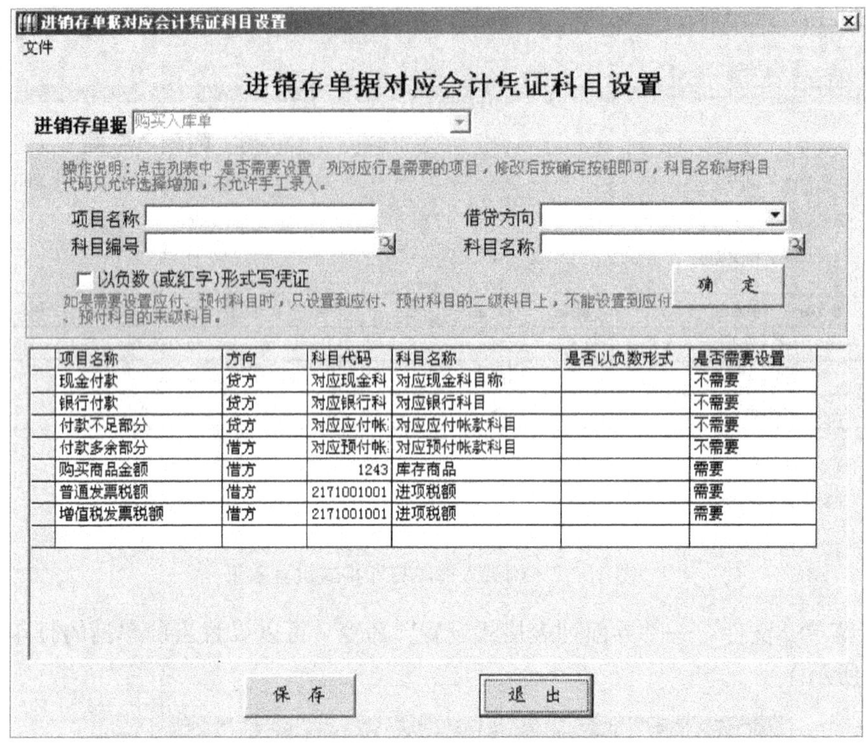

项目名称	方向	科目代码	科目名称	是否以负数形式	是否需要设置
现金付款	贷方	对应现金科	对应现金科目称		不需要
银行付款	贷方	对应银行科	对应银行科目		不需要
付款不足部分	贷方	对应应付帐	对应应付帐款科目		不需要
付款多余部分	借方	对应预付帐	对应预付帐款科目		不需要
购买商品金额	借方	1243	库存商品		需要
普通发票税额	借方	2171001001	进项税额		需要
增值税发票税额	借方	2171001001	进项税额		需要

图 13-39 会计凭证科目设置

2. 付款单

当对供应商进行付款时，就必须进行付款单操作。执行菜单上的“付款单”命令或单击工具栏上的“付款”按钮，出现如图 13-40 所示界面。

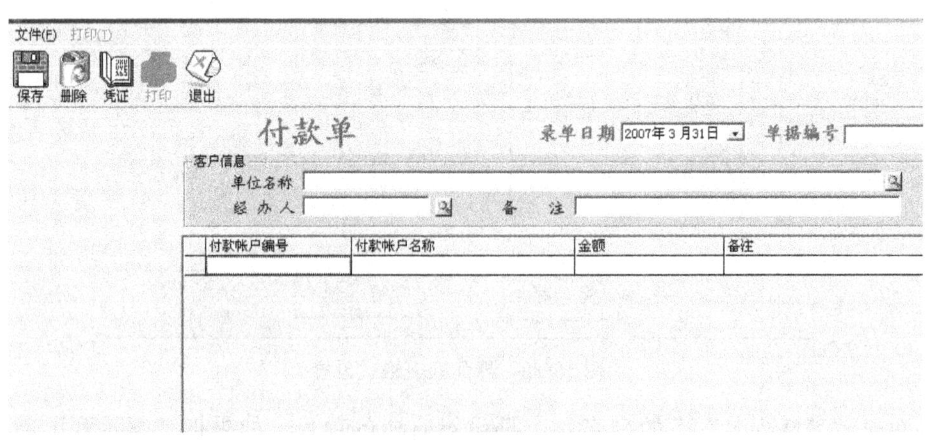

图 13-40 付款单

客户信息里的数据输入与购买入库里的供应商信息输入操作类同。网格里的付款数据输入与购买入库里的商品信息输入操作类同。注意：单据编号是系统自动生成的，不要人工去干涉，只有当保存完数据后才能进行单据的打印。

任务 13-3：进销存系统的出货应用

[**任务描述**]

出货的操作主要包括商品销售汇总、商品销售明细、毛利汇总、其他收入汇总等操作。用户在操作过程中要注意设置销售的时间范围、设置商品查询条件、录入商品销售汇总表和明细表等。

[**具体操作**]

1. 商品销售汇总表

当需要汇总任意时间段商品销售情况时，就必须进行商品销售汇总表操作，单击菜单上的“商品销售汇总表”，界面如图 13-41 所示。

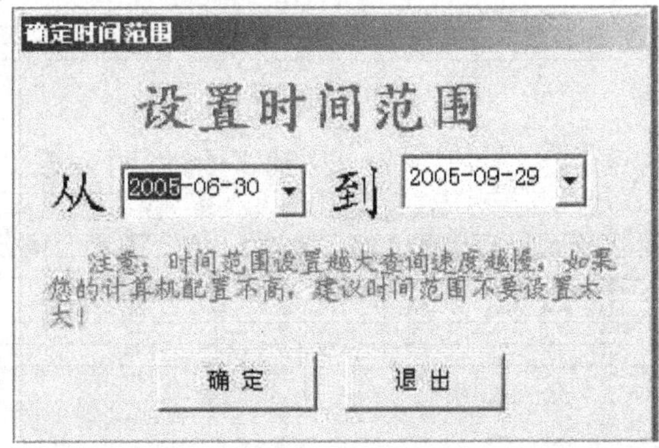

图 13-41　商品销售汇总表的时间范围确定

设置时间范围，单击“确定”按钮后出现如图 13-42 所示界面。

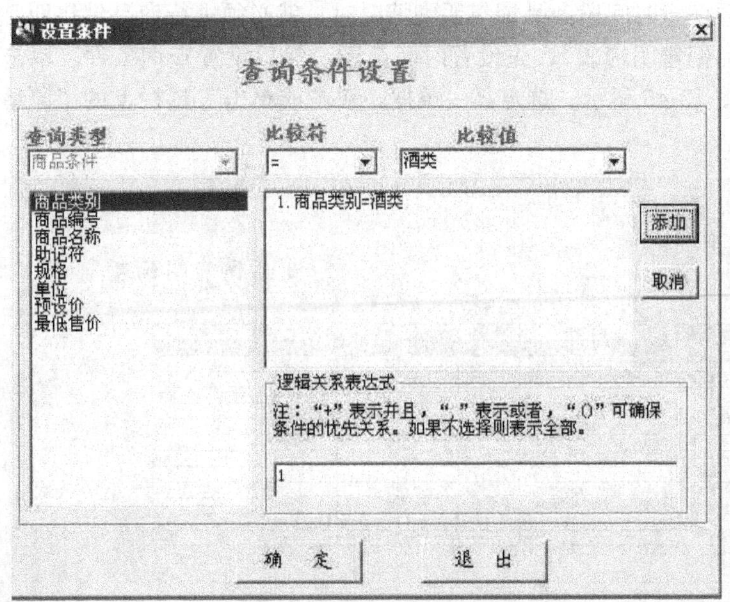

图 13-42　设置查询时间范围

设置商品查询条件，单击“确定”按钮后出现如图 13-43 所示界面。

选定某一商品，双击或单击工具栏上的“明细”按钮，就可查看该商品销售的明细情况，界面如图 13-44 所示。选定某一单据，双击或单击工具栏上的“原单”按钮就可查看该单据原单。

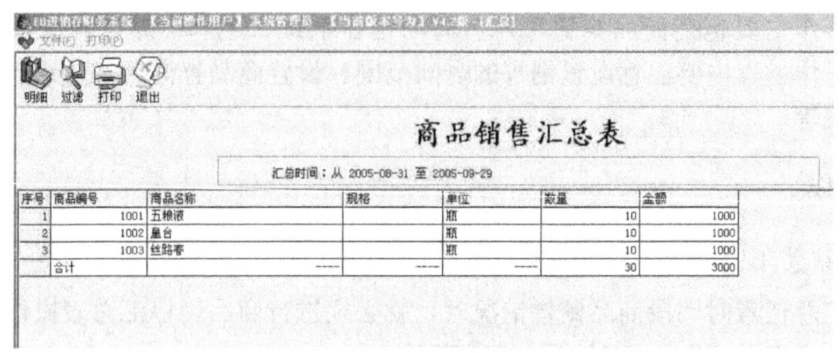

文件(F)　打印(P)

明细　过滤　打印　退出

商品销售汇总表

汇总时间：从 2005-08-31 至 2005-09-29

序号	商品编号	商品名称	规格	单位	数量	金额
1	1001	五粮液		瓶	10	1000
2	1002	皇台		瓶	10	1000
3	1003	丝路春		瓶	10	1000
	合计	----	----	----	30	3000

图 13-43　查询商品销售汇总

文件(F)　打印(P)

原单　打印　退出

商品销售明细表

汇总时间：从 2005-08-31 至 2005-09-29　汇总商品编码：1001

序号	单据类型	日期	单据编号	商品编号	规格	单位	单价	数量	金额
1	五粮液								
2	销售出库	2005-09-26	CKD20050926001	1001		瓶	100	5	500
3	销售出库	2005-09-26	CKD20050926005	1001		瓶	100	5	500
4	小计	----	----	----	----	----	----	10	1000
	合计	----	----	----	----	----	----	10	1000

图 13-44　查询商品销售明细

2. 商品销售明细表

当需要查看任意时间段商品销售明细情况时，就必须进行商品销售明细表操作。单击菜单上的“商品销售明细表”，先设置时间范围，然后设置查询条件，单击“确定”按钮后查询结果如图 13-45 所示。选定某一单据，双击或单击工具栏上的“原单”按钮便可查看该单据原单。

文件(F)　打印(P)

原单　过滤　打印　退出

商品销售明细表

汇总时间：从 2005-08-31 至 2005-09-29

序号	单据类型	日期	单据编号	商品编号	规格	单位	单价	数量	金额
1	五粮液								
2	销售出库	2005-09-26	CKD20050926001	1001		瓶	100	5	500
3	销售出库	2005-09-26	CKD20050926005	1001		瓶	100	5	500
4	小计	----	----	----	----	----	----	10	1000
5	皇台								
6	销售出库	2005-09-26	CKD20050926001	1002		瓶	100	5	500
7	销售出库	2005-09-26	CKD20050926005	1002		瓶	100	5	500
8	小计	----	----	----	----	----	----	10	1000
9	丝路春								
10	销售出库	2005-09-26	CKD20050926001	1003		瓶	100	5	500
11	销售出库	2005-09-26	CKD20050926005	1003		瓶	100	5	500
12	小计	----	----	----	----	----	----	10	1000
	合计	----	----	----	----	----	----	30	3000

图 13-45　商品销售明细表查询结果

3. 毛利按客户汇总表

当需要汇总任意时间段毛利并按客户分类时，就必须进行毛利按客户汇总表操作。单击菜单上的“毛利按客户汇总表”，先确定时间范围，然后设置查询条件，单击“确定”按钮，查询结果如图 13-46 所示。选定某一客户，双击或单击工具栏上的“明细”按钮就可以查看该客户销售获利的明细情况，界面如图 13-47 所示。

文件(F)　打印(P)

明细　过滤　打印　退出

毛利汇总表

汇总时间：从 2007-01-01 至 2007-03-31

序号	客户编号	客户名称	销售金额	销售成本	毛利额
1	0000	零售	2,220.00	1,370.48	849.52
2	1001	青海新发商贸有限公司	44,000.00	29,000.00	15,000.00
3	2001	瑞德尔超市	51,800.00	28,476.19	23,323.81
4	2002	华联超市	18,000.00	12,000.00	6,000.00
5	2003	家世界超市	4,000.00	3,000.00	1,000.00
	合计	----	120,020.00	73,846.67	46,173.33

图 13-46　毛利按客户汇总表查询结果

文件(F)　打印(P)

原单　打印　退出

毛利按客户明细表

汇总时间：从 2007-01-01 至 2007-03-31　客户名称：青海新发商贸有限公司

序号	单据类型	日期	单据编号	客户编号	客户名称	销售金额	销售成本	毛利额	毛利方
1	销售出库	2007-01-05	CKD200701060002	1001	青海新发商贸有限公司	30,000.00	20,000.00	10,000.00	增加
2	销售出库	2007-02-08	CKD200702080002	1001	青海新发商贸有限公司	14,000.00	9,000.00	5,000.00	增加
	合计	----	----	----	----	44,000.00	29,000.00	15,000.00	

图 13-47　毛利按客户明细表

4. 其他收入汇总表

当需要查看任意时间段其他收入汇总情况时，就必须进行其他收入汇总表操作。单击菜单上的“其他收入汇总表”，出现如图 13-48 所示界面。设置好时间段后，单击“汇总”按钮即可将数据汇总出来。注意：当“类型”为空时，表示汇总时间段内的所有数据，如果查询条件设置了“类型”，则只汇总出所设置类型的数据。

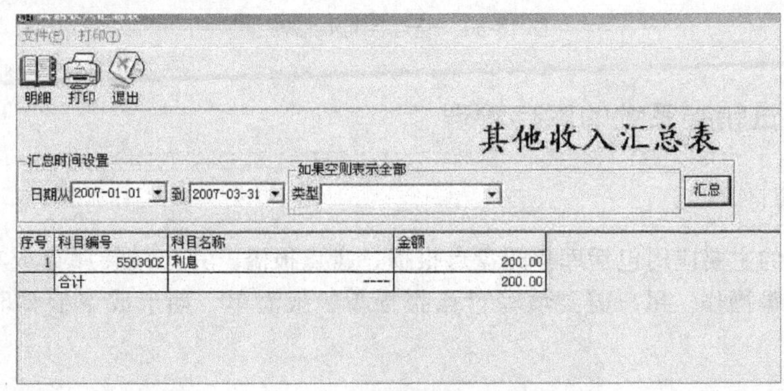

序号	科目编号	科目名称	金额
1	5503002	利息	200.00
	合计	----	200.00

图 13-48　其他收入汇总表

选中列表中某一项，单击工具栏上的“明细”按钮（或双击），便可查看该项目的明细情况，如图 13-49 所示。

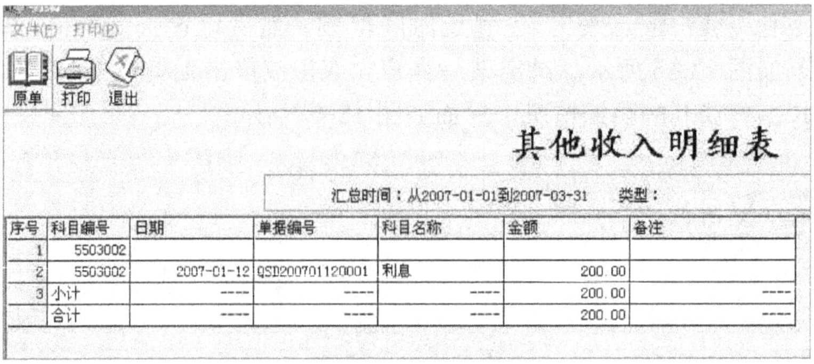

其他收入明细表

汇总时间：从2007-01-01到2007-03-31 类型：

序号	科目编号	日期	单据编号	科目名称	金额	备注
1	5503002					
2	5503002	2007-01-12	QSD200701120001	利息	200.00	
3	小计	----	----	----	200.00	----
	合计	----	----	----	200.00	----

图 13-49　其他收入明细表

5. 经营状况汇总表

当需要查看任意时间段经营状况时，就必须进行经营状况汇总表操作。单击菜单上的“经营状况汇总表”，出现如图 13-50 所示界面。设置好时间段后，单击“汇总”按钮便可将数据汇总出来。

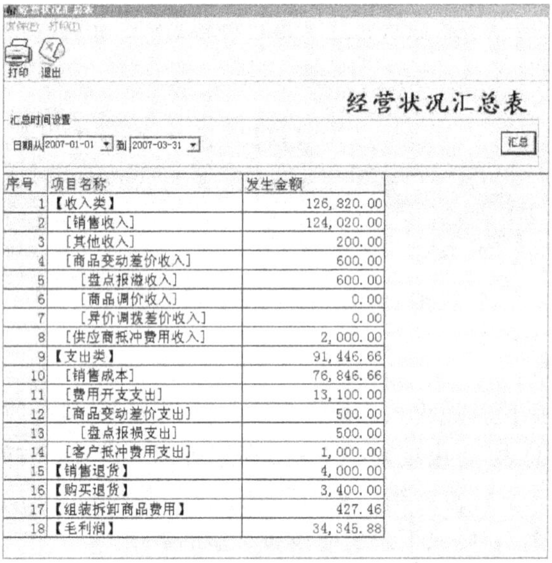

经营状况汇总表

汇总时间设置　日期从2007-01-01 到2007-03-31　汇总

序号	项目名称	发生金额
1	【收入类】	126,820.00
2	[销售收入]	124,020.00
3	[其他收入]	200.00
4	[商品变动差价收入]	600.00
5	[盘点报溢收入]	600.00
6	[商品调价收入]	0.00
7	[异价调拨差价收入]	0.00
8	[供应商抵冲费用收入]	2,000.00
9	【支出类】	91,446.66
10	[销售成本]	76,846.66
11	[费用开支支出]	13,100.00
12	[商品变动差价支出]	500.00
13	[盘点报损支出]	500.00
14	[客户抵冲费用支出]	1,000.00
15	【销售退货】	4,000.00
16	【购买退货】	3,400.00
17	【组装拆卸商品费用】	427.46
18	【毛利润】	34,345.88

图 13-50　经营状况汇总表

任务 13-4：进销存系统的库存管理

[任务描述]

库存管理的主要应用包括库存的盘点报损、盘点报溢、月末结转库存成本、月末反结转库存成本等操作。用户需要填写盘点报损单、报溢单、期末成本核算时间设置等表单。

[**具体操作**]

1. 盘点报损

当某个仓库的商品盘点后发现损耗时，就必须进行盘点报损操作。单击菜单上的“盘点报损”，出现如图 13-51 所示界面。

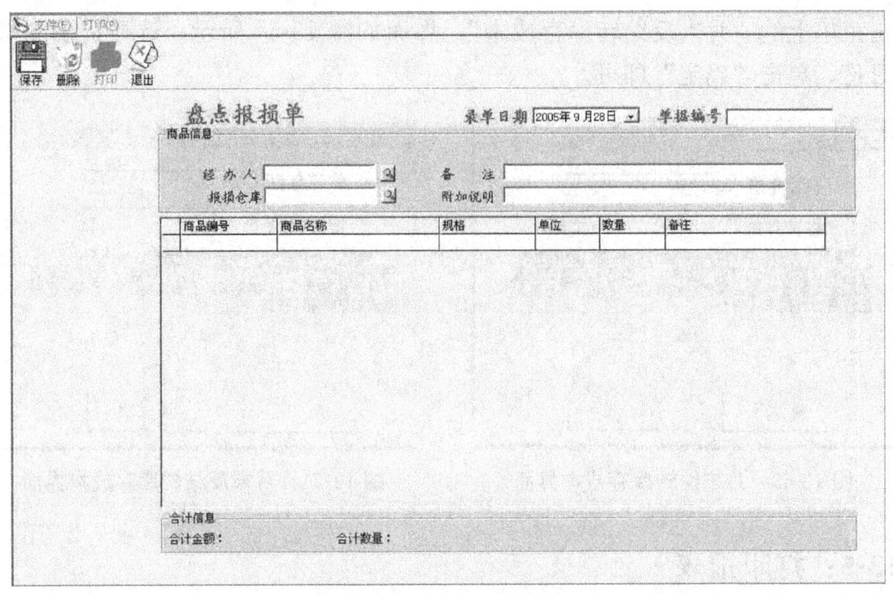

图 13-51　盘点报损界面

2. 盘点报溢

当某个仓库的商品盘点后发现多余时，就必须进行盘点报溢操作。单击菜单上的“盘点报溢”，出现如图 13-52 界面，操作方法与盘点报损类同。

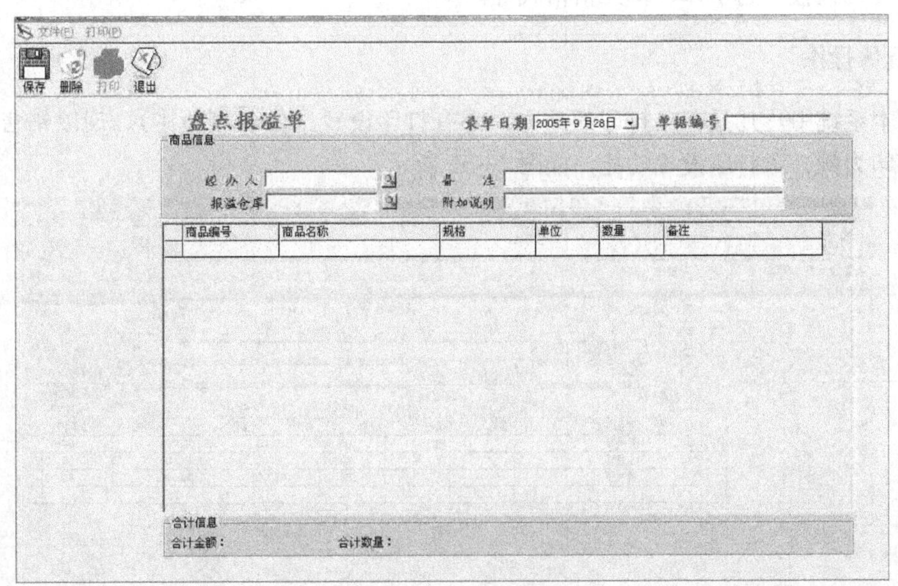

图 13-52　盘点报溢界面

3. 月末结转库存成本

单击菜单上的“月末结转库存成本”，出现如图 13-53 界面。选择正确的核算年度与核算月份，单击“确定”按钮即可。注意：当进行了月末结转库存成本后，在该结转之前生成的进销存单据将不能再进行冲红操作。

4. 月末反结转库存成本

单击菜单上的“月末反结转库存成本”，界面如图 13-54 所示。选择正确的核算年度与核算月份，单击“确定”即可。

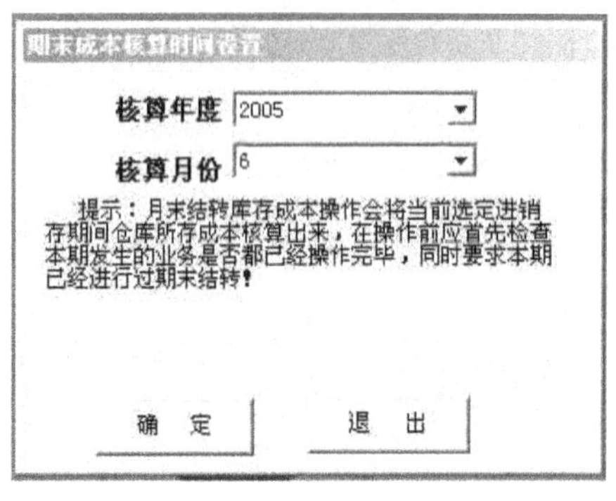

图 13-53 月末结转库存成本界面

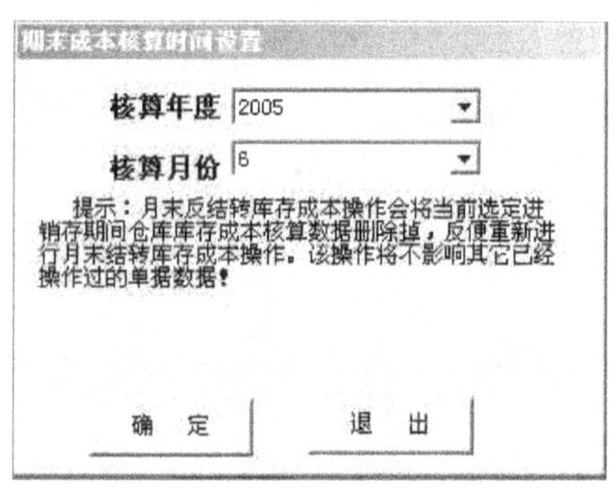

图 13-54 月末反结转库存成本界面

任务 13-5：打印报表

[**任务描述**]

报表是数据分析的一种工具。在进销存系统中，主要有采购报表、销售报表和库存报表等。用户在报表模块中可以打印购买入库单、销售出库单等报表，报表的样式用户可以自己定义，如报表的字体、单元格格式等。

[**具体操作**]

在本系统中，凡是存在打印的地方，都有打印设置（位于菜单中）。现以销售出库存单的打印为例介绍打印设置功能，如图 13-55 所示。

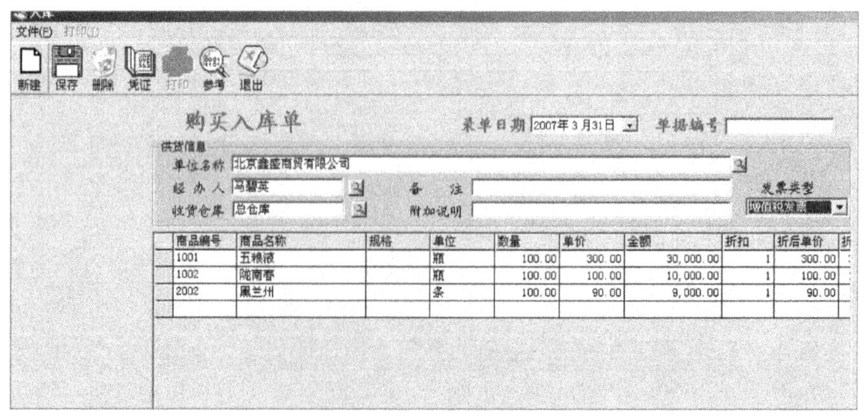

图 13-55 要打印的单据

选择菜单“文件”→“打印设置”命令，界面如图 13-56 所示。按住右键拖动鼠标可大范围选择设置区域，如图 13-57 所示。

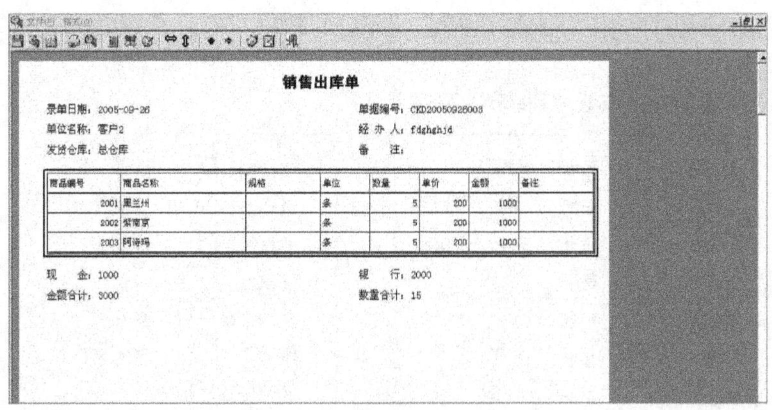

图 13-56　打印报告样式

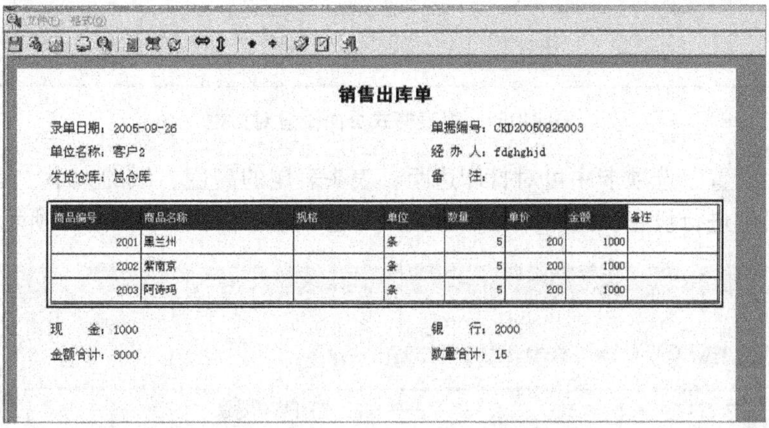

图 13-57　报表的放大效果

通过工具栏上的按钮可进行字体、字号、对齐等设置（注意：当鼠标停留在工具栏按钮上时，会自动显示按钮的作用），设置完成后如图 13-58 所示。

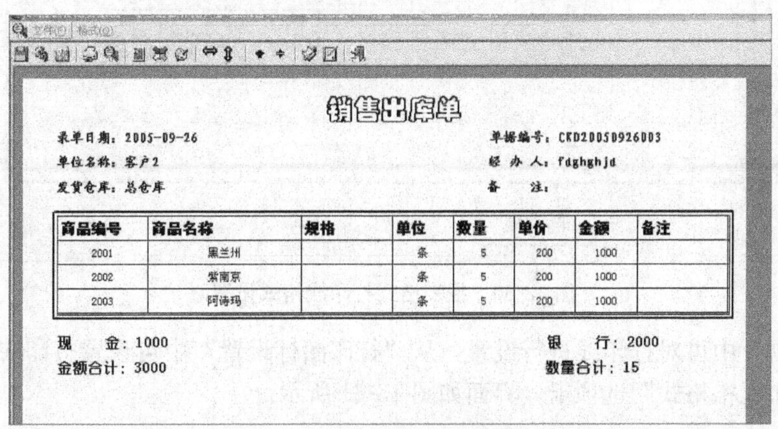

图 13-58　报表设置效果图

执行菜单“格式”→“选项”命令还可进行其他更多的打印格式设置，界面如图 13-59 所示。

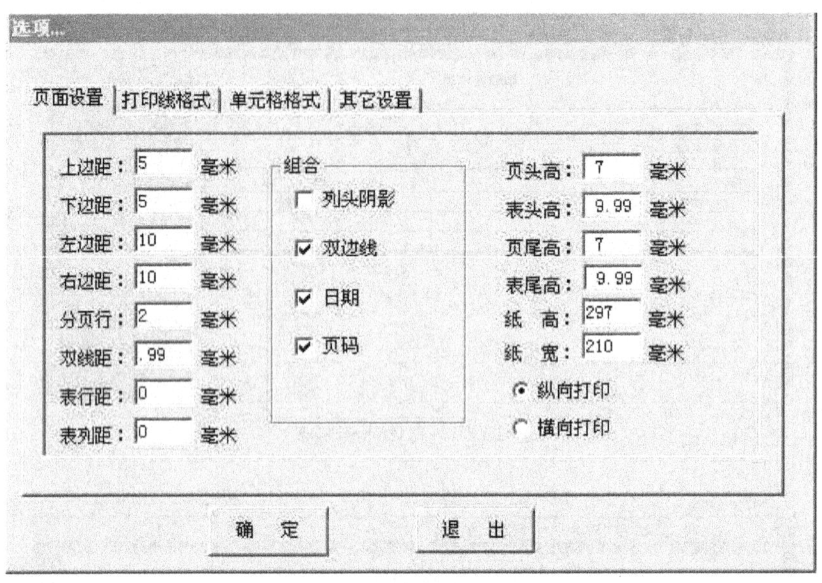

图 13-59 报表格式页面设置对话框

在“页面设置”选项卡中可对打印边距、表头表尾的高度、纸的大小、是否打印双边线、页码、日期进行设置。选中“打印线格式”选项卡，界面如图 13-60 所示。

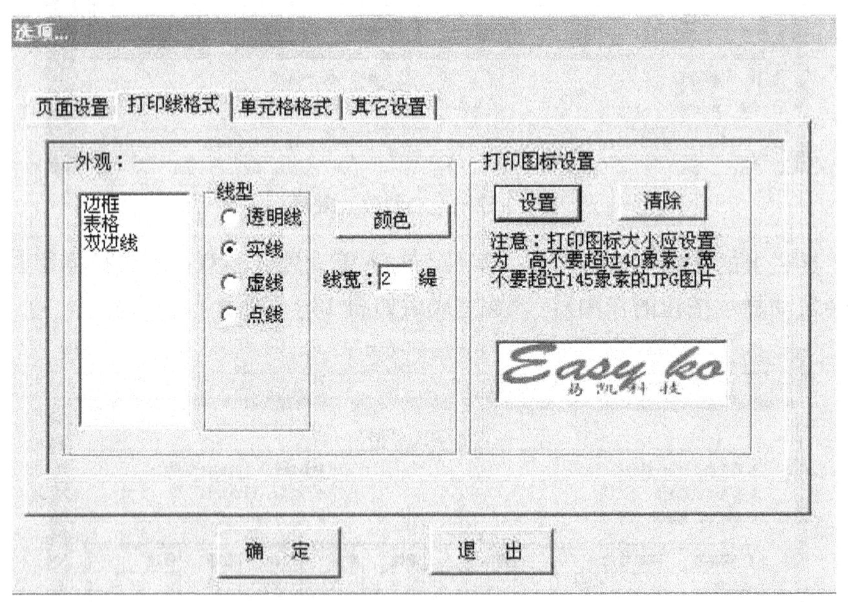

图 13-60 报表格式打印线格式设置

从“外观”中可对打印线进行设置，从“打印图标设置”中可设置打印在表头上的图标。选中“单元格格式”选项卡，界面如图 13-61 所示。

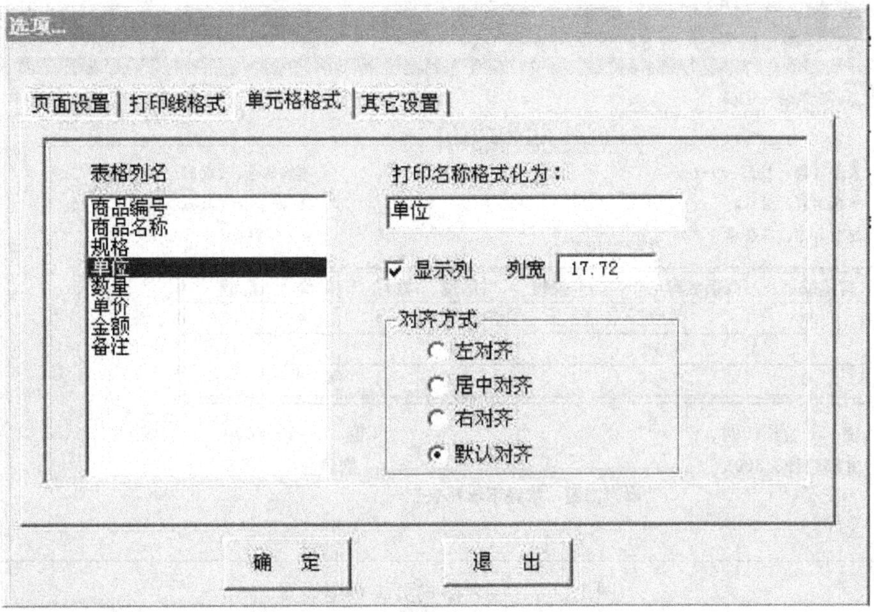

图 13-61　报表格式单元格式设置

在这里可对表格里的数据打印进行设置，可设置对齐方式、列宽、是否显示该列。选中“其他设置”选项卡，界面如图 13-62 所示。

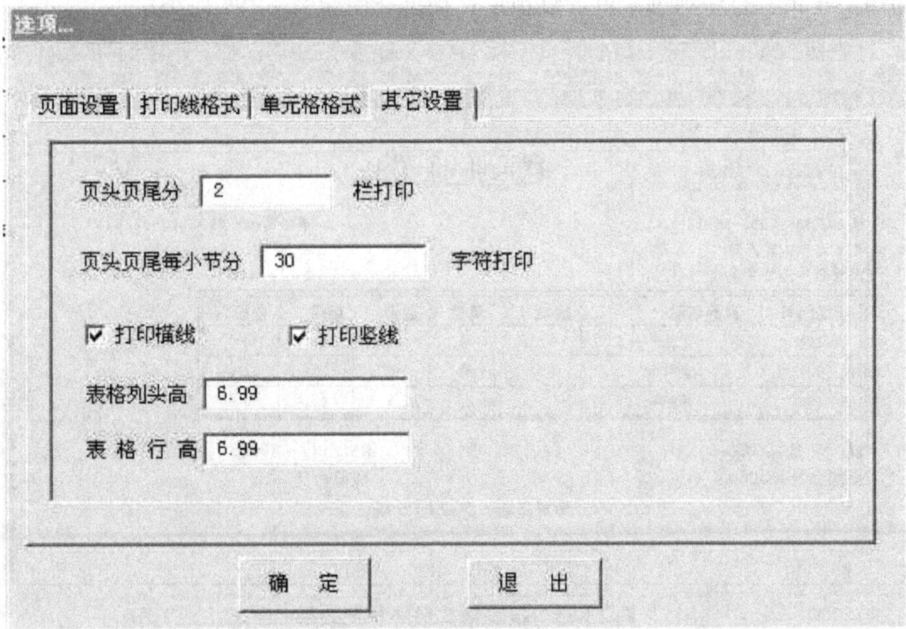

图 13-62　报表格式其他设置

在这里可以对页头页尾分多少栏及每小节里打印多少个字符进行设置，也可设置是否打印横线或竖线，还可设置表格的行高。设置好后单击“确定”按钮，如图 13-63 所示。

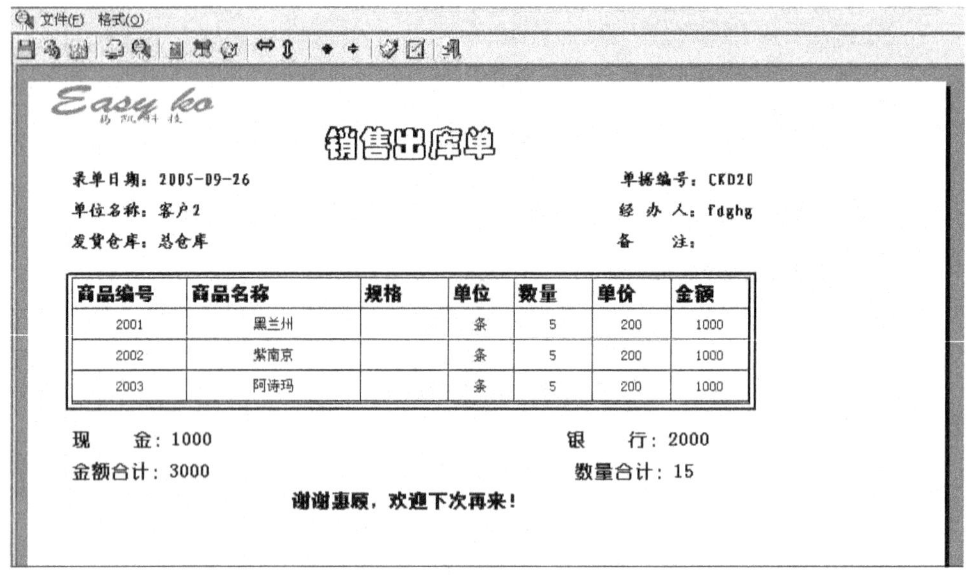

图 13-63 报表格式页头页尾设置

设置好之后单击菜单或工具栏上的“保存”命令，即可将打印格式保存下来，这样在以后的打印当中，都会自动按照设置的打印格式进行打印。如果想删除当前保存的打印格式，单击菜单里的“删除打印”命令即可。设置好后可进行打印预览，单击“打印”可进行打印输出。单击“打印预览”可进行预览，预览界面如图 13-64 所示。

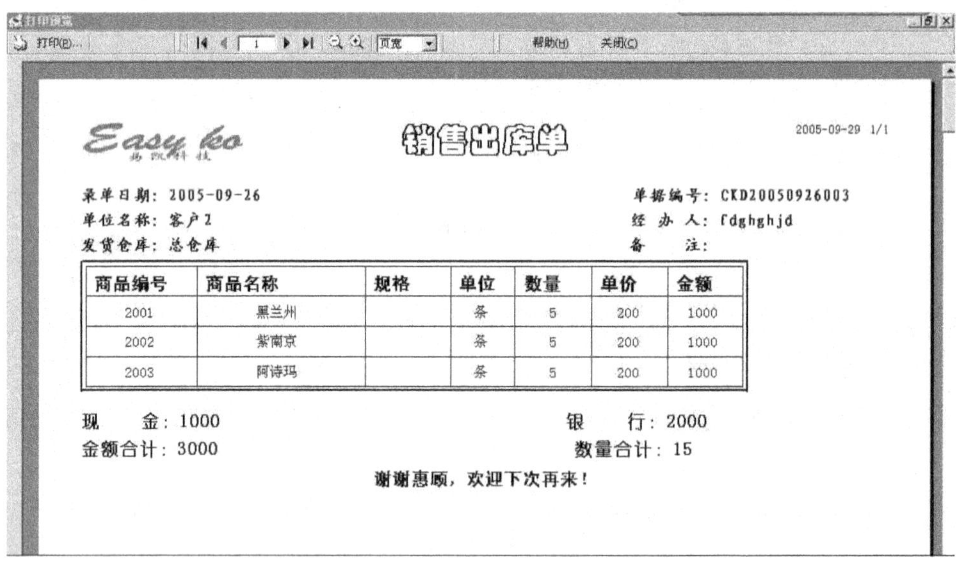

图 13-64 报表格式最终预览效果

第 14 章　无纸化办公系统的应用

本章要点：

- 无纸化办公系统概述
- 无纸化办公系统的操作
- 无纸化办公系统的分析
- 无纸化办公系统的运行与维护
- 通达 OA 管理系统的高级应用

14.1　无纸化办公系统概述

随着全球信息技术的进步，办公自动化系统也越来越多地运用在日常工作中。在互联网技术还没有得到广泛应用的早期，各企业信息之间的交流、办公业务的处理都是靠人工操作完成的。随着社会进入信息时代和社会生活的快节奏化，现在的企业信息交流量大传递迅速。以前传统的信息交流方式已经不能满足企业的处理需求，不能适应时代的发展趋势。于是需要一种新的技术改善现状，因此办公自动化系统在适应时代发展需求中产生。

1. 无纸化办公系统的概念

无纸化办公，是指利用现代化的网络技术进行办公，主要传媒工具是计算机等现代化办公工具，可以实现不用纸张和笔进行各种业务以及事务处理。它利用先进的技术，使人的各种办公业务活动逐步由各种设备和人机信息系统来协助完成，达到充分利用信息、提高工作效率和工作质量、提高生产率的目的。OA 系统（Office Automation）也是每个企业或事业单位信息化建设初期就开始投入建设的基本系统。从 C/S 结构到 B/S 结构，从最初的桌面办公软件的应用、收发邮件到后来的公文流转、车辆管理、会议管理、网上审批等功能的应用，OA 已经是我们日常使用最多、最频繁的一个基本系统。随着信息化的发展和成熟，目前很多企事业单位的 OA 系统已经整合了越来越多的应用，日趋变得复杂。OA 系统集成了人、财、物、信息、知识等诸多资源，逐步成为一个员工办公、中层管理、领导决策的知识协同的平台。

办公自动化以计算机网络基础平台为支撑，利用计算机集成技术，使办公事务处理从传统的手工书写方式和分散文件管理方式变革为计算机网络信息集成的自动化管理方式，从而达到信息共享，提高工作效率和工作质量的目的，并提供相关的决策信息的一种新型办公方式。通过网络，组织机构内部的人员可跨越时间，地点协同办公；通过 OA 系统实施的交换式网络应用，使信息的传递更加快捷和方便，从而极大地扩展了办公手段，提高了办公的效率。OA 系统的核心问题就是提高办公效率。

2. 无纸化办公系统应用状况分析

我国的 OA 产业从 20 世纪 70 年代末发展至今，已从最初的提供面向单机的辅助办公产品，发展到面向企业级应用的大型协同工作软件，其发展过程分以下三个阶段。

第一阶段：以数据处理为中心的传统办公系统

它的最大特点是应用基于文件系统和关系型数据库系统，以结构化数据为存储和处理对象，强调对数据的计算和统计能力。其贡献在于把 IT 技术引入办公领域，提高了文件管理水平。但是此时的 OA 系统只是一个简单的工具，其主要目的是处理文字、文档、表格等，实现无纸化办公。这一阶段的 OA 系统提高了用户的文件管理水平及资料整理水平，但也只是对公文的流转和档案的整理起到了较大的帮助，缺乏对办公过程中的沟通协作和角色权限的设计，所以用户应用效果不佳。

第二阶段：以工作流为中心的办公自动化系统

这一时期的办公自动化实现了以工作流为中心。这种方式彻底改变了早期办公自动化的不足之处，以 E-mail、文档数据库管理、目录服务、群组协同工作等技术作支撑。第二代办公自动化系统包含了众多的实用功能和模块，它以网络为基础，实现了对人、事、文档、会议的自动化管理。这时的 OA 系统已经基本实现了自动化办公和协同办公。

第三阶段：以知识管理为核心的办公自动化系统

第三阶段 OA 的核心是知识管理。知识管理是一个系统工程，目标是帮助企业发现潜在的知识、定位拥有专门知识的人、传递知识、有效利用知识。知识管理意味着在恰当的时间，将正确的知识传给正确的人，使他们采取最适合的行动，避免重复错误和重复工作。知识管理可以帮助企业解决知识共享和再利用的问题。第三阶段 OA 的显著特点是信息、资源共享、实时通信以及与短信平台的完美结合。

国内目前 OA 办公系统技术主要集中在企业应用平台的整合，集成各种业务应用系统，设计各种办公自动化软件产品的接口，以及设计基于分布式架构的平台，根据业务变更和需求来扩展新功能，提升办公自动化在企业及政府部门中的应用。采用互联网技术，使企业内部人员方便快捷地共享信息，高效地协同工作；改变过去复杂、低效的手工办公方式，实现迅速、全方位的信息采集、信息处理，为企业的管理和决策提供科学的依据。一个企业实现办公自动化的程度也是衡量其实现现代化管理的标准。以系统与其他信息系统的整合，简化了应用层面，根据业务变更和需求来扩展新功能，从而提升办公自动化在企业及政府部门中的应用。在企业业务流程中，建设各类信息系统的重要工作之一就是提取用户的工作流程，进行分析建模，并把它体现到信息系统的设计中。应用工作流管理系统的开发人员通过可视化的方式分析和设计业务流程，将各个不同的应用系统连接在一起；在组织结构和业务发生变化的时候，能够在很少修改甚至不修改原来应用的情况下，仅仅通过修改工作流程的定义就能适应变化了的情况。

OA 办公系统的开发设计不可忽视以下三个方向：

（1）要实现内外协同。要选择制定产业标准、采用标准化协议实现 OA 和其他业务系统的结合、无缝集成，实现各种业务系统更好地结合和对接；系统内部应采用开放式体系结构，各个模块独立实现，便于系统扩充、升级。

（2）人性化、智能化。OA 办公系统强调与人沟通、协作的特性，要更多地体现人性化，强调易用性、稳定性、开放性，强调对于众多信息来源的整合，强调构建可以拓展的管理支撑平台框架，从而改变目前“人去找系统”的现状，实现“系统找人”的全新理念，能够根据不同员工的需要进行功能组合，将合适的功能放在合适的位置给合适的员工访问，实现真正以人为本的管理方式。

（3）随时随地网络办公。将 OA 系统与 Internet 有效地衔接互动，实现网上办公，用户可直接在 OA 系统中搜索到与其工作相关的网络上的资源等。系统要具有良好的扩展性，如应用服务器、数据库服务器、软件功能等都能平滑的扩展。系统软件设计运用国际标准的 3 层体系结构，纯 Web 技术与 B/S 架构，在客户端不必安装专用代码，系统功能全部在服务器端集中实现和管理。系统维护升级难度和工作量明显降低，做到客户端零管理，提高了办公效率。

14.2　无纸化办公系统的操作

无纸化办公系统的操作流程主要分为后台的基础信息配置与管理及前台的应用两个方面。后台的基础信息配置包括单位信息的设置、部门、用户信息的配置及权限的分配等，用户的前台应用有发文与收文、办公业务流程的发起与领导的审批等。

本节内容所需要的软件是由南昌绿新软件技术有限公司提供的《绿叶 OA 协同应用系统》，在此向该公司表示感谢，新版软件下载地址为 http：//www.oa169.com。绿叶企业无纸系统基于微软 Web 应用程序平台，是一款功能实用、操作简单、界面大方、服务可靠、可伸缩性的网络办公软件。系统完全 B/S 架构设计，实现了内部业务系统的统一协调，无论处在世界各地的任何角落，只要可以访问 Internet，本地无须安装任何客户端软件和数据库，将应用服务集中于统一的应用服务器中，就可以完成公司的日常业务，真正步入分散经营、集中控制的商务管理模式。

绿叶企业协同应用系统包含工作流程审批、文件传输、共享下载、内部短信、手机短信、视频会议、会议记录、即时通信、收发文、公文流转、电子签名、手写批注、痕迹保留、通知发布、业务动态、人事管理、在线考勤、工作日志、工作日程、工作周报、工作总结、工作计划、电子邮件、手机邮件、内部论坛、制度管理、资产管理、通讯录、车辆管理、在线用户、客户、库存、销售、售后、费用、分析报表、预算管理、借款管理、报销管理、财务收支、财务统计、人事任免、短信呼叫、订票与信息查询、移动办公、短信互动平台、邮件群发、密码管理、排名服务、后台管理等功能。同时包含强大的文字、动画、语音提示系统。绿叶企业协同应用系统功能结构如同 14-1 所示。

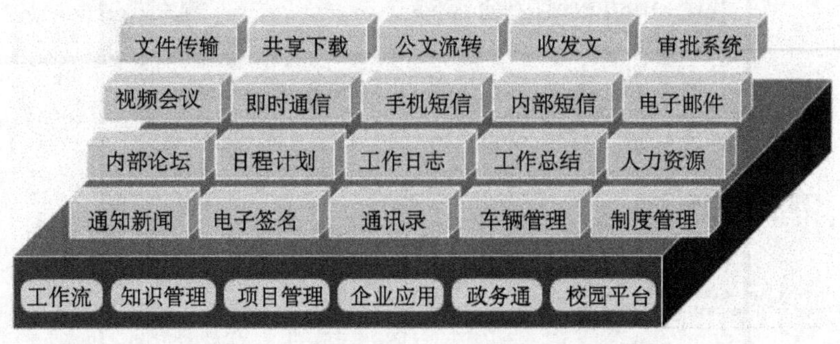

图 14-1　绿叶企业协同应用系统功能结构

任务 14-1：无纸化办公系统的基础数据配置

[**任务描述**]

无纸化办公系统在使用前，需要进行基础数据的配置操作。基础数据包括系统初始化、单位信息、部门管理、用户管理、岗位管理、用户角色分配、资产类别、共享类别等。本任务的操作就是对上述这些基础数据进行增加，为后期的无纸化操作奠定基础。

[**具体操作**]

1. 后台登录

基础数据的配置主要在后台完成，用户通过后台网址（http：//localhost：81/myw/admin_login.asp）登录系统后台（特别说明，此网址中用了 TCP 的端口号，一般用户计算机如果没有设置多网站，不需输入），管理员后台默认账号（wwwoa169com）和密码（wwwoa169com），登录界面如图 14-2 所示，登录成功后出现系统后台管理主界面，如图 14-3 所示。

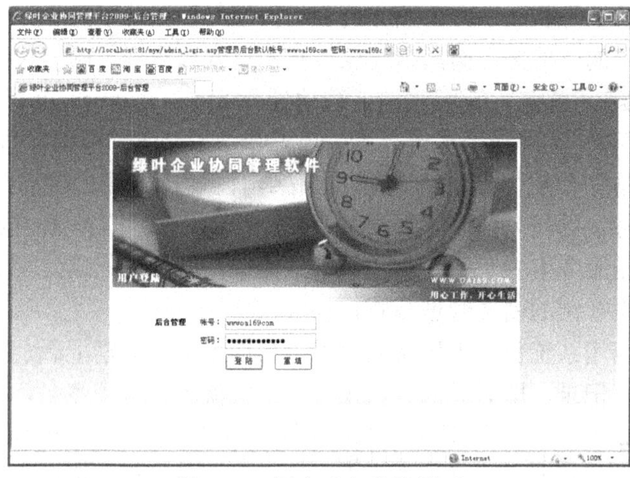

图 14-2 用户后台登录界面

图 14-3 系统后台管理主界面

2. 基础数据配置

（1）系统初始化

系统初始化主要是对 OA 系统数据、用户界面、权限等已有的设置初始化，即达到“出厂”状态。在“基础配置”模块中进行基础数据的配置。选择“系统初始化”，可以对系统数据还原。如图 14-4 所示。注：初始化后，将无可用账号登录前台，请按部署 OA 三部曲（新建部门——新建账号——公布账号，登录前台）对系统重新布置。

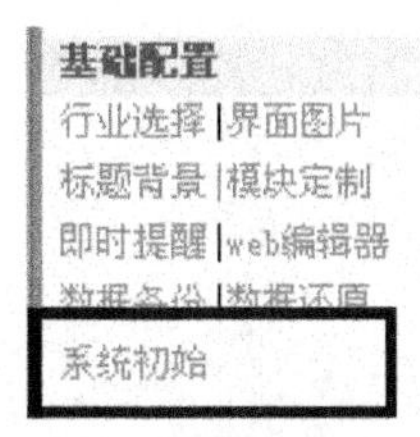

图 14-4　系统初始化操作

（2）部门管理

完成系统初始化后，选择“账户管理”模块中的“部门管理”，如图 14-5 所示。如果企业中用户部门较多时，可进行排序处理，这样可方便多部门管理。

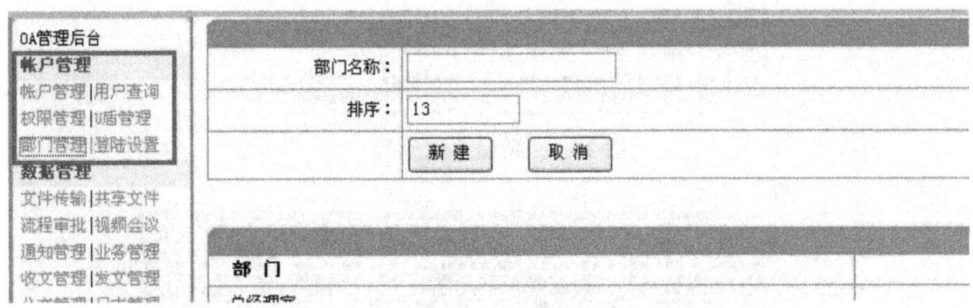

图 14-5　部门管理

（3）用户管理

“用户管理”模块中，主要可以完成 OA 系统前台用户的新建、修改，如图 14-6 所示。

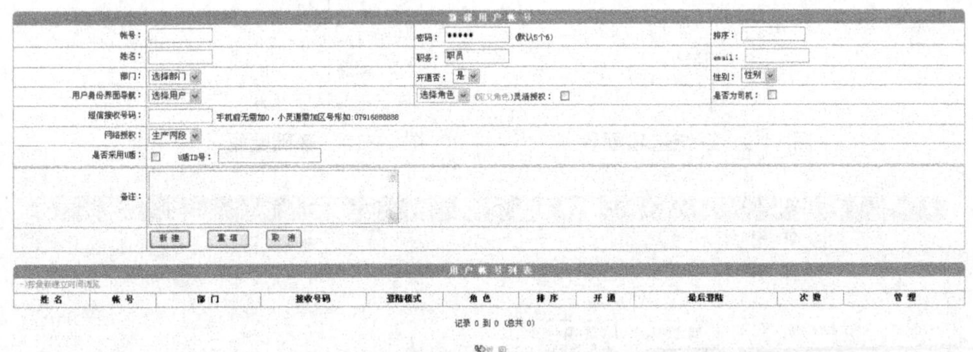

图 14-6　用户管理

（4）用户权限及角色分配

用户的权限与角色是对应起来的，一般来说，角色越高，OA 中的权限也就越高。本系统中的角色根据职务来定，有总裁、经理、普通员工等。新建角色分配如图 14-7 所示。首先定义角色名称，再定义该角色具有的权限，设置好的效果如图 14-8 所示。

（5）其他基础数据配置

其他基础数据包括日志时限、考勤时间、收文归档、发文归档、人事权限、资产类别、共享类别等，如图 14-9 及图 14-10 所示。以资产类别管理为例，资产类别的管理如图

14-11 所示。上述的基础数据都配置完成后，即可向用户公布账号信息，OA 系统即可正式投入运行了。

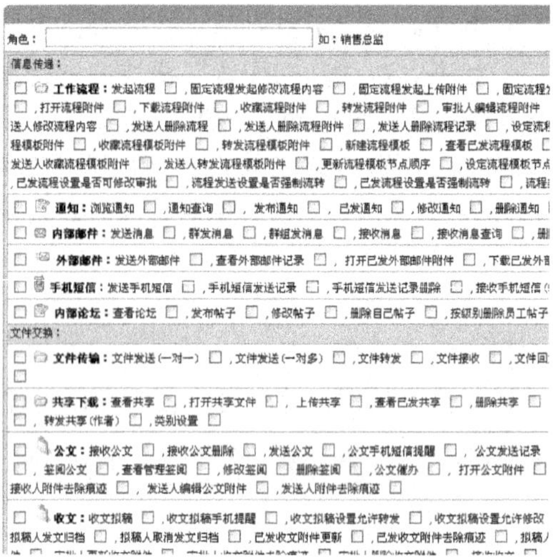

图 14-7 新建角色分配

图 14-8 文员角色及权限分配

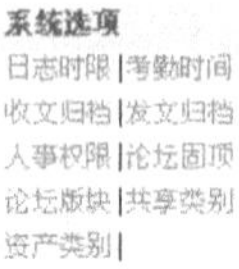

图 14-9 系统选项配置

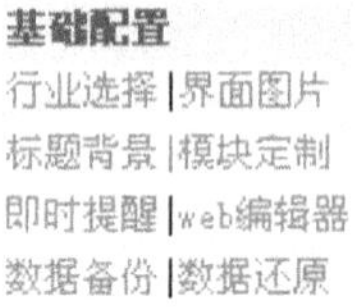

图 14-10 基础配置

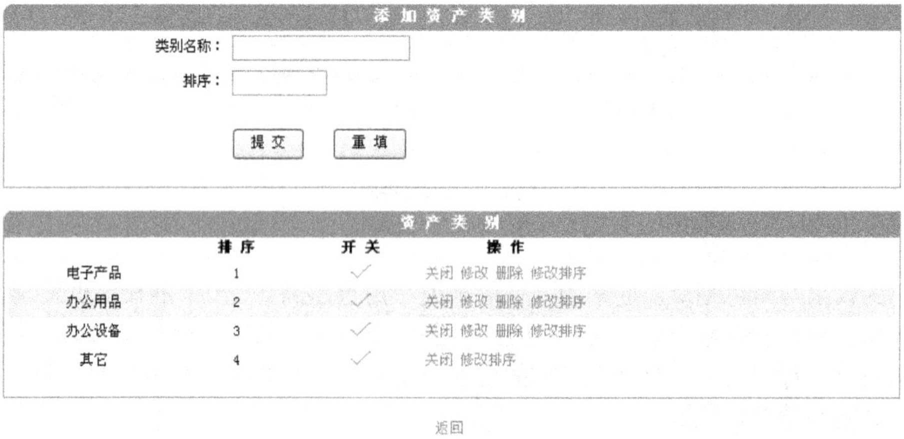

图 14-11 资产类别的管理

任务 14-2：公文管理的操作

［**任务描述**］

公文的管理操作主要包括公文的流转，如发送公文、接收公文等。公文管理的操作有收文管理、发文管理。在公文发送记录和接收记录中，有查询功能，用户可按时间或人员的条件来设定查询条件，方便用户快速定位到指定的公文。

［**具体操作**］

(1) 登录系统前台

前台是用户应用的界面，绿叶企业协同办公系统前台用户登录界面如图 14-12 所示。用户输入自己的账号信息后，即可登录成功，进入用户办公桌面。如果有安全需求，可以结合 U 盾登录。若用 U 盾登录，请选择登录模式为安全模式。用户办公桌面如图 14-13 所示。

图 14-12　绿叶企业协同办公系统前台用户登录界面

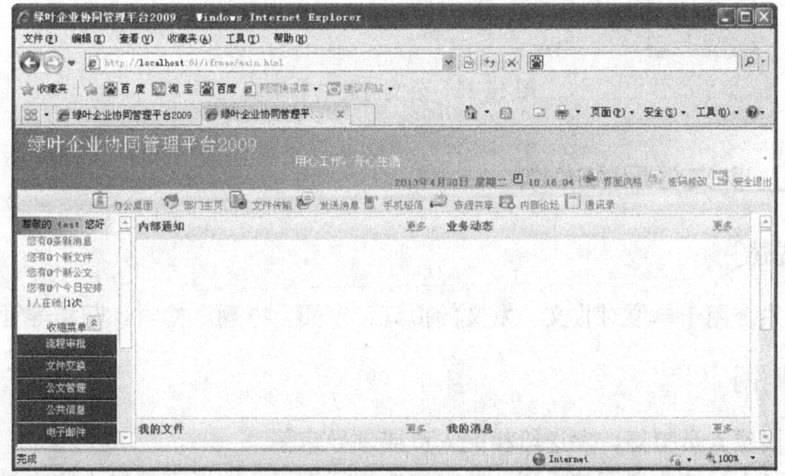

图 14-13　绿叶企业协同办公系统用户办公主界面

从图 14-13 中可以看到，用户办公桌面主要分为左右两块，左边为办公操作区，如流程的审批，公文管理等；右边是信息区，有内部通知、业务动态、我的文件及我的消息等。

（2）公文管理

在左边的主菜单中，选择公文管理模块，进行详细管理界面。可以看到该模块下包含三个功能子模块：公文流转、收文管理、发文管理，如图 14-14 所示。

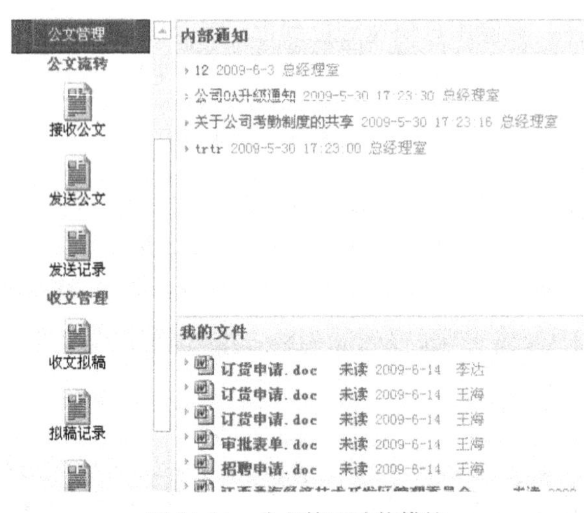

图 14-14　公文管理功能模块

（3）公文流转

选择“公文流转”功能模块，其内容包括“接收公文”、“发送公文”、“发送记录”三个功能子模块，可以实现对公文的管理，如图 14-15 所示。

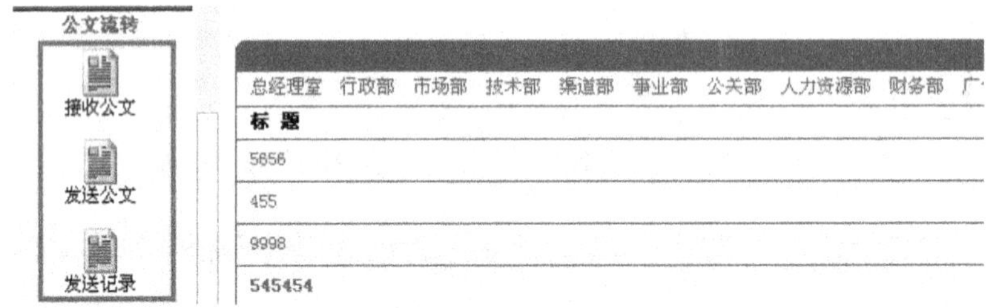

图 14-15　公文流转功能模块

任务 14-3：收文管理的操作

［任务描述］

收发文系统用于单位对收文、发文的拟订，审阅，办理，检索，归档等管理。

［具体操作］

由收文岗位人员拟稿，发送给相关人员或领导审稿。

相关审稿人，接收到短信提醒，单击链接进行审稿，或者直接进入收文模块的待批收文，对收文提交审稿意见。

审批人可对该收文进行修改和转交审稿、转交办理、转交签阅（即向最高领导转交签阅）。

收文按照“拟稿→审稿→签阅→办理”流程进行。

收发文拟稿人员可全程看到文件办理过程，文件办结后，由其存档。

收文阅办单据最终能够满足内控要求，能够汇总显示全程批办痕迹及个人签名。

选择“收文管理”功能模块，其内容包括“收文拟稿”、“拟稿记录”、“待批收文”、“已批收文”、“收文列表”、“收文归档”6 个功能子模块，可以实现对收文的管理，如图 14-16 所示。

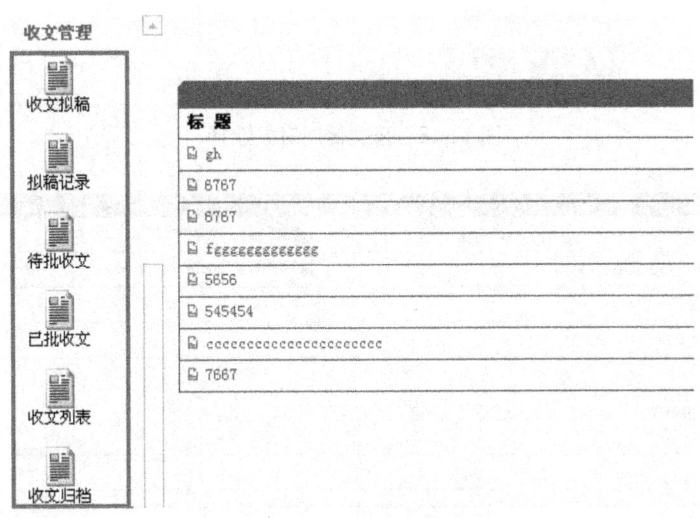

图 14-16　收文管理功能模块

收文是指从上级主管部门接到文件，并将文件传送到相关部门查看的业务流程。收文拟稿的操作如图 14-17 所示，首先要定义收文拟稿记录。

收文拟稿
红头文件抬头：
来文机关：　来文机关简称：
文件标题：　来文字号：
来文日期：2013-4-30 浏览　收文日期：2013-4-30 浏览
抄送机关：　主题词：
签发人：
内 容：

图 14-17　收文拟稿

设置完成后，再将文件传送到相关部门，还可根据需要，设置公文附件的编辑对象，如图 4-18 所示。收文拟稿处理效果图如图 14-19 所示。

设置收文会签

接收对象： 总经理办公室 test 增加

接收人： test 清除

如果附件为WORD、EXCEL、PPT、WPS，设置可批注或编辑人员

发文附件，设置可批注或编辑人员 编辑人员等同于审批人

总经理办公室 test 增加

清除

手机短信提醒：

允许转发 允许修改

发送 取消

图 14-18 公文传阅对象选择

收文拟稿			
来文机关：	地税	来文字号：	2007[654]
来文日期：	2007-7-3 收文日期： 2007-7-3	办完日期：	2007-7-3
事 由：	上报年度财务报表		
拟办意见：	交由财务办理		
审稿意见：	同意！ 王海(总经理室) 结果：通过 2007-7-3 23:16		
签阅意见：			
办理结果：	已办理。 李强(财务部) 结果：办完 2007-7-3 23:17		
备 注：			
附 件：	关于上报企业年度财务报告.doc 2007-7-3 23:15:48 李达(总经理室) 下载 收藏 转发 1个附件		

图 14-19 收文拟稿处理效果图

任务 14-4：发文管理的操作

［**任务描述**］

发文是指企业中某部门拟定公文，并由上级领导审批后，在内部传阅或抄送到上级单位的过程。

［**具体操作**］

由发文岗位人员拟稿，发送给相关人员或领导审稿。审稿人员审稿后，发给相关人员定稿，并提出会签意见。收发文岗位人员可全程看到文件审稿、签阅过程。发文阅办列表最终能够满足内控要求，能够汇总显示全程批办痕迹及个人签名。

提供 Word、XLS、PPT、WPS 附件编辑批注，支持电子签名、痕迹保留、保护文档，支持转发、归档，输出打印红头文件，按拟稿、待批、列表进行信息分类，支持系统短消息窗口提醒与手机提醒。

选择“发文管理”功能模块，其内容包括“发文拟稿”、“拟稿记录”、“待批发文”、“已批发文”、“发文列表”、“发文归档”6 个功能子模块，可以实现对发文的管理。发文操作如图 14-20 所示，发红头文件的操作效果如图 14-21 所示。

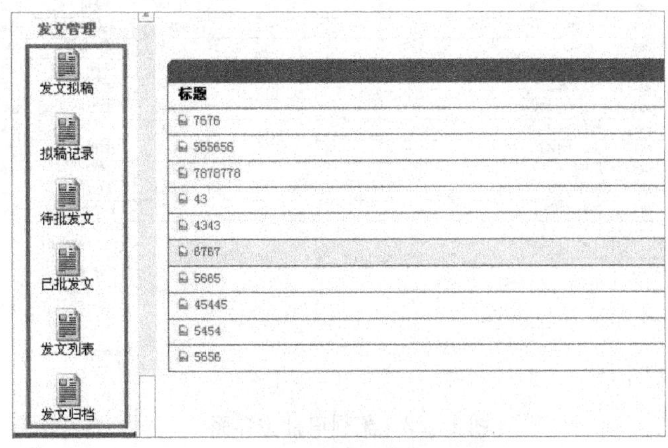

图 14-20　发文管理功能模块

浙江东方职业技术学院发文稿纸

签发:	办公室核稿:
分管领导审核:	处室核稿:
会签:　　已阅	主办单位和拟稿人:　　test
标题:　　stes	附件:　　详细情况请见本流程上传的附件。
主送机关:	抄送机关:

图 14-21　发文操作过程

任务 14-5：审批管理的操作

[**任务描述**]

流程的审批操作包括发起流程、流程的监控、流程审批等。发起流程是下级向上级发起的审批申请，发起流程包括固定式流程和自由流程。固定式流程是指接收流程的部门或人员是固定下来的，一般是办公中固定的业务过程，该流程无须修改。自由流程是指用户可根据自己的需要，向指定的几个部门发起审批申请。相关功能操作见左边的操作导航。

[**具体操作**]

①“流程审批”功能模块，其内容包括“流程审批”功能子模块，可以实现对流程审批的管理，可以看到待审批列表，如图 14-22 所示。

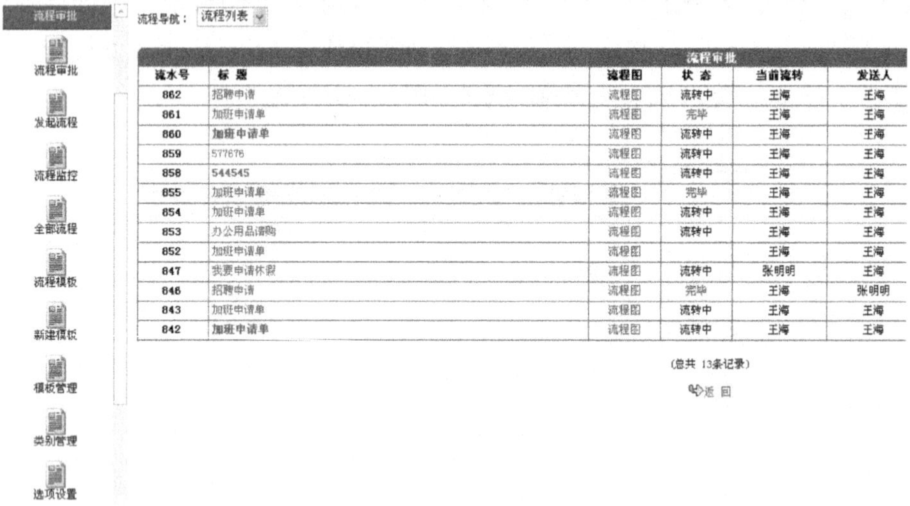

流程审批

流水号	标 题	流程图	状 态	当前流转	发送人
862	招聘申请	流程图	流转中	王海	王海
861	加班申请单	流程图	完毕	王海	王海
860	加班申请单	流程图	流转中	王海	王海
859	577676	流程图	流转中	王海	王海
858	544545	流程图	流转中	王海	王海
855	加班申请单	流程图	完毕	王海	王海
854	加班申请单	流程图	流转中	王海	王海
853	办公用品请购	流程图	流转中	王海	王海
852	加班申请单	流程图		王海	王海
847	我要申请休假	流程图	流转中	张明明	王海
846	招聘申请	流程图	完毕	王海	张明明
843	加班申请单	流程图	流转中	王海	王海
842	加班申请单	流程图	流转中	王海	王海

图 14-22 流程审批主界面

②选择某一条待审批项，转入详细审批页面，填写审批意见完成审批流程如图 14-23 所示。如果当前审批者是流程中的一个，那边当前用户审批完成后，流程会自动进入到下一个审批环节。

流程审批

标 题：招聘申请

审批状态：

审批人	顺 序	结 果	意 见
王海	(第1步)↓	无	
张明明	(第2步)↓	无	
余飞	(第3步)↓	无	

状态：流转中

内 容：,

附 件：招聘申请.doc 审批文件 下 载 转发附件 收藏附件

发送人：王海 (总经理室) 发送时间：2009-4-24 16:26:42

流程图：流程运行图

审批结果：同意 ⊙ ,不同意 ○

审批意见：

审 批 清 空 取 消

图 14-23 发起流程审批

14.3 通达 OA 工作流程设计案例

本节内容所需要的软件《通达 OA 系统》系统和附录 D《通用企业管理业务流程》是由北京通达信科公司提供的，在此向该公司表示感谢，新版软件下载地址为 http：//www.tongda2000.com。下面以请假流程为例，详细说明如何将实际的请假流程设计到 OA 中，请假单如表 14-1 所示。

表 14-1　请假单

姓名		申请日期	
部门		职务	
请假类别			
请假原因			
请假开始时间			
请假结束时间			
共计			
紧急联系方式			
批定职务代理人			
直接主管审批			
分管领导审批			
集团领导审批			
行政部备案			

1. *表格设计*

先在 Word 中设计好“请假单”，建议设计为 4 列，以方便打印。在 Word 中设计时，光标一定要靠左，这样复制到表单智能设计器中，添加控键时，控键的位置才能靠左，排列时才比较整齐，如选择居中，则添加的控键位置也会居中。

2. *表单设计*

登录通达 OA 系统，在“系统管理——工作流设置——设计表单”菜单中，单击“新建表单”，表单取名为请假单，如图 14-24 所示。

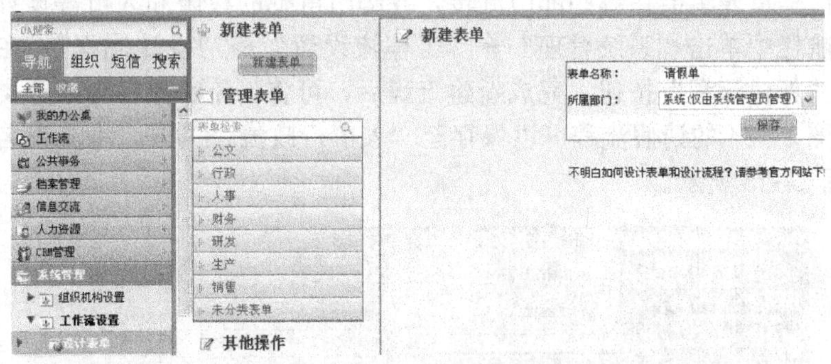

图 14-24　请假操作流程

单击“表单智能设计器”，从 Word 中复制请假单到智能设计器中，并设计好相关控键，如图 14-25 所示。

在上面的请假单中主要用了单行文本框、多行文本框、日历宏控件等。对于多个同类型的控键，如单行文本框，设计时可以采用复制、粘贴方法，这样可以提高设计速度，表单上的控键也会整齐、直观。对于审批意见一般为多行输入框，可以设计好一个控键后，也采用复制并粘贴在对应的分管领导审批意见行中。复制完成后，要注意修改文本框的标识名，为下一步的流程设计做好准备，如分管领导审批意见控件可以分别命名为部门领导意见、总经理意见、董事长意见等。审批意见下的审批时间和审批人可以

请假申请单

姓名	系统管理员	申请日期	2009-08-31
部门	思鼎深圳总部	职务	
请假类别	□年假 □病假 □产假 □补休假 □带薪假 □扣薪假		
请假原因			
请假开始时间			
请假结束时间			
共计	0		
紧急联系方式			
批定职务代理人			
直接主管审批	OK 系统管理员 2009-08-31 19:42:21		
分管领导审批	系统管理员 2009-08-31 19:42:21		
集团领导审批	系统管理员 2009-08-31 19:42:21		
行政部备案	系统管理员 2009-08-31 19:42:21		

图 14-25 请假表单设计

采用“前用户姓名＋日期”，该控件可自动将审批者的姓名及审批日期生成到表单之中。表单中要填写的时间较多，此时可采用日历控件，如图 14-25 中的申请日期，请假开始时间及请假结束时间。日历控件可以根据用户填写表单的时间自动生成，给用户操作带来了很大的方便。

3. 流程设计

流程设计是指表单会在哪些部门流转，各部门审批的权限和人员等设计。流程设计时在左边导航栏中单击“系统管理”→“工作流设置”→“设计流程”，在中间的操作面板中单击“新建流程”按钮。完成新建流程后，可将新流程保存到某分类下，并给流程命名。如图 14-24 的请假流程可以保存至“人事行政流程”下，将流程名称为“请假流程”，如图 14-26 所示。

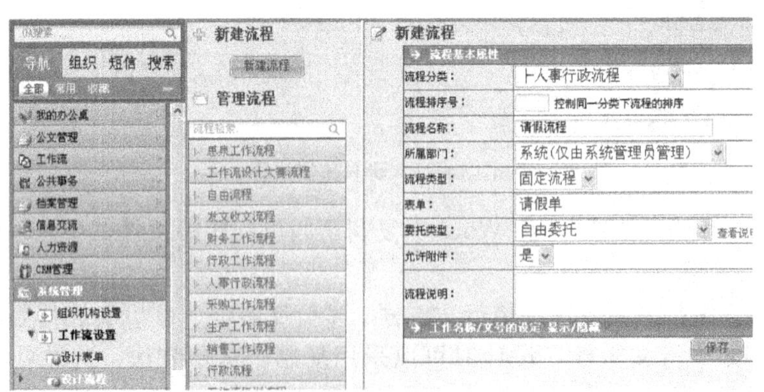

图 14-26 请假流程设计

单击“系统管理”→“工作流设置”→“设计流程”→“人事行政流程”，选中“请假流程”，打开“流程设计器”。在“列表视图”下，单击“新建步骤”按钮。

1
请假申请
2
主管审批
3
分管领导
审批
4
总经理审批
5
人事部备案

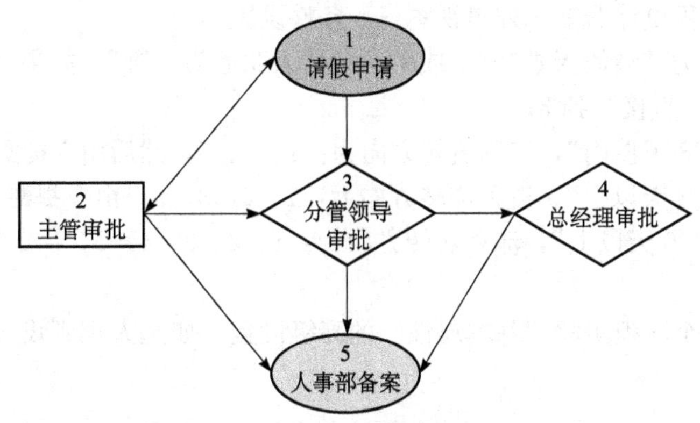

图 14-27　可视化请假流程设计

（1）先添加好流程的各个步骤（见图 14-27）：请假申请、主管审批、分管领导审批、总经理审批、人事部备案。

（2）打开“流程设计器”—列表视图，设置好每一步骤的经办权限，如请假申请选择全体部门；主管审批选择角色为主管；分管领导审批选择角色为总监、副总；总经理审批经办人员为总经理姓名；人事部备案选择部门为人事部。

（3）打开“流程设计器”—列表视图，设置好每一步骤的可写字段，如主管审批选择“主管审核意见”，“主管姓名”两个字段；分管领导审核选择“分管领导审核意见”，“分管领导姓名”。

（4）打开“流程设计器”—列表视图，设置好每一步骤的基本属性，如图 14-28 中“序号”1 的“下一步骤”为：2、3；“序号”2 的下一步骤为 5、3；“序号”3 的下一步骤为 5、4。

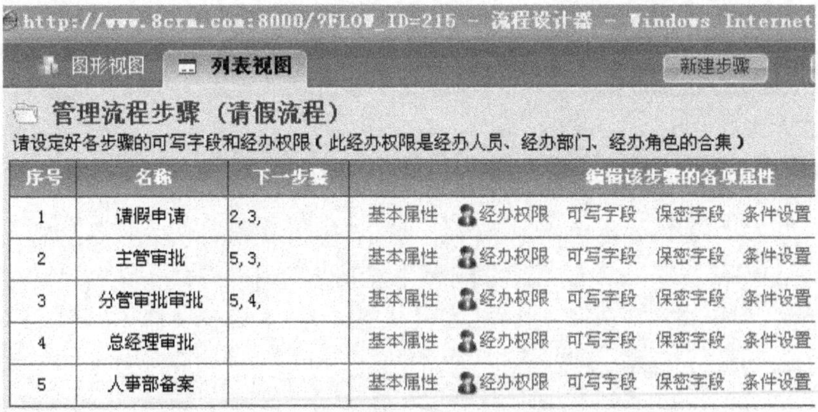

http://www.8crm.com:8000/?FLOW_ID=215 - 流程设计器 - Windows Internet
图形视图
列表视图
新建步骤
管理流程步骤（请假流程）
请设定好各步骤的可写字段和经办权限（此经办权限是经办人员、经办部门、经办角色的合集）

序号	名称	下一步骤	编辑该步骤的各项属性
1	请假申请	2, 3,	基本属性　经办权限　可写字段　保密字段　条件设置
2	主管审批	5, 3,	基本属性　经办权限　可写字段　保密字段　条件设置
3	分管审批审批	5, 4,	基本属性　经办权限　可写字段　保密字段　条件设置
4	总经理审批		基本属性　经办权限　可写字段　保密字段　条件设置
5	人事部备案		基本属性　经办权限　可写字段　保密字段　条件设置

图 14-28　列表视图下请假流程设计

（5）打开“流程设计器”—列表视图——基本属性——流转设置——回退选项，如图 14-29 所示。在 2、3、4、5 步骤都设置成“允许回退之前步骤”。

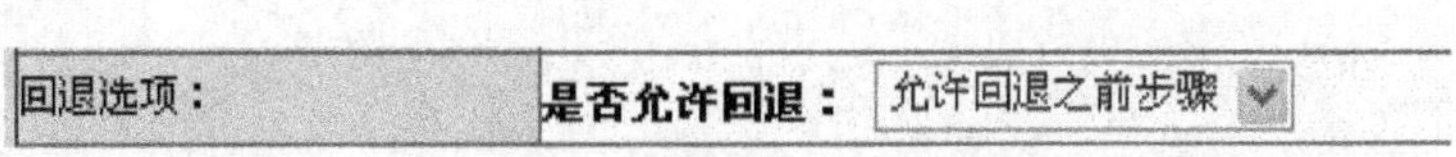

回退选项：
是否允许回退：
允许回退之前步骤

图 14-29　设置请假流程的回退

（6）打开“流程设计器”—列表视图——条件设置。

① 3 转入条件为“请假天数＞3”或者“申请人职务为主管”，如果申请人职务为主管的，下一步跳过 2，直接转到 3；

② 职员请假“3 天以内”，流程流转方向为：1、2、5，然后由 5 提醒 1，并结束流程；

③ 职员请假“3 天以上”，流程流转方向为：1、2、3、5，由 5 提醒 1，并结束流程；

④ 职员请假“30 天以上”，流程流转方向为：1、2、3、4、5，由 5 提醒 1，并结束流程。

（7）最后对每个流程步骤“基本属性”的高级设置，如选人规则设置，会签选项，办理时限等。

第 15 章 ERP 系统的应用

本章要点：

- ERP 系统概述
- 顺和达 ERP 的应用

15.1 ERP 系统概述

20 世纪 90 年代 MRP-Ⅱ发展到了一个新的阶段：ERP（Enterprise Resource Planning—企业资源计划)。企业的所有资源简要地说包括三大流：物流、资金流、信息流，ERP 也就是对这三种资源进行全面集成管理的管理信息系统。

概括地说，ERP 是建立在信息技术基础上，利用现代企业的先进管理思想，全面地集成了企业所有资源信息，为企业提供决策、计划、控制与经营业绩评估的全方位和系统化的管理平台。ERP 的主要功能主要体现在对整个供应链的全面管理，体现精益生产、敏捷制造的思想和体现事先计划与事中控制的思想三个方面。

15.2 ERP 在生产制造企业中的应用

本节内容所需要的软件是由厦门顺和达软件公司提供的《顺和达 ERP e4》，在此向该公司表示感谢，新版软件下载地址为 http：//www. shd. com. cn/guanyushunheda。

任务：桌子生产管理

［**任务描述**］

EPR 系统可对整条供应链进行管理，上至供应商，中间的生产商及下游的销售商。ERP 对桌子生产管理实训将模拟整个供应链的运作过程，假设当前 ERP 的用户为温州家具厂，最近接到某学校订购 1000 张学生课桌的业务，于是要求采购、生产、销售、仓库几部门协作完成这一业务。请用户在顺和达 ERP 下将生产桌子的原材料采购、生产过程管理、库存管理及销售管理的各个环节都操作一遍。

桌子的 MRP 情况如图 15-1 所示。从图中可以看出桌子的原材料有板材、方木、螺丝钉、油漆等，原材料需要采购，中间的半成品包括面、框、桌面和桌腿，最后的方桌是成品，用于销售。

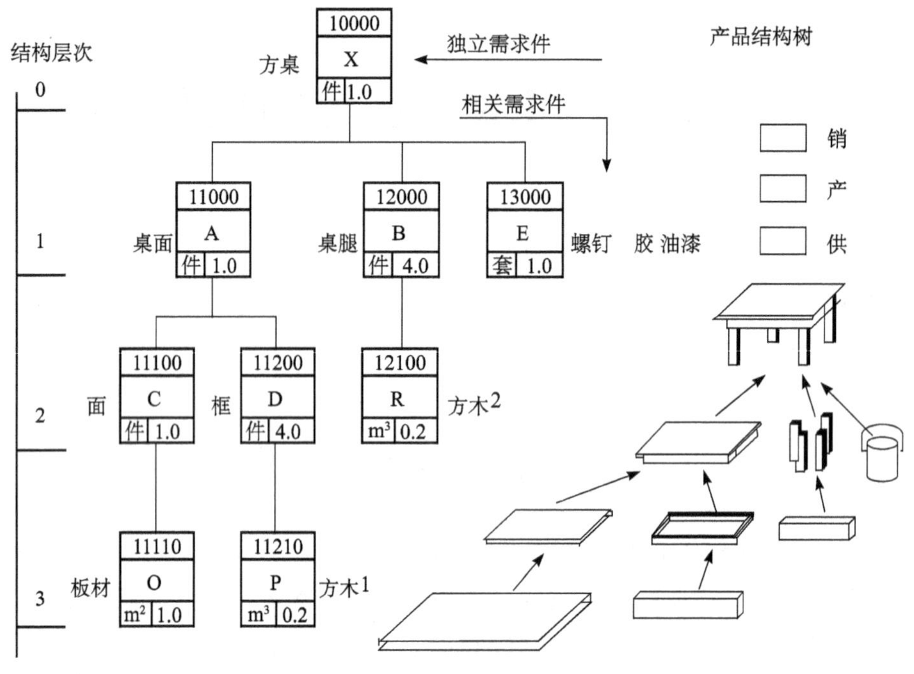

图 15-1 桌子的 MRP 情况

[**具体操作**]

1. 系统数据恢复

系统数据恢复是指将系统的基础信息导入到新系统中。基础信息包括单位信息、部门信息、操作员及权限分配、计量单位信息等。基础信息读者可到华信资源教育网(http://www.hxedu.com.cn)或自己进行配置。如果是后者，本步骤可省略。

2. 系统初始化，信息保留

如果是读者自己完成第一步，本步骤可省略，若是通过导入方式进行数据恢复，则需要进行系统初始化，初始化的目的是让已启用的账套为新时间，而不是原始数据中的时间。

3. 设置账套为当前日期，最后系统启用

账套的日期是一个生产周期的开始时间，是后期所有数据计算的基础。系统时间可设置为当前用户操作的时间。

4. 更改公司资料信息

将其修改为温州家具厂。

5. 把采购/销售/库存设为期初结账

在期初数据录入界面中将采购/销售/库存设为期初结账，这样系统会自动进入到一个新的生产周期中。

6. 设置仓库信息

增加木料原材料仓库类，其下创建木料仓库。增加木料半成品类，其下创建课桌半成品仓库。增加成品仓库类，其下创建课桌成品仓库。增加其他类，其下创建油漆仓库、螺丝仓库、乳胶仓库。

在顺和达 ERP 的主界面菜单中执行“基本设置”→“基本信息设置”→“仓库信息设置”命令，如图 15-2 所示。

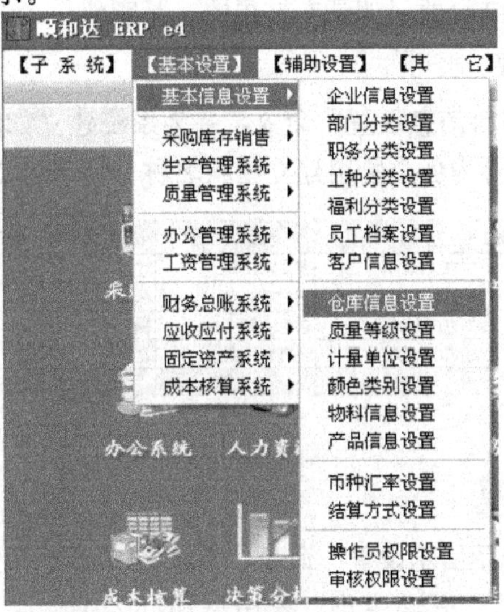

图 15-2　仓库信息设置

在左边的“仓库分类”中选择“原材料仓”，然后单击右边的“增加”按钮，新建木料原材料仓库。再单击左边的“木料半成品仓”，然后单击右边的“增加”按钮，新增木料半成品仓库。单击左边的“成品仓”，再单击“增加”按钮增加课桌成品仓库。同理在其他物料仓库类别上添加油漆仓库如图 15-3 所示。

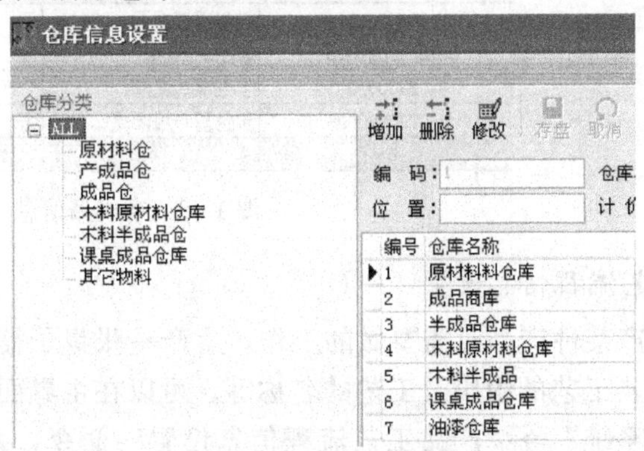

图 15-3　仓库信息

7. 配置计量单位

计量单位是对物料或半成品的单位描述。可在图 15-2 中选择“计量单位设置”命令，在系统中新增如图 15-4 所示的计量单位。

立方
桶
根
张
颗

图 15-4　计量单位

8. 进入客户关系系统

在图 15-2 中选择“客户信息设置”命令，并新增加区域销售的客户——某中学，在供应商客户类别中新增加供应商，如某木材集团、某螺丝厂、某油漆厂、某乳胶厂等。

9. 进入物料信息设置

在图 15-2 中选择“物料信息设置”命令，并为系统建立如图 15-5 所示的物料类别。

建立完物料类别后，再为各类物料建立物料名称等信息，如图 15-6 所示。

木料
油漆
乳胶
螺丝

图 15-5　物料类别

No	▲物料编码	物料名称	计量单位	辅助单位	换算比例	存放仓库
5	WL00000011	课桌木料	立方	立方	1	木料原材料仓库
6	WL00000012	正大版油漆	桶	桶	1	油漆仓库
7	WL00000013	白色乳胶	桶	桶	1	乳胶仓库
8	WL00000014	课桌专用螺丝	盒	盒	1	螺丝仓库

图 15-6　物料信息

10. 进入产品信息设置

在图 15-2 中选择“产品信息设置”命令，首先建立桌子相关的产品及半成品的分类，如图 15-7 所示。成品类桌子有学生型、家用型和办公型。半成品桌子分为桌面类和桌腿类。

设置成品产品类别为：办公型，家用型，学生型，其他型，并在“学生型”类别中加入产品，在相应的半成品类中加入半成品产品如图 15-8 所示。

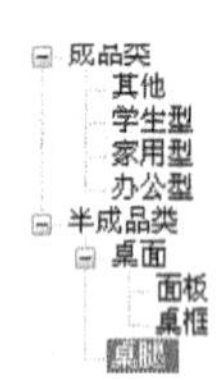

图 15-7　产品信息

No	产品编码	产品名称	计量单位	存放仓库
1	CP00000010	学生课桌桌腿	个	木料半成品
2	CP00000009	学生课桌桌面	件	木料半成品
3	CP00000008	学生课桌面板	件	木料半成品
4	CP00000007	学生课桌桌框	个	木料半成品
5	CP00000006	学生型专用课桌	张	课桌成品仓库

图 15-8　半成品信息

11. 进入产品工艺流程信息设置

产品工艺是指生产某件产品时需要做的工作。生产一张桌子需要经过 6 道工序，用户要确定工艺的顺序、工艺的编码及工艺的名称等。可以在主界面的菜单中选择“基本设置”→“生产管理系统”→“产品工艺流程信息设置”命令，并将如图 15-9 所示的表配置到系统中。

工艺顺序	工艺编码	工艺名称
10	101	把板材加工成面板
11	1111	用方木加工成桌框
13	131	桌面生产
14	141	用方木加工桌腿
15	151	用螺丝、乳胶组装课桌
16	161	刷油漆

图 15-9　产品工艺配置

12. 进入 BOM 登记

可以在主界面的菜单中选择“基本设置”→“生产管理系统”→“BOM 设置”命令，打开“BOM 登记”界面。BOM 中文的意思为物料清单，即某件产品主要是由物料构成的。可在图 15-10 中左边单击“添加产品”，然后选中新增的产品；在右边最上面的菜单栏中单击“添加物料”或“添加半成品”。图 15-10 中的学生型专用课桌为新增产品，该产品需要课桌板材、方木、正大油漆、白色乳胶及螺丝等物料，还需要学生课桌桌框、桌面及桌腿等半成品，半成品要自制，即用原料加工成半成品。

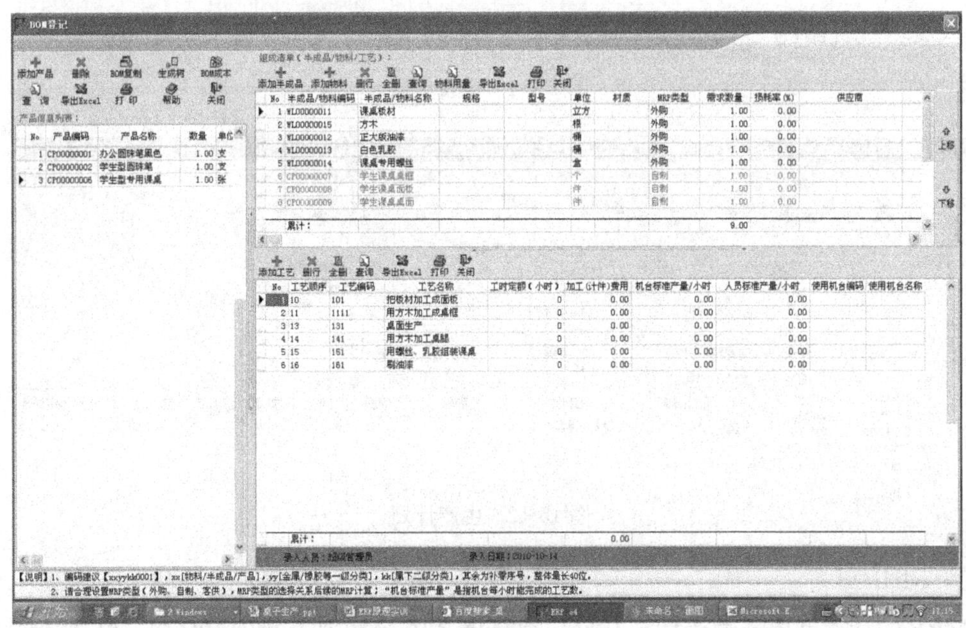

图 15-10　BOM 配置

13. 填写销售订单

以销售员的账号登录系统，并在主界面中选择“销售系统”，进入销售系统。填写销售订单，向温州某中学销售 1000 张学生课桌，价格为 150 元/张，审核该单据如图 15-11 所示。注意：在顺和达 ERP 系统下，很多字段是直接可以从系统中选择的，不需要录入。

14. 填写生产计划

用生产管理人员账号登录系统，在主界面中选择“生产管理系统”，进入生产管理系统，填写登记生产计划如图 15-12 所示，最后审核单据。注意：本例为了操作方便，直接用生产管理人员的账号登录，这样填写了生产计划后可直接审核，实际的操作是一人填写，另一人审核。

在填写生产计划前，可用导入方式将销售订单导入进来，这样就实现了销售与生产部数据的内部流动。

销售订单登记

首张 上张 下张 末张 新单 修改 删除 导入 增行 删行 存盘 作废 弃审 打印 查询库存 帮助 关闭

销售订单

制单日期：2010-10-14

*订 单 号：111　客户货号：　公司签约人：

*客户名称：温州中学　客户签约人：　*销售类型：内销

*销 售 员：销售主管　币 种：人民币　订 金：0.00

*部 门：销售部　汇 率：1.00　运输方式：

付款条件：　发货地址：

备 注：

产品/材料编码	产品/材料名称	规格	型号	单位	税率%	数量	单价	搭赠数	折扣(%)	金额	税额	价税合计	发货日期
CP00000006	学生型专用课桌			张	17%	1,000.00	150.00		100%	150,000.00	,500.00	75,500.00	

图 15-11　销售单据

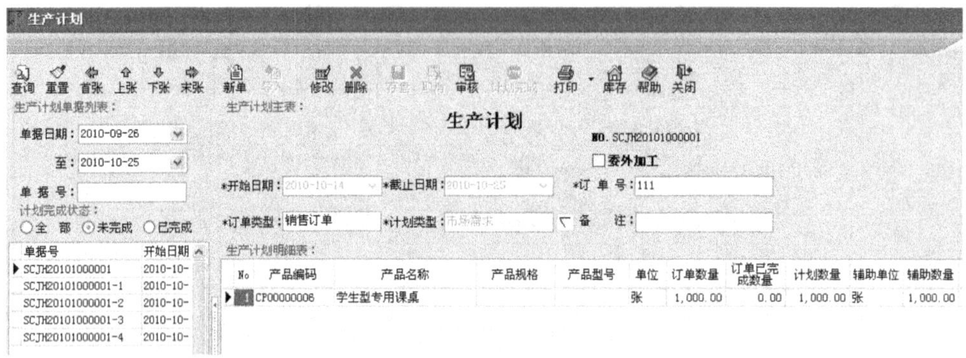

生产计划

生产计划

NO. SCJH20101000001

No	产品编码	产品名称	产品规格	产品型号	单位	订单数量	订单已完成数量	计划数量	辅助单位	辅助数量
1	CP00000006	学生型专用课桌			张	1,000.00	0.00	1,000.00	张	1,000.00

图 15-12　生产计划

15. MRP 计算

MRP 的计算是根据生产计划，自动计算出某生产计划需多少原材料，从图 15-13 中可以看出目前相关物料库存都为 0，都需要进行采购。

No	订单号	产品编码	MRP类型	半成品/物料编码	半成品/物料名称	规格	型号	单位	材质	库存(总)	其他单预留
1	111	CP00000006	自制	CP00000007	学生课桌桌框			个			
2	111	CP00000006	自制	CP00000008	学生课桌面板			件			
3	111	CP00000006	自制	CP00000009	学生课桌桌面			件			
4	111	CP00000006	自制	CP00000010	学生课桌桌腿			个			
5	111	CP00000006	外购	WL00000011	课桌板材			立方		0.00	0.00
6	111	CP00000006	外购	WL00000012	正大版油漆			桶		0.00	0.00
7	111	CP00000006	外购	WL00000013	白色乳胶			桶		0.00	0.00
8	111	CP00000006	外购	WL00000014	课桌专用螺丝			盒		0.00	0.00
9	111	CP00000006	外购	WL00000015	方木			根		0.00	0.00

图 15-13　物料库存信息

根据 MRP 计算结果，再单击“采购生成”，产生采购计划。系统会根据 MRP 的计算结果，将不足的原料自动生成采购计划，这实现了生产与采购的数据流通如图 15-14 所示。

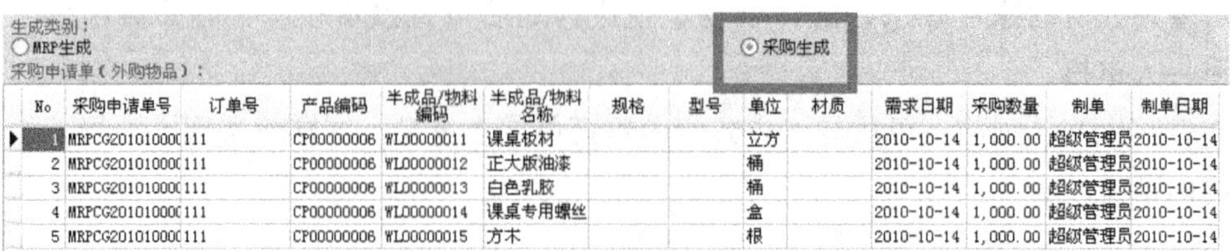

生成类别：

○MRP生成　⊙采购生成

采购申请单（外购物品）：

No	采购申请单号	订单号	产品编码	半成品/物料编码	半成品/物料名称	规格	型号	单位	材质	需求日期	采购数量	制单	制单日期
1	MRPCG201010000	111	CP00000006	WL00000011	课桌板材			立方		2010-10-14	1,000.00	超级管理员	2010-10-14
2	MRPCG201010000	111	CP00000006	WL00000012	正大版油漆			桶		2010-10-14	1,000.00	超级管理员	2010-10-14
3	MRPCG201010000	111	CP00000006	WL00000013	白色乳胶			桶		2010-10-14	1,000.00	超级管理员	2010-10-14
4	MRPCG201010000	111	CP00000006	WL00000014	课桌专用螺丝			盒		2010-10-14	1,000.00	超级管理员	2010-10-14
5	MRPCG201010000	111	CP00000006	WL00000015	方木			根		2010-10-14	1,000.00	超级管理员	2010-10-14

图 15-14　采购生成

16. 物料的采购

当生产过程中出现了原料的不足，需要进入采购环节。该过程需要以采购员的身份登录系统，并在主界面上单击“采购系统”，进入采购管理系统，再登记采购计划单，在相应供应商处采购原材料，设置相关物料的供应商，审核单据。采购商品如图 15-15 所示。

半成品/物料编码	半成品/物料名称	半成品/物料规格	半成品/物料型号	单位	材质	数量	需求日期	供应商
WL00000011	课桌板材			立方		1,000.00	2010-10-14	温州木材集团
WL00000012	正大版油漆			桶		1,000.00	2010-10-14	温州油漆厂
WL00000013	白色乳胶			桶		1,000.00	2010-10-14	温州乳胶厂
WL00000014	课桌专用螺丝			盒		1,000.00	2010-10-14	温州螺丝厂
WL00000015	方木			根		1,000.00	2010-10-14	温州木材集团

图 15-15　采购商品

17. 登记采购订单

在采购系统中，选择“采购订单”，进入采购订单登记界面。该界面中可以采用新单方式建立采购订单，也可以采用导入的方式将上面经过 MRP 计算结果需采购的物料信息导入到采购系统中来，本例就采用这种方式。用户可在如图 15-16 所示列表中分别选择需采购的物料，配置供应商，结算方式等信息。注意：填写好单据后不要忘了审核。

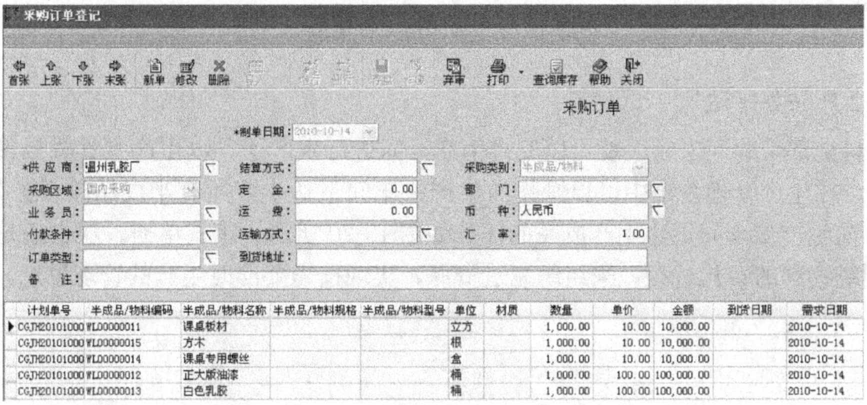

计划单号	半成品/物料编码	半成品/物料名称	半成品/物料规格	半成品/物料型号	单位	材质	数量	单价	金额	到货日期	需求日期
CGJH20101000	WL00000011	课桌板材			立方		1,000.00	10.00	10,000.00		2010-10-14
CGJH20101000	WL00000015	方木			根		1,000.00	10.00	10,000.00		2010-10-14
CGJH20101000	WL00000014	课桌专用螺丝			盒		1,000.00	10.00	10,000.00		2010-10-14
CGJH20101000	WL00000012	正大版油漆			桶		1,000.00	100.00	100,000.00		2010-10-14
CGJH20101000	WL00000013	白色乳胶			桶		1,000.00	100.00	100,000.00		2010-10-14

图 15-16　采购订单

18. 登记收料单，审核单据

当供应商将采购的物料送来时，采购员要协助仓库员办理入库手续，故采购员首先应该填写收料单，收料单如图 15-17 所示。图中的蓝字收料单是指物料无损坏，可以办理入库，而红字收料单是指有损坏，要退还给供应商。

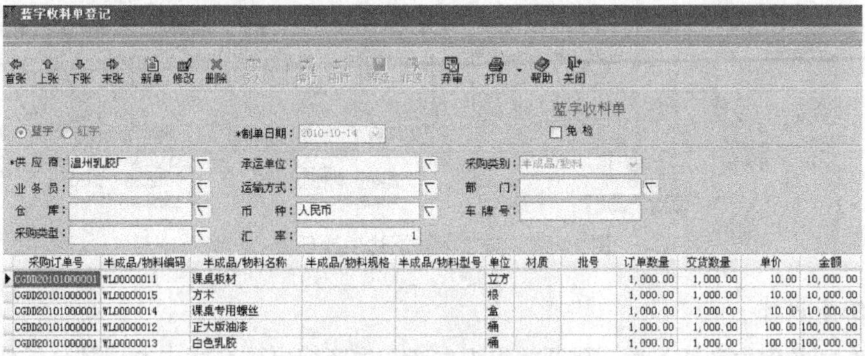

采购订单号	半成品/物料编码	半成品/物料名称	半成品/物料规格	半成品/物料型号	单位	材质	批号	订单数量	交货数量	单价	金额
CGDD20101000001	WL00000011	课桌板材			立方			1,000.00	1,000.00	10.00	10,000.00
CGDD20101000001	WL00000015	方木			根			1,000.00	1,000.00	10.00	10,000.00
CGDD20101000001	WL00000014	课桌专用螺丝			盒			1,000.00	1,000.00	10.00	10,000.00
CGDD20101000001	WL00000012	正大版油漆			桶			1,000.00	1,000.00	100.00	100,000.00
CGDD20101000001	WL00000013	白色乳胶			桶			1,000.00	1,000.00	100.00	100,000.00

图 15-17　收料单

19. 办理采购入库单

入库管理需要用库存管理的账号登录，在主界面中选择“库存管理”，进入库存管理系统。在该系统中选择采购入库，入库单据的填写和前面类似，在此不再详细说明，值得注意的一点是，采购入库单也需要采用导入收料单的方式，不需用户直接填写，这样的好处是保证了数据的前后连续性。另外采购入库要分类登记，将不同时间采购回来的物料放入到不同的仓库中，办理完采购入库后，最后查看各个仓库的库存情况。相关库存情况如图 15-18 所示。

仓号	仓库名称	物品类别	物品编码	物品名称	物品规格	物品型号	库存数量	单据数量
4	木料原材料仓库	物料	WL00000011	课桌板材			1,000.00	1,000.00
4	木料原材料仓库	物料	WL00000015	方木			1,000.00	1,000.00

仓号	仓库名称	物品类别	物品编码	物品名称	物品规格	物品型号	库存数量	单据数量
7	油漆仓库	物料	WL00000012	正大版油漆			1,000.00	1,000.00

仓号	仓库名称	物品类别	物品编码	物品名称	物品规格	物品型号	库存数量	单据数量
8	螺丝仓库	物料	WL00000014	课桌专用螺丝			1,000.00	1,000.00

仓号	仓库名称	物品类别	物品编码	物品名称	物品规格	物品型号	库存数量	单据数量
9	乳胶仓库	物料	WL00000013	白色乳胶			1,000.00	1,000.00

图 15-18　采购后库存情况

20. 生产任务下达

当物料全部采购回来后，就可以安排生产车间进行生产了。以生产主管账号进入生产管理系统，在生产管理系统中可以操作向生产一车间下达生产所有半成品的任务如图 15-19 所示，向生产二车间下达生产成品的任务如图 15-20 所示，审核单据。这也正是体现了 ERP 的围绕物料的转化过程，来组织制造资源，实现按需要准时生产的管理思想。

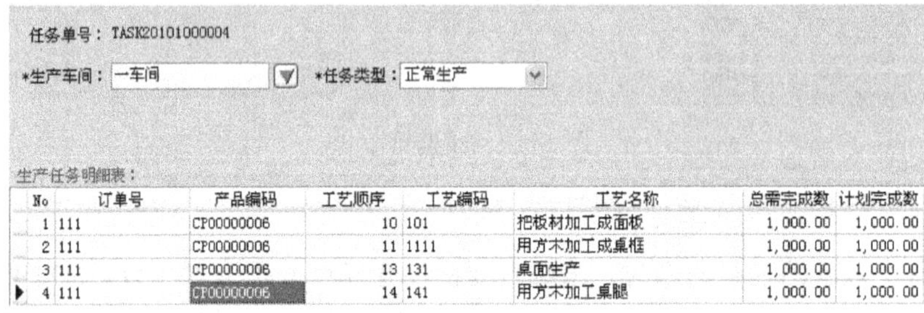

任务单号：TASK20101000004

*生产车间：一车间　*任务类型：正常生产

生产任务明细表：

No	订单号	产品编码	工艺顺序	工艺编码	工艺名称	总需完成数	计划完成数
1	111	CP00000006	10	101	把板材加工成面板	1,000.00	1,000.00
2	111	CP00000006	11	1111	用方木加工成桌框	1,000.00	1,000.00
3	111	CP00000006	13	131	桌面生产	1,000.00	1,000.00
4	111	CP00000006	14	141	用方木加工桌腿	1,000.00	1,000.00

图 15-19　向一车间下达生产任务

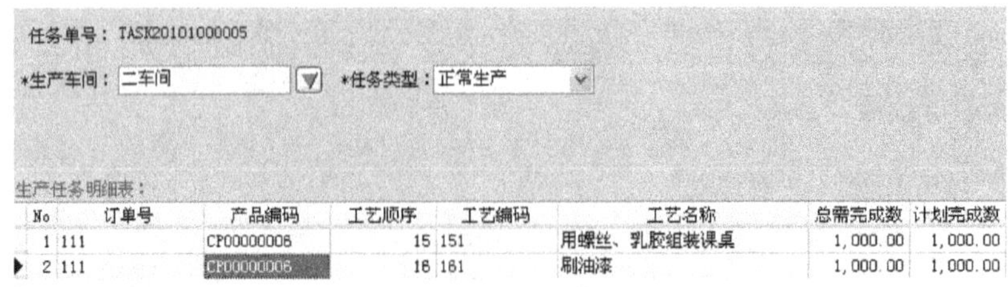

任务单号：TASK20101000005

*生产车间：二车间　*任务类型：正常生产

生产任务明细表：

No	订单号	产品编码	工艺顺序	工艺编码	工艺名称	总需完成数	计划完成数
1	111	CP00000006	15	151	用螺丝、乳胶组装课桌	1,000.00	1,000.00
2	111	CP00000006	16	161	刷油漆	1,000.00	1,000.00

图 15-20　向二车间下达生产任务

21. 任务领料

生产车间领到生产任务后，要开始组织生产，生产前要到仓库中办理领料工作。可先进入人力资源系统，增加一车间生产主管一名。用刚才创建的账号登录系统，并在生产系统中办理生产一车间领料。领料操作界面如图 15-21 所示。注意：由于一车间还未生产出半成品，所以生产二车间不能领料，原因是二车间的生产要用到一车间生产出来的半成品。

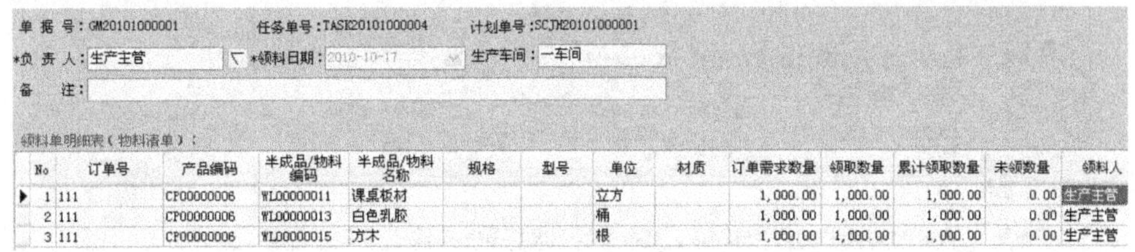

单 据 号：GM20101000001　任务单号：TASK20101000004　计划单号：SCJH20101000001

*负 责 人：生产主管　*领料日期：2010-10-17　生产车间：一车间

备　注：

领料单明细表（物料清单）：

No	订单号	产品编码	半成品/物料编码	半成品/物料名称	规格	型号	单位	材质	订单需求数量	领取数量	累计领取数量	未领数量	领料人
1	111	CP00000006	WL00000011	课桌板材			立方		1,000.00	1,000.00	1,000.00	0.00	生产主管
2	111	CP00000006	WL00000013	白色乳胶			桶		1,000.00	1,000.00	1,000.00	0.00	生产主管
3	111	CP00000006	WL00000015	方木			根		1,000.00	1,000.00	1,000.00	0.00	生产主管

图 15-21　领料单

22. 领料

进入库存系统，对一车间领料进行出库操作，如图 15-22 所示（因为一车间所需物料保存在不同的仓库中，所以要分成两次出库，一次是木料出库，一次是乳胶出库）。

*仓库名称：木料原材料仓库　出库类别：　*领用部门：一车间

*经 办 人：仓库主管　备　注：

订单号	产品编码	半成品/物料编码	半成品/物料名称	半成品/物料规格	半成品/物料型号	单位	出库数量	单价	金额	领料数量	领料单号
111	CP00000006	WL00000011	课桌板材			立方	1,000.00	10.00	10,000.00	1,000.00	GM20101000001
111	CP00000006	WL00000015	方木			根	1,000.00	10.00	10,000.00	1,000.00	GM20101000001

*仓库名称：乳胶仓库　出库类别：　*领用部门：一车间

*经 办 人：仓库主管　备　注：

订单号	产品编码	半成品/物料编码	半成品/物料名称	半成品/物料规格	半成品/物料型号	单位	出库数量	单价	金额	领料数量	领料单号
111	CP00000006	WL00000013	白色乳胶			桶	1,000.00	100.00	100,000.00	1,000.00	GM20101000001

图 15-22　领料出库

当完成领料后，可用仓库管理员的账号登录系统，来查询库存情况，领料后的库存变化如图 15-23 所示。

查询当前单据物料（产品）库存数量

刷新　关闭

仓号	仓库名称	物品类别	物品编码	物品名称	物品规格	物品型号	库存数量	单据数量
4	木料原材料仓库	物料	WL00000011	课桌板材			1,000.00	1,000.00
4	木料原材料仓库	物料	WL00000015	方木			1,000.00	1,000.00
9	乳胶仓库	物料	WL00000013	白色乳胶			1,000.00	1,000.00

图 15-23　领料出库后的库存

23. 半成品入库

当生产一车间完成生产任务后，要将生产出来的半成品协助仓库部办理入库手续，用生产车间账号登录系统，在生产系统中选择“产品入库单”，“产品来源”选择为“缴库半成品”，并设置“仓库名称”为“木料半成品”，仓库部办理生产一车间的半成品入库操作如图 15-24 所示。

24. 二车间领料

当一车间完成了半成品的生产后，二车间就可以开始任务领料了，用二车间的账号登录系统，办理任务领料，填写任务领料单据，并审核单据，如图 15-25 所示。

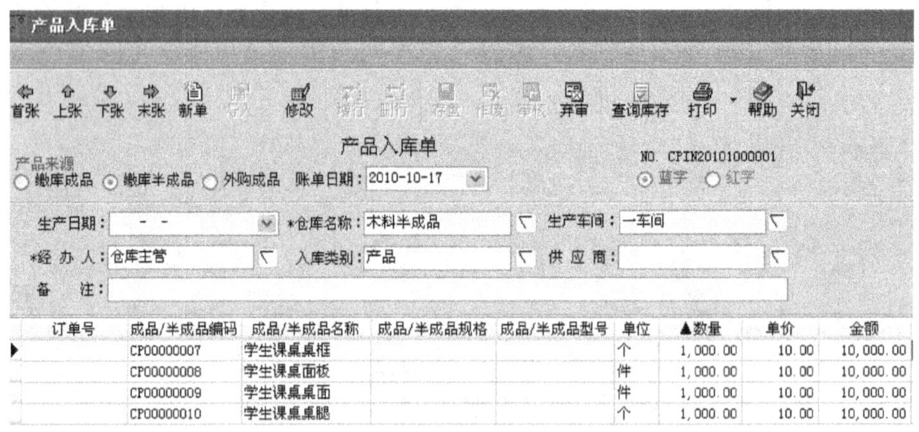

产品入库单

首张 上张 下张 末张 新单 导入 修改 增行 删行 存盘 作废 审核 弃审 查询库存 打印 帮助 关闭

产品入库单

NO. CPIN20101000001

产品来源 ○缴库成品 ⊙缴库半成品 ○外购成品 账单日期：2010-10-17 ⊙蓝字 ○红字

生产日期：- - *仓库名称：木料半成品 生产车间：一车间

*经 办 人：仓库主管 入库类别：产品 供 应 商：

备 注：

订单号	成品/半成品编码	成品/半成品名称	成品/半成品规格	成品/半成品型号	单位	▲数量	单价	金额
	CP00000007	学生课桌桌框			个	1,000.00	10.00	10,000.00
	CP00000008	学生课桌面板			件	1,000.00	10.00	10,000.00
	CP00000009	学生课桌桌面			件	1,000.00	10.00	10,000.00
	CP00000010	学生课桌桌腿			个	1,000.00	10.00	10,000.00

图 15-24　半成产品入库

领料单主表：

单 据 号：GM20101000003　任务单号：TASK20101000004　计划单号：SCJH20101000001

*负 责 人：二车间生产主管　*领料日期：2010-10-17　生产车间：一车间

备　　注：

领料单明细表（物料清单）：

No	订单号	产品编码	半成品/物料编码	半成品/物料名称	规格	型号	单位	材质	订单需求数量	领取数量	累计领取数量	未领数量	领料人
1	111	CP00000006	CP00000007	学生课桌桌框			个		1,000.00	1,000.00	1,000.00	0.00	
2	111	CP00000006	CP00000008	学生课桌面板			件		1,000.00	1,000.00	1,000.00	0.00	
3	111	CP00000006	CP00000009	学生课桌桌面			件		1,000.00	1,000.00	1,000.00	0.00	
4	111	CP00000006	CP00000010	学生课桌桌腿			个		1,000.00	1,000.00	1,000.00	0.00	

图 15-25　二车间任务领料单

25. 半成品出库

用仓库管理员账号登录系统，进入仓库系统，办理半成品出库手续，具体操作和物料出库一样，在此不再详细说明，半成品出库办理如图 15-26 所示。

*仓库名称：木料半成品　出库类别：　*领用部门：二车间

*经 办 人：仓库主管　备　注：

订单号	产品编码	半成品/物料编码	半成品/物料名称	半成品/物料规格	半成品/物料型号	单位	出库数量	单价	金额	领料数量	领料单号
111	CP00000006	CP00000007	学生课桌桌框			个	1,000.00	10.00	10,000.00	1,000.00	GM20101000004
111	CP00000006	CP00000008	学生课桌面板			件	1,000.00	10.00	10,000.00	1,000.00	GM20101000004
111	CP00000006	CP00000009	学生课桌桌面			件	1,000.00	10.00	10,000.00	1,000.00	GM20101000004
111	CP00000006	CP00000010	学生课桌桌腿			个	1,000.00	10.00	10,000.00	1,000.00	GM20101000004

图 15-26　半成品出库

26. 产品缴库

二车间将学生课桌都生产好后，要办理产品入库，该操作与半成品操作类似，区别是缴库成品，另外对应的仓库是成品仓库。将二车间生产好的成品课桌入库到课桌成品库中的操作如图 15-27 和图 15-28 所示。

27. 查询库存

进入仓库，将二车间的产品办理入库手续，并查询库存情况，从图 15-29 中可以看出，此时成品仓库中多出了 1000 张学生课桌，后期的任务是仓库部要协助销售部将 1000 张课桌卖给某中学，限于篇幅关系，后面的操作不再详细说明，请读者自己操作。

产品缴库单主表：

产品缴库单

NO. JK20101000003

产成品　半成品

*缴库类型：正常生产　*缴库日期：2010-10-17

*生产车间：二车间　*仓库名称：课桌成品仓库

产品缴库单明细表

No	订单号	产品编码	产品名称	规格	型号	单位	数量	备注
1	111	CP00000006	学生型专用课桌			张	1,000.00	

图 15-27　产品缴库单

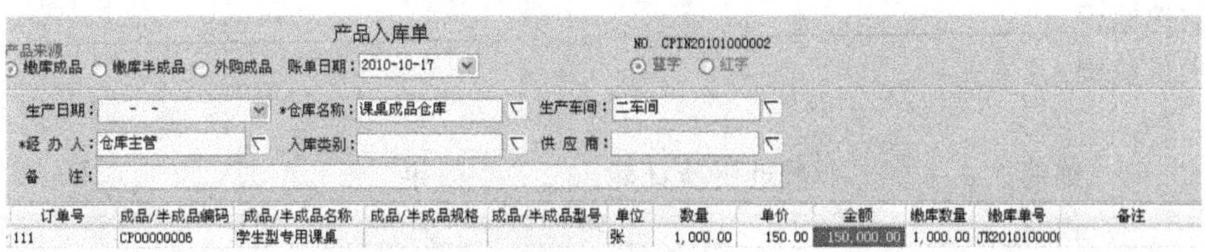

产品入库单

NO. CPIN20101000002

产品来源　缴库成品　缴库半成品　外购成品　账单日期：2010-10-17　蓝字　红字

生产日期：- -　*仓库名称：课桌成品仓库　生产车间：二车间

*经 办 人：仓库主管　入库类别：　供 应 商：

备　注：

订单号	成品/半成品编码	成品/半成品名称	成品/半成品规格	成品/半成品型号	单位	数量	单价	金额	缴库数量	缴库单号	备注
111	CP00000006	学生型专用课桌			张	1,000.00	150.00	150,000.00	1,000.00	JK2010100000	

图 15-28　产品入库

查询当前单据物料（产品）库存数量

刷新　关闭

仓号	仓库名称	物品类别	物品编码	物品名称	物品规格	物品型号	库存数量	单据数量
6	课桌成品仓库	产品	CP00000006	学生型专用课桌			1,000.00	1,000.00

图 15-29　查询库存

附录 A　可行性分析报告

文档编号：
版 本 号：

文档名称：____________
项目名称：____________
软件标识：____________
项目负责人：__________

编写人：　　　　最近更新日期：________年________月________日
校对____________　　________年________月________日
审核____________　　________年________月________日
批准____________　　________年________月________日
开发单位　　****开发小组　　

软件可行性分析报告包括以下 7 点内容。

1. 引言

1.1　编写目的

指出本文档的读者，以及编写的目的。

1.2　项目背景

包括国内外水平、历史现状、市场需求、用户等内容。

1.3　定义

对于文档中出现在新名词进行解释和描述。

1.4　参考资料

编写文档时，参考了哪些资料。

2. 系统描述

2.1　总体描述

描述现有系统的基本处理流程和数据流程，现有系统所承担的工作及工作量等。

2.2　系统实现目标

说明系统开发后要实现的目标，如人力与设备费用的减少，处理速度的提高，管理信息服务的改进等。

2.3　计划目标

对于一个大型的系统，系统的目标应分成哪几步来实现，系统在每一个阶段所应达到的目标，并最终实现系统的总体目标。需要说明的是如果系统所要实现的目标不能一步到位，就应分阶段地进行。

3. 经济效益分析

3.1 经费预算

估算由于运行现有系统所引起的费用开支，如人力、设备、空间、支持性服务、材料等项开支以及开支总额等。

3.2 预期经济效益

系统目标实现后所能带来的经济效益，表现为开支费用的减少或避免、差错的减少、灵活性的增加，动作速度的提高和管理计划方面的改进等。

3.3 收益/投资比

对整个系统生命期的投入、产出的定性计算。

3.4 投资回收周期

求出收益的累计数开始超过支出的累计数时间。

4. 技术风险评价

4.1 现有的技术力量

说明利用现有的技术力量，该系统的功能目标能否达到。

4.2 现有的设备条件

说明在当前的设备限制条件下，该系统的功能是否能够实现。

4.3 现有的人员素质及水平

按现有开发人员的数量、素质及水平，该系统的功能是否能够实现。

5. 法律可行性

确定由于系统开发可能引起的侵权和责任。它包括的问题很多，如合同责任、侵犯专利权、侵犯版权等方面的陷阱。

6. 其他与项目有关的问题

包括使用方面的可行性、社会因素方面的可行性等。

7. 结论或建议

结论可以是系统开发立即开始进行或不能进行、不必进行（如技术力量不够、资金缺乏或不到位等）以及建议可以在某些条件（如资金、人力、设备）落实之后才能开始进行，或对开发目标进行某些修改之后才能开始进行等。

附录B　用户操作手册模板

1. 引言

1.1　编写目的

用于阐明编写手册的目的，并指明读者对象。

1.2　项目背景

应包括项目的来源、委托单位、开发单位和主管部门。

1.3　定义

列出手册中所用到的专门术语的定义和缩写词的原文。

1.4　参考资料

列出有关资料的作者、标题、编号、发表日期、出版单位或资料来源，可包括：项目的计划任务书、合同或批文；项目开发计划；需求规格说明书；概要设计说明书；详细设计说明书；测试计划；手册中引用的其他资料、采用的软件工程标准或软件工程规范。

2. 软件概述

2.1　目标

2.2　功能

2.3　性能

a. 数据精确度

包括输入、输出及处理数据的精度。

b. 时间特性

如响应时间、处理时间、数据传输时间等。

c. 灵活性

在操作方式、运行环境需要做某些变更时软件的适应能力。

3. 运行环境

3.1　硬件

列出软件系统运行时所需的硬件最小配置，如计算机型号、主存容量；外存储器、媒体、记录格式、设备型号及数量；输入、输出设备；数据传输设备及数据转换设备的型号及数量。

3.2　支持软件

例如：操作系统名称及版本号；语言编译系统或汇编系统的名称及版本号；数据库管理系统的名称及版本号；其他必要的支持软件。

4. 使用说明

4.1　安装和初始化

给出程序的存储形式、操作命令、反馈信息及其含意，表明安装完成的测试实例以及安装所需的软件工具等。

4.2　输入

给出输入数据或参数的要求。

4.2.1 数据背景

说明数据来源、存储媒体、出现频度、限制和质量管理等。

4.2.2 数据格式

例如：长度；格式基准；标号；顺序；分隔符；词汇表；省略和重复；控制。

4.2.3 输入举例

4.3 输出

给出每项输出数据的说明。

4.3.1 数据背景

说明输出数据的去向、使用频度、存放媒体及质量管理等。

4.3.2 数据格式

详细阐明每一输出数据的格式，如首部、主体和尾部的具体形式。

4.3.3 举例

4.4 出错和恢复

要求列出：出错信息及其含意；用户应采取的措施，如修改、恢复、再启动等。

4.5 求助查询

说明如何操作。

5. 运行说明

5.1 运行表

列出每种可能的运行情况，说明其运行目的。

5.2 运行步骤

按顺序说明每种运行的步骤，应包括运行控制、操作信息、输入/输出文件、启动或恢复过程。

5.2.1 运行控制

5.2.2 操作信息

列出运行目的；操作要求；启动方法；预计运行时间；操作命令格式及说明；其他事项。

5.2.3 输入/输出文件

给出建立或更新文件的有关信息，例如：文件的名称及编号；记录媒体；存留的目录；文件的支配（用于说明确定保留文件或废弃文件的准则，分发文件的对象，占用硬件的优先级及保密控制等。）

5.2.4 启动或恢复过程

6. 非常规过程

提供应急或非常规操作的必要信息及操作步骤，如出错处理操作、向后备系统切换操作以及维护人员须知的操作和注意事项。

7. 操作命令一览表

按字母顺序逐个列出全部操作命令的格式、功能及参数说明。

8. 程序文件（或命令文件）和数据文件一览表

按文件名字母顺序或按功能与模块分类顺序逐个列出文件名称、标识符及说明。

9. 用户操作举例

附录C　管理信息系统的专业术语

IM　Information Management 信息管理

IS　Information System 信息系统

EDPS Electronic Data Processing System 电子数据处理系统

MIS Management Information System 管理信息系统

DSS Decision Support System 决策支持系统

IRM Information Resources Management 信息资源管理

SIS Strategic Information System 战略信息系统

BRP Business Process Reengineering 业务流程再造

DB DataBase 数据库

DBS DataBase System 数据库系统

DBMS DataBase Management System 数据库管理系统

SQL Structured Query Language 结构化查询语言

DD Data Dictionary 数据字典

Data Mining 数据挖掘

DTE Data Terminal Equipment 数据终端设备

DCE Data Circuit-terminating Equipment 数据电路端接设备

ISO/OSI 国际标准化组织（International Standard Organization，ISO）提出了“开放系统互联参考模型”（Open System Intercommunication Reference Model，OSI）

TCP/IP（Transmission Control Protocol/Internet Protocol，传输控制协议/Internet 协议）

HTTP Hyper Text Transfer Protocol 超文本传输协议

FTP File Transfer Protocol 文件传输协议

CBX　Computer Branch Exchange 计算机交换机

WAN Wide Area Network 广域网

WLAN　Wireless Local Area Network 计算机局域网

PAB Projected Available Balance 预计可用库存量

SC Supply Chain 供应链

CRMS Customer Relationship Management System 客户关系管理系统

SDSS Special Decision Support Systems 专用决策支持系统

GDSS Group Decision Supporting System 群体决策支持系统

ES Expert Systems 专家系统

EC Electronic Commerce 电子商务

OIS Office Information System 办公信息系统

BSP Business System Project 企业系统规划法

CSF 关键成功因素法

SST 战略目标集转化法

WBS Work Breakdown Structure 任务分解

COCOMO 模型 Constructive Cost Model

附录D　通用企业管理业务流程

1. 发文业务流程

表D-1　发文业务流程

拟稿部室		拟稿时间	
拟稿人		密　　级	
印发份数			
发行范围			
承办部室			
领导签署	签署日期		
核稿部室		核 稿 人	
文件编号		核稿时间	
核稿意见			
集团分管领导审核			
会签意见			
总经理审核			

2. 收文业务流程

表D-2　收文业务流程

来文日期		密级	
来文编号		页码	
来文单位			
文件标题			
摘要			
拟办			
领导批示			
会签			
承办			
归档			

3. 内部信息（文件）传递业务流程

表D-3　内部信息（文件）传递业务流程

提交人		提交部门	
提交日期		密级	
接收人		接收部门	
文件主题			

续表

部门审批	
登记	
存档	

4. 部门工作协调业务流程

表 D-4 部门工作协调业务流程

协调主题				
行文部门			行文时间	
行文部门 协调事项				
部门经理 意见				
协调部门	工程部			
	销售部			
	采购部			
	研发部			
副总经理 审核意见				

5. 部门工作请示流程

表 D-5 部门工作请示流程

提交人		部门	
提交日期		紧急程度	
汇报主题			
协调决定事项			
副总经理意见			
总经理意见			

6. 门卫访问登记流程

表 D-6 门卫访问登记流程

来访人姓名		被访人姓名	
来方人公司			
来访时间			
访问事由			
保安签字			
被访人签字			

7. 办公用品申请流程

表 D-7　办公用品申请流程

申请人		部门	
申请时间		申请事由	
办公用品明细			
部门审批			
行政部审批			

8. 来访接待登记流程

表 D-8　来访接待登记流程

至		由	
访客级别		档案编号	
发出日期/时间		带客部门	
来访日期/时间		来访单位	
结束日期/时间		陪同人员	总人数
来访事由			
来访摘要			

9. 资产调拨申请流程

表 D-9　资产调拨申请流程

申请人		申请部门	
申请日期		固定资产类别	
资产调拨事由			
部门审批			
行政部审批			
备注			

10. 请假申请流程

表 D-10　请假申请流程

姓名		申请日期	
部门		职务	
请假类别			
请假原因			
请假开始时间			
请假结束时间			
共计			
紧急联系方式			
批定职务代理人			
直接主管审批			
部门负责人审批			

续表

HR 负责人审批	
行政部备案	

11. 出差申请流程

表 D-11 出差申请流程

申请人姓名		申请人部门	
申请人职位		申请日期	
出差地点		交通工具	
出差事由			
部门审批			
行政部审批			
领导审批			
备注			

12. 补休申请流程

表 D-12 补休申请流程

申请人姓名		申请人部门	
申请人职位		申请日期	
职位委托人			
补休时间	自	至	共 天
部门审批			
行政部审批			
备注			

13. 加班申请流程

表 D-13 加班申请流程

申请人姓名		申请人部门	
申请人职位		申请日期	
加班事由			
加班时间	自	至	共 小时
部门审批			
行政部审批			
备注			

14. 车辆使用申请流程

表 D-14 车辆使用申请流程

用车申请人		申请人部门	
申请人职位		申请日期	
申请车辆		目的地	
使用日期	从	到	共
用车事由			
部门审批			
行政部审批			
备注			

15. 印章使用申请流程

表 D-15 印章使用申请流程

申请人		申请日期	
所在部门		经办人	
公章选择			
数量		流水号	
文件名及信息			
部门审核			
财务部审核			
监察部审核			
总经理审核			
企管部审核			
注：1. 此表用于办公室盖章存档备查；2. 事关财务数据，使用公章都需审计财务部签字；3. 非重大合同、事项，只需部门经理签字即可，否则需总经理签批。			

16. 部门工作请示流程

表 D-16 部门工作请示流程

请示人		部门	
请示内容			
部门意见			
副总经理意见			
总经理意见			

17. 固定资产申购流程

表 D-17 固定资产申购流程

申请人		使用部门	
职务		申请日期	
固定资产明细			
固定资产说明			
部门审批			
行政部审批			
财务部审批			
备注			

18. 固定资产验收流程

表 D-18 固定资产验收流程

申请人		使用部门	
职务		申请日期	
验收内容			
验收人		验收日期	
验收意见			
部门审批			
财务部审批			
备注			

19. 会议申请流程

表 D-19 会议申请流程

会议申请人		所在部门	
职务		申请日期	
会议起止时间			
与会人员			
会议主题			
所用会议室			
部门审批			
行政部审批			
备注			

20. 计算机申请流程

表 D-20 计算机申请流程

申请人		所在部门	
申请日期		职位	
要求配置			

续表

申请理由 及特别需求	
部门主管意见	
计算机部意见	
行政部意见	

21. 硬件维修申请流程

表 D-21 硬件维修申请流程

申请人		所在部门	
申请时间		职位	
故障说明			
部门主管意见			
计算机部意见			
行政部意见			
备注			

22. 人力需求申请流程

表 D-22 人力需求申请流程

申请部门		申请人姓名	
增补人数		增补职位	
人员要求			
增补原因	□扩大编制 □储备人力 □离职补充 其他原因：		
录用条件			
部门主管			
人事审批			
总经理审批			

23. 人员面试表

表 D-23 人员面试表

应聘职位			填表日期		
姓名		性别		出生日期	
民族		年龄		籍贯	
身高		体重		学历	
婚姻状况		职称		健康状况	
毕业院校			所学专业		

续表

<table>
<tr><td>第一外语</td><td></td><td>级别</td><td></td><td>第二外语</td><td></td><td>级别</td><td></td></tr>
<tr><td>联系方式</td><td colspan="3"></td><td>身份证号</td><td colspan="3"></td></tr>
<tr><td>期望工资</td><td colspan="3"></td><td>上岗时间</td><td colspan="3"></td></tr>
<tr><td>其他要求</td><td colspan="7"></td></tr>
<tr><td rowspan="3">所受教育</td><td colspan="2">起止时间</td><td colspan="2">学校名称</td><td colspan="2">专业</td><td>学历</td></tr>
<tr><td colspan="2"></td><td colspan="2"></td><td colspan="2"></td><td></td></tr>
<tr><td colspan="2"></td><td colspan="2"></td><td colspan="2"></td><td></td></tr>
<tr><td rowspan="3">工作经验</td><td colspan="2">起止时间</td><td colspan="2">公司名称</td><td colspan="2">所担任职务</td><td>相关证明人</td></tr>
<tr><td colspan="2"></td><td colspan="2"></td><td colspan="2"></td><td></td></tr>
<tr><td colspan="2"></td><td colspan="2"></td><td colspan="2"></td><td></td></tr>
<tr><td rowspan="3">参加的培训</td><td colspan="2">培训时间</td><td colspan="2">培训机构</td><td colspan="2">培训内容</td><td>所获得的证书</td></tr>
<tr><td colspan="2"></td><td colspan="2"></td><td colspan="2"></td><td></td></tr>
<tr><td colspan="2"></td><td colspan="2"></td><td colspan="2"></td><td></td></tr>
<tr><td>所受过的奖励及处分</td><td colspan="7"></td></tr>
<tr><td>兴趣和爱好</td><td colspan="7"></td></tr>
<tr><td>个人特长及自我评价</td><td colspan="7"></td></tr>
</table>

<table>
<tr><td colspan="2" rowspan="2">评价项目</td><td colspan="5">评定等级</td></tr>
<tr><td>A—优</td><td>B—良</td><td>C—好</td><td>D——般</td><td>E—差</td></tr>
<tr><td colspan="2">仪表、仪态</td><td></td><td></td><td></td><td></td><td></td></tr>
<tr><td colspan="2">专业知识技能的掌握</td><td></td><td></td><td></td><td></td><td></td></tr>
<tr><td colspan="2">工作经验与应聘职位的关联程度</td><td></td><td></td><td></td><td></td><td></td></tr>
<tr><td colspan="2">语言表达能力</td><td></td><td></td><td></td><td></td><td></td></tr>
<tr><td colspan="2">分析判断能力</td><td></td><td></td><td></td><td></td><td></td></tr>
<tr><td colspan="2">应变能力</td><td></td><td></td><td></td><td></td><td></td></tr>
<tr><td colspan="2">情绪控制能力</td><td></td><td></td><td></td><td></td><td></td></tr>
<tr><td rowspan="6">综合评价</td><td rowspan="2">人力资源部</td><td>评价</td><td colspan="4"></td></tr>
<tr><td>录用决策</td><td colspan="4">□予以录用　□储备　□不予考虑</td></tr>
<tr><td rowspan="2">用人部门</td><td>评价</td><td colspan="4"></td></tr>
<tr><td>录用决策</td><td colspan="4">□予以录用　□储备　□不予考虑</td></tr>
<tr><td rowspan="2">总经理</td><td>评价</td><td colspan="4"></td></tr>
<tr><td>录用决策</td><td colspan="4">□予以录用　□储备　□不予考虑</td></tr>
</table>

24. 员工转正申请表

表 D-24　员工转正申请表

<table>
<tr><td>姓名</td><td></td><td>职位</td><td></td></tr>
<tr><td>部门</td><td></td><td>进入单位日期</td><td></td></tr>
<tr><td>预计转正日期</td><td></td><td>实际转正日期</td><td></td></tr>
<tr><td>试用期工作总结</td><td colspan="3"></td></tr>
<tr><td>部门主管审批</td><td colspan="3"></td></tr>
<tr><td>人力资源审批</td><td colspan="3"></td></tr>
<tr><td>主管领导审批</td><td colspan="3"></td></tr>
</table>

25. 员工离职申请流程

表 D-25 员工离职申请流程

姓名		员工编号		
职务		入职时间		
离职方式	□辞工 □急辞工 □辞退 □开除 □自动离职			
申请离职日期		正式离职日期		
领工资人及身份证号				
离职须知	组长级以下人员辞职须提前 15 天，组长级（含）以上人员辞职须提前一个月，三日内将批准的申请交人力资源部。 急辞职员工按 60%结算工资，正常辞工在发工资时领取工资，并经签核方可生效。 提前离职的，按急辞工处理。 辞职获准后必须办清移交手续方可离职。 未经核准或未办清手续，不予计薪。			
离职原因				
面谈记录和意见				
办公用品移交	应移交工作：工具、文具及物品移交： 印章、钥匙移交：			
人部资源部审核				
财务部	应发薪资		应扣薪资	
	实发薪资		领取日期	
总经理审批				
说明	组长级以下人员辞职申请签核至本部门最高主管，组长级（含）以上人员辞职申请签核至总经理。			

26. 工作调动流程

表 D-26 工作调动流程

姓名		性别	
技术职称		出生年月	
毕业院校			
身份证号			
毕业时间		文化程度	
所学专业			
现部门		职务	
拟调部门			
调动理由			
调出部门领导审核			
调入部门领导审核			
人事部门审核			
主管领导审核			

27. 销售合同审批流程

表 D-27 销售合同审批流程

合同提交人		提交人部门	
合同金额		合同状态	新订、续订
重要性		提交日期	
合同、协议名称			
律师审核			
部门经理申请			
财务主管审批			
审计中心负责人			
总经理审批			
备注	合同原件请上传为附件		

28. 销售费用审批流程

表 D-28 销售费用审批流程

申请人		申请部门	
申请人职位		申请日期	
其他参与人员			
申请费用类型		申请费用金额	
费用金额大写			
费用明细			
部门主管申请			
部门经理审批			
总经理审批			

29. 市场活动申请流程

表 D-29 市场活动申请流程

申请人		申请部门	
申请职位		申请时间	
活动开始时间		活动结束时间	
活动费用		活动地点	
活动内容			
部门主管审批			
市场部审批			
总经理审批			
备注			

30. 客户订单申请流程

表 D-30 客户订单申请流程

申请人		申请部门	
客户名称			
客户地址			
联系人		订货日期	
电话		传真	
合同编号		合同金额	
大写			
订货明细			
销售主管审核			
销售经理审核			
备注			

31. 客户发货申请流程

表 D-31 客户发货申请流程

申请人		申请部门	
收货单位名称			
收货单位地址			
收货人		手机	
电话		传真	
申请发货日期		实际发货日期	
发货产品明细			
销售主管审批			
财务审批			
发货人签字			
备注：			

32. 销售计划审批流程

表 D-32 销售计划审批流程

申请人		申请部门	
销售计划类型		申请时间	
计划内容			
部门主管审批			
销售总监审批			
领导审批			

33. 销售退货申请流程

表 D-33 销售退货申请流程

申请人姓名		申请部门	
客户名称			
订单编号		退货单编号	
报价地点		接收退货仓库	
退货原因			
退货产品明细			
部门主管审批意见			
部门经理审批意见			

34. 调货申请流程

表 D-34 调货申请流程

申请人		申请部门	
申请日期		单据编号	
调货原因			
调出客户名称			
调入客户名称			
运费金额		计划调货时间	
调出产品明细			
调出赠品明细			

35. 库存报损/溢单申请流程

表 D-35 库存报损/溢单申请流程

单据编号			
经手人		部门	
报损/溢原因		日期	
产品明细			
部门主管审核			
部门经理审核			
备注			

36. 存料检查申请流程

表 D-36 存料检查申请流程

单据编号			
申请人		申请部门	
存料检查原因		申请日期	
存料检查明细			
部门主管审核			
部门经理审核			
备注			

37. 出差申请、费用报销流程

表 D-37 出差申请、费用报销流程

申请人		部门	
职位		同行人数	
出差开始时间		出差结束时间	
出差地点		出差交通工具	
出差任务			
出差费用预计			
费用合计			
费用大写			
支付方式		说明	
部门审批			
上级部门审批			
总经理审批			
出纳			
领款人			
出差结束报告			
出差费用报销明细			
费用合计	元	单据数量	张
费用大写			
预支款项	元	实际支付	元
申请时间			
备注			
部门审批			
财务审批			
总经理审批			
出纳			
出差人			

38. 借款申请流程

表 D-38 借款申请流程

借款人		所属部门	
借款日期		借款金额	
借款事由			
主管审批			
领导审批			
财务审批			

39. 款项支付申请

表 D-39 款项支付申请流程

申请人		申请人部门	
客户名称			
申请金额			
申请款依据说明			
付款账号信息	开户名		
	开户银行		
	开户账号		
主管审批	意见		
	签名		
主管领导审批	意见		
	签名		
财务部审批	意见		
	签名		
总经理审批	意见		
	签名		

40. 财务预算编制流程

表 D-40 财务预算编制流程

公司名			
预算月份			
拟办人		拟办人部门	
预算说明			
项目公司总经理	意见		
	签名		
分公司财务经理	意见		
	签名		
分公司总经理	意见		
	签名		

41. 财务决算编制流程

表 D-41 财务预算编制流程

公司名			
决算年月份			
拟办人		拟办人部门	
决算说明			
项目公司总经理	意见		
	签名		
分公司财务经理	意见		
	签名		
分公司总经理	意见		
	签名		
集团财务管理中心经理	意见		
	签名		
董事长	意见		
	签名		

42. 固定资产报废流程

表 D-42 固定资产报废流程

申 请 人		申请部门	
申请日期		报废单号	
报废物品明细			
说明			
金额（原价）			
部门经理			
行政部			
财务部经理			

43. 样品改善申请流程

表 D-43 样品改善申请流程

样品名		料号	
试投数量		供应商	
不良数		不良率	
试投时间			
不良明细			
申请人	意见		
	签名		
部门主管	意见		
	签名		
工程技术	意见		
	签名		
工程主管	意见		
	签名		
设计师	意见		
	签名		
采购部	意见		
	签名		
IQC	意见		
	签名		
生产部	再投结果		
	签名		

44. 物料报废申请流程

表 D-44 物料报废申请流程

产品名称		客户	
工单号		工单数量	
物料员		报废日期	
物料明细			
库长确认	意见		
	签名		

续表

技术员确认	意见
	签名
主管审批	意见
	签名

45. 工程变更申请流程

表 D-45　工程变更申请流程

发行日期		编号	
发行人		部门	
变更理由			
作业指示内容			
变更记号			
流通品处理			
关联资料的处理	来料检查标准		
	成品检查标准		
	工程图纸		
	BOM		
	作业指导书		
	IPQC 检查表		
	其他		
技术主管	意见		
	签名		
技术总监	意见		
	签名		

46. 客户投诉处理流程

表 D-46　客户投诉处理流程

填表人		填表日期	
投诉客户名称			
地址			
联系人		电话	
投诉事项			
投诉调查人		调查完成日期	
调查人意见			
处理部门		处理人	
处理结果			
处理时间			

参考文献

[1] 李云．谈 OA 办公自动化在高校教学管理中的作用［J］．工会论坛，2010，5（16）：133

[2] 周炎涛，贺再红，吴正国，陈贤谋．软件设计模式的选择与实例化一致性校验［J］．湘潭大学自然科学学报，2006，12（28）：7

[3] 张映东，南楠．基于．NET 2.0 和 B/S 模式科研项目管理系统的 OOP 三层架构设计与实现［J］．三门峡职业技术学院学报，2008，4（17）：113

[4] 刘昌松．基于 DCOM 技术的 ERP 系统的总体设计［D］．吉林大学，2002：43～45

[5] 古永红，廖选．在 IE 浏览器上模拟 WORD 编辑功能的方法［J］．西南师范大学学报（自然科学版），2002，4（29）：73

[6] 苏庆林．基于 WebDav 的 Word 文档在线审批设计与实现［J］．国际 IT 传媒品牌，2011，3（32）：63

[7] 卢东兴．基于 PKI 的 Office 文档在线编辑系统原理与实现［J］．肇庆学院学报，2009，5（30）：33

[8] 贾玉锋，胡迎新．利用 ASP.NET 和 ActiveX 技术实现 Word 文档的在线编辑［J］．现代电子技术，2004，15（16）：46

[9] 何姝，叶克江．基于 Web 的印章治安管理信息系统的设计与实现［J］．计算机工程与应用，2003，19（19）：217

[10] 许钟，曹莉，戴冠中．基于 Web Service 的电子印章系统［J］．计算机工程与应用，2007，43（9）：237

[11] 郭腾芳，韩建民，李静，罗方炜．面向 Web 页面的电子签章控件的实现［J］．计算机系统应用，2011，4（20）：153

[12] 张素敏．基于 Web 的电子签章系统研究与应用［D］．武汉理工大学坛，2004：25～30

[13] 鲍学阳．OA 办公自动化研究［J］．中国新技术新产品，2011，10（16）：33

[14] 吴华．党政机关 OA 采购 9 项必读［J］．计算机世界，2008，6（42）：22

[15] 周泉，杜连霄．东昌水务 OA 办公自动化系统设计框架［J］．科技信息，2011，25（12）：493

[16] 薛松，岳晓静．OA 办公自动化系统运行中存在问题的探讨［J］．煤，2009，10（17）：105

[17] 李家贵，李华．一种基于 VPN 的集中式 OA 系统研究［J］．工程技术，2010，5（16）：108

[18] 刘伟．OA 办公系统中的网络安全［J］．计算机安全技术，2011，8（16）：117

[19] 刘荣．政府机构办公自动化（OA）系统安全策略［J］．安徽科技，2011，9（16）：33

[20] 吴勇毅．网上审批如何不被“边缘化”［J］．现代办公，2011，4（10）：56

[21] 王中霞，杜牧野．OA 条件下电子文件的管理［J］．档案人语，2010，10

(8)：47

[22] http：//tech.163.com/05/0608/10/1LNGVD0N00091589.html

[23] http：//zhidao.baidu.com/question/40249786.html

[24] http：//www.jsjbk.cn/

[25] http：//www.56easy.co

[26] http：//www.jsjbk.cn/

[27] http：//wiki.jxwmw.cn

[28] 赵金明．基于嵌入式 Linux 的远程管理协议的研究与设计 [D]．河北工业大学硕士论文，2006，(11)：44

[29] http：//www.jsjbk.cn/

[30] http：//www.jsjbk.cn/

[31] 于耀博．企业流程再造理论在一汽变速箱分公司的应用研究 [D]．吉林大学硕士论文，2004，(11)：56

[32] 鲁志刚．基于 Flash Media Server（FMS）的网络教育系统设计与实现 [D]．东北师范大学硕士论文，2008，(5)：34

[33] 崔建平．潍坊市信访管理信息系统的设计与实现 [D]．山东大学硕士论文，2008，(10)：23

[34] 沈国善．基于 ERP 的企业资金管理功能扩展的研究 [D]．武汉科技大学硕士论文，2007，(11)：54

[35] 陈立．如何提高企业网站大数据量查询效率 [J]．电力信息化，2006，(5)：23

[36] 王彦君．电信网络资源管理系统架构和业务模型分析 [D]．北京邮电大学硕士论文，2006，(2)：23

[37] 刘劲．发电站网络信息系统的设计与实现 [D]．华中科技大学硕士论文，2006，(8)：23

[38] 徐铮弦，王鸣．浅谈通用软件架构设计概念的应用 [J]．上海烟草系统 2006 年度优秀学术论文集，2006，(11)：13

[39] 李艳霞．采用构件化技术的电子商务系统设计与实现 [D]．电子科技大学硕士论文，2008，(3)：47

[40] 胡金成．基于 SSH 框架的科研管理系统设计与实现 [D]．复旦大学硕士论文，2010，(8)：23

[41] 程志达．基于 EJB 技术的电厂动态成本计算系统的研究与实现 [D]．华北电力大学（北京）硕士论文，2008，(12)：46

[42] 杨琴．商品展示网络系统设计 [D]．电子科技大学硕士论文，2008，(10)：23

[43] 陈燕．九江职业大学学籍管理系统设计与实现 [D]．南昌大学硕士论文，2010，(12)：52

[44] 谭振赟．基于 B/S 架构的教务管理系统设计及实现 [D]．南昌大学硕士论文，2010，(11)：32

[45] 张皞．基于混合技术数字水印的研究 [D]．四川大学硕士论文，2006，(9)：23

[46] 姜禹．基于 Struts 框架的电信详单查询系统的设计与实现 [D]．四川大学硕士论文，2006，(9)：57